JN297788

世界遺産の峰めぐり

奈良
名山案内

はじめに
奈良の名山を歩く

　奈良県は大阪、京都、三重、和歌山の府県と境をなし、紀伊半島のほぼ中央部に位置する。地理的にみると府県境の全てが山脈になっている山国である。それは、ある意味、天然の城砦をめぐらせた鉄壁の都とみることもできる。

　古来、奈良の都は戦乱など、人為的な被災を除けば大きな自然災害は極めて少ない。「大和は国のまほろば　たたなづく青垣　山こもれる大和しうるはし」と歌われた如く、美しい山々の存在と平穏な環境が山岳自然信仰を芽ばえさせ、文化、歴史を育み、山岳宗教の修験道へつながっていったと考えられる。

青垣山の概要

　大和の国・奈良県の全ての山を意味する青垣山を山域別にみると、概ね六つの山系に分けることができる。六つの山系には、それぞれ特徴があり、山の難易度、訪れる季節、アプローチの方法など、その山域や山によって異なる点がある。

I　生駒・金剛山系

　奈良県の西側に位置する大阪・奈良府県境の山々で、金剛山を中心に、北は生駒山、南は和歌山県と接する紀見峠に至っている。竹之内峠から紀見峠の主稜線にダイヤモンドトレールと呼ばれる縦走コースがあるほか、役行者（役小角）ゆかりの史跡、伝説や、南北朝時代の歴史に加え、金剛山、大和葛城山は花の山としても知られていて、渓谷からのアプローチなどバリエーションも豊かである。

II　奈良中部の山々

　北和、中和、西和、南和に大別される奈良盆地とその周辺の山々。飛鳥時代から親しまれてきた里山であるだけに、伝承、伝説、歴史物語の舞台となった名山がほとんどを占めている。大化の改新の舞台、談山・多武峰、甘樫丘をはじめ、『万葉集』に記された風景そのままの大和三山など、考古学ファンや歴史愛好家にも好まれる軽登山向きの地域となっている。

III　室生・倶留尊山系

　奈良県東北部、三重県との境に

標高1000m前後の山々が独立峰のように隆起する火山群。概して、北西面からの山容は女性的で穏やかな曲線を描くが、南東面は柱状節理の岩壁をなし、裾野の広い山麓は関西の十国峠、関西の桂林などと呼ばれる美しい景観を呈する。また、山麓・山中に伊勢神宮参宮道や参勤交代の歴史街道となっている山も少なくない。

IV 台高山系

三重・奈良県境の大台ヶ原から高見山までの山系で、台高山脈の名称で知られる。大峰山脈と並走する山脈には、黒部渓谷に匹敵するという大杉谷、東ノ川など、大渓谷を深く刻み込む。自然林の稜線には避難小屋もないが、2006年春、宇津木真一氏によって局ヶ岳から尾鷲まで単独縦走がなされ、これまでの台高縦走の概念に一石が投じられた。まだ人影薄い山域である。

V 大峰山系

修験道の総本山、大峰山を中核に、吉野から熊野まで総延長150kmとなる一大山脈である。主稜線に大峰奥駈道と呼ばれている縦走路があり、世界遺産となる紀伊山地の霊場と参詣道の柱となっている。近畿の最高峰八経ヶ岳をはじめ、標高1000m以上の山だけでも50座を数え、天然記念物オオヤマレンゲ、希少種のオオミネコザクラなど、豊かな植生を残している。

VI 奥高野・果無山系

伯母子岳や赤谷峰のような離れた山と、和歌山・奈良県境の山が連なる果無山系のような連山が混在する。まさに奥深い山々である。また歴史の襞も深く、空海の高野山開山の後、時代の転換期の都度、多くの歴史を刻み込んできた。源平盛衰伝説、南朝哀史、幕末動乱の史跡などに加え、熊野信仰にまつわる山麓の温泉伝承など、あらためて知ることの多い山々である。

本書の目的

本書の目指すところは、時の流れに忘れ去られようとする人影薄い山々と、そこに残る文化や歴史の一端への誘いである。本書を紡ぐ私たちは青垣山を訪れ半世紀余、それぞれの山への、それぞれの思いを込めて紹介している。それが訪れる人に少しでも参考になれば幸いである。

小島誠孝

世界遺産の峰めぐり
奈良名山案内
もくじ

はじめに　奈良の名山を歩く……………… 2
奈良名山案内全図………………………… 7
本書のねらい……………………………… 8
あとがき………………………………… 207

Ⅰ 生駒・金剛山系

生駒・金剛山系

- ①生駒山　史跡と歴史街道を歩く ……………………………… 10
- ②大原山　大阪平野を一望に見下ろす山 ……………………… 12
- ③信貴山　古社寺探訪ハイキングコース ……………………… 14
- ④明神山　歴史とロマンを求めてのハイキング ……………… 16
- ⑤二上山　『万葉集』に詠まれた双耳峰から竹之内街道へ …… 18
- ⑥岩橋山　飛鳥時代の伝説が残る修験道の山 ………………… 20
- ⑦大和葛城山　四季に彩られる大展望の名山 ………………… 22
- ⑧金剛山・中葛城山・神福山　楠公伝説の山を縦走する …… 24
- ⑨松尾山　矢田丘陵の名刹・古刹を巡る ……………………… 26

生駒・金剛山系を歩く楽しみ　歴史と自然を併せ備えた山々 … 28

Ⅱ 奈良中部の山々

奈良中部の山々

- ⑩国見山　展望の里山に六角六重の石塔を訪ねる …………… 30
- ⑪芳山・若草山　春日山石仏群と展望の若草山を巡る ……… 32
- ⑫大国見山　万葉時代から愛された天理の里山 ……………… 34
- ⑬龍王山　戦国時代の山城跡から古墳の里へ ………………… 36
- ⑭三輪山　神の山、三輪山と山の辺の道を歩く ……………… 38
- ⑮初瀬山・天神山　「こもりくの泊瀬」と歌われた山々 ……… 40
- ⑯畝傍山・天香久山・耳成山　大和"まほろば"の山を訪ねる … 42
- ⑰御破裂山　古代のロマンを秘める山と明日香の里を歩く …… 44
- ⑱高取山　西国三十三所霊場から高取城跡へ ………………… 46
- ⑲音羽山・経ヶ塚山・熊ヶ岳　古木と古刹が郷愁を誘う音羽三山 … 48
- ⑳竜門岳　津風呂湖に映る秀麗の山 …………………………… 50
- ㉑神野山　奇岩群の渓谷とツツジ咲く山頂 …………………… 52

奈良中部の山々を歩く楽しみ　多面的な魅力の青垣山 ………… 54

Ⅲ 室生・倶留尊山系

室生・倶留尊山系

- ㉒額井岳・戒場山　「大和富士」と呼ばれる秀峰を訪れる …… 56
- ㉓鳥見山・貝ヶ平山・香酔山　太古の記憶を残す室生火山群の山々 … 58
- ㉔伊那佐山・井足岳　キリシタン大名の城跡から静かな山へ … 60
- ㉕住塚山・国見山　室生火山群の1000m峰を縦走する ……… 62
- ㉖鎧岳・兜岳　岩の甲冑をまとう怪峰に登る ………………… 64
- ㉗古光山・後古光山　スリリングな岩峰が並ぶ兄弟峰 ……… 66

奈良中部／高取山

木漏れ日の中、壷阪寺参詣道を行く

㉘倶留尊山・二本ボソ山・亀山　銀浪うねる大展望の高原台地 ―― 68
㉙三郎ヶ岳・高城山　日本の原風景が残る里山を歩く ―― 70
室生・倶留尊山系を歩く楽しみ　柱状節理の山群は関西の桂林 72

Ⅳ　台高山系

台高山系

㉚学能堂山　大展望の草原山頂を持つ不遇の孤峰 ―― 74
㉛三峰山　霧氷に飾られる三峰山系の最高峰 ―― 76
㉜天狗山・黒石山　静かな山歩きが楽しめる高見山北尾根 ―― 78
㉝高見山　厳冬期に最も魅力を増す鋭峰 ―― 80
㉞雲ヶ瀬山・ハンシ山・伊勢辻山・コウベエ矢塚　台高の秀峰望む山稜を行く ―― 82
㉟国見山・水無山・赤ゾレ山　台高山脈屈指の展望縦走路 ―― 84
㊱薊岳・木ノ実ヤ塚・二階岳　シャクナゲの岩峰とブナ原生林 ―― 86
㊲明神岳・笹ヶ峰・千石山・赤嵓山　ブナの麗峰からの展望縦走 ―― 88
㊳千里峰・霧降山・池木屋山・ホウキガ峰・弥次平峰　渓谷から台高の奥深い山をめぐる ―― 90
㊴山ノ神の頭・馬ノ鞍峰　幽邃の谷から孤高の三角点を訪ねる ―― 92
㊵白鬚岳　台高山脈支脈の鋭峰に登る ―― 94
㊶両佛山・峰山　台高山脈前衛、鋭鋒の岩稜を辿る ―― 96
㊷白屋岳　台高山脈支脈西端のたおやかな山 ―― 98
㊸御座嵓・添谷山　台高山脈、原始の森の岩稜へ ―― 100
㊹日出ヶ岳　奇観、絶景の東大台散策路 ―― 102
㊺堂倉山・コブシ峰　静寂につつまれた尾鷲古道を往く ―― 104
㊻伯母ヶ峰　七窪尾根末端にひっそりとたたずむ山 ―― 106
㊼荒谷山　ダム湖を見下ろす竜口尾根末端の山 ―― 108
㊽又剱山・笙ノ峰　古き台高の名残をとどめる竜口尾根を歩く ―― 110
台高山系を歩く楽しみ　先人の熱き心にふれる峰々 112

台高／高見山

春、木津から見る高見山

Ⅴ　大峰山系

大峰山系

㊾百貝岳　理源大師ゆかりの古刹がある山 ―― 114
㊿青根ヶ峰・大谷山　俳聖が訪ねた名瀑から吉野古道を辿る ―― 116
(51)白倉山・佛ヶ峰　桜の園と名瀑を訪ねて歴史街道の山へ ―― 118
(52)扇形山　静寂の大峰山脈前衛峰を訪ねる ―― 120
(53)栃原岳　猿楽発祥の山から梅林を楽しむ峠歩き ―― 122
(54)櫃ヶ岳・栃ヶ山　大峰前衛の好展望の山頂へ ―― 124
(55)銀峯山　頂上に神社をいただく吉野三山の名峰 ―― 126
(56)柚野山　フクジュソウ咲く山里から古刹を訪ねる ―― 128
(57)大日山・乗鞍岳　天辻峠に対峙する二つの里山 ―― 130
(58)天狗倉山・高城山・武士ヶ峯　大峰北部の大パノラマが開ける ―― 132
(59)唐笠山・行者山　山容が美しい大峰支脈の隠れ名山 ―― 134

大峰山系

- ⑥⓪ 天和山・滝山　新雪の大峰山脈を望む山頂 ― 136
- ⑥① 四寸岩山・大天井岳・岩屋峰　霧氷が美しい積雪期入門の山 ― 138
- ⑥② 百合ヶ岳　古道を辿ってブナ林の山へ ― 140
- ⑥③ 勝負塚山　大峰奥駈道支脈にある不遇の孤峰 ― 142
- ⑥④ 山上ヶ岳・竜ヶ岳　女人禁制の修験道の霊山 ― 144
- ⑥⑤ 稲村ヶ岳・バリゴヤノ頭・大日山　女人大峰の尾根の岩峰に登る ― 146
- ⑥⑥ 観音峰　名花が咲く大峰北部の展望台 ― 148
- ⑥⑦ 大普賢岳・国見岳・七曜岳　大展望を楽しみ、修験の道を歩く ― 150
- ⑥⑧ 日本岳　大普賢岳東尾根の修験の行場を登る ― 152
- ⑥⑨ 行者還岳　大峰山系屈指の鋭鋒に登る ― 154
- ⑦⓪ 大栃山・高塚山　大峰奥駈道の支脈にある静寂の山 ― 156
- ⑦① 鉄山　天を突く弥山のジャンダルム ― 158
- ⑦② 弥山・頂仙岳・日裏山・明星ヶ岳・八経ヶ岳　弥山四山を巡る周遊コース ― 160
- ⑦③ 七面山　大岩壁を擁する大峰山脈の秘峰 ― 162
- ⑦④ 小峠山　不動七重ノ大滝を擁する隠れた名山 ― 164
- ⑦⑤ 釈迦ヶ岳・大日岳・孔雀岳・仏生ヶ岳　大峰屈指の秀峰群に登る ― 166
- ⑦⑥ 天狗山・地蔵岳・涅槃岳・証誠無漏岳・阿須迦利岳　大峰南部奥駈道を行く ― 168
- ⑦⑦ 石仏山・中八人山　大峰山系最奥のユニークな峰々 ― 172
- ⑦⑧ ブナ山・高時山　隠れ里を結ぶ峠から山頂へ ― 174
- ⑦⑨ 天竺山　山村を結ぶ古道が残る里山を歩く ― 176
- ⑧⓪ 転法輪岳・倶利迦羅岳・行仙岳　大峰南部奥駈道の最深部を歩く ― 178
- ⑧① 香精山・東屋岳・地蔵岳　大峰奥駈道の難所を踏破 ― 180
- ⑧② 笠捨山・蛇崩山　大峰山脈南部の人知れぬピーク ― 182
- ⑧③ 卯月山・斧山・玉置山　干支の山から太平洋が望める山頂へ ― 184
- ⑧④ 大森山・五大尊岳・大黒天神岳　大峰南奥駈道の最南端の峰へ ― 186
- 大峰山系を歩く楽しみ　多様な山貌をもつ深山密教の聖地　188

Ⅵ 奥高野・果無山系

- ⑧⑤ 陣ヶ峰・荒神岳　大峰と高野山をつなぐ修験の山々 ― 190
- ⑧⑥ 伯母子岳・赤谷峰　熊野古道・小辺路の秀峰を登る ― 192
- ⑧⑦ 法主尾山　豊かな自然林が魅力の静かな山 ― 194
- ⑧⑧ 護摩壇山・龍神岳　小鳥の囀りを聴く林間の散歩道 ― 196
- ⑧⑨ 崖又山　奥高野最深部の不遇の雄峰 ― 198
- ⑨⓪ 牛廻山　奥高野山群最南端の静謐の藪山 ― 200
- ⑨① 石地力山　熊野古道・小辺路の果無から登る ― 202
- ⑨② 安堵山・冷水山　眺望開ける果無山脈の最高峰 ― 204
- 奥高野・果無山系を歩く楽しみ　平家物語の舞台に残る平維盛伝説　206

大峰／釈迦ヶ岳　千丈平での鹿たちの出迎え

奈良 名山案内 全図

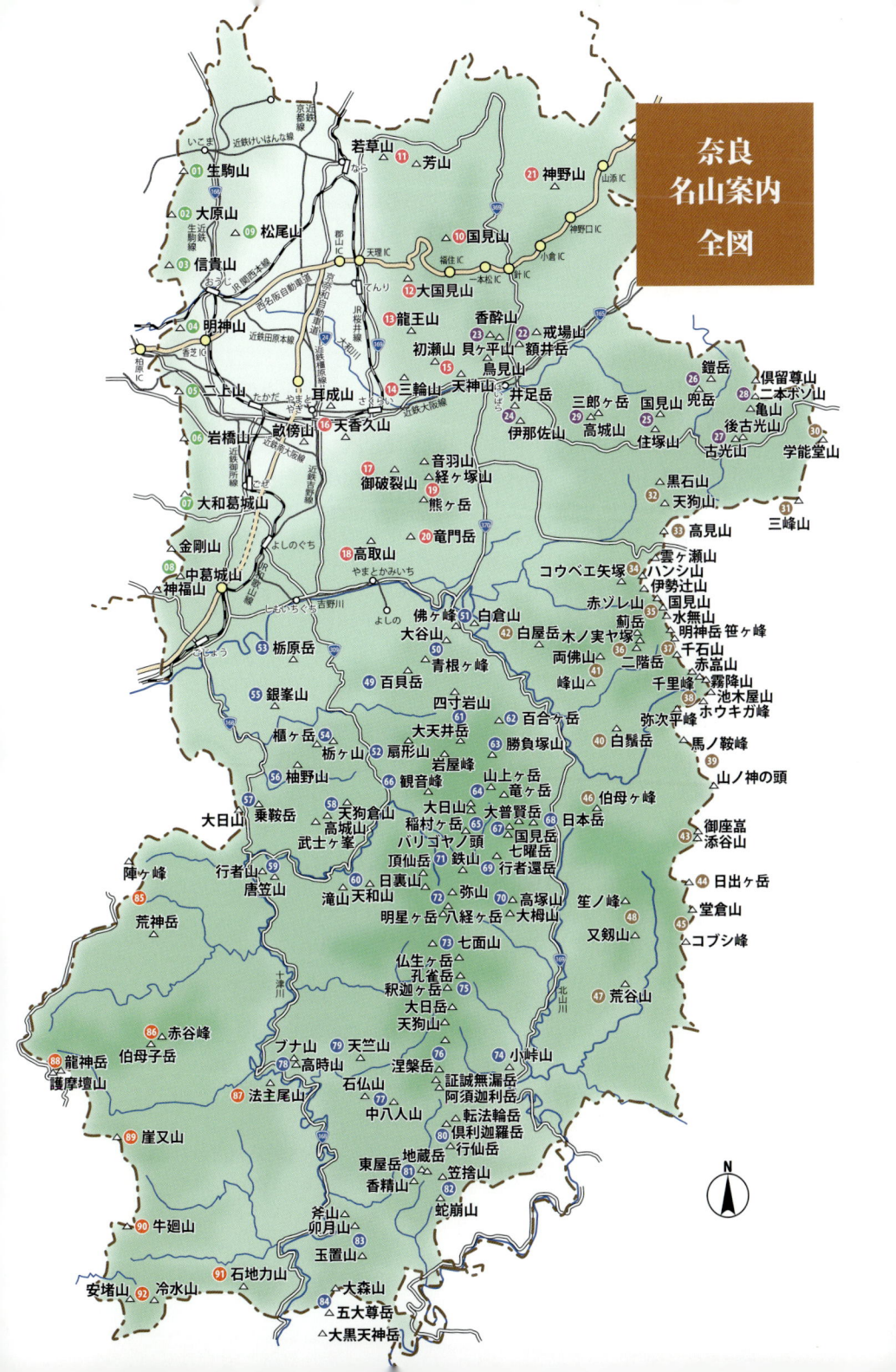

本書のねらい

奈良名山の選択基準について
- 世界遺産に登録された二つの古道「大峰奥駈道」「小辺路」にある世界遺産の山。
- 吉野の金峯山寺から高野山の金剛峯寺までの「弘法大師の道」にある山。
- 日本百名山、日本三百名山、関西百名山、近畿百名山になっている山。
- 山中、山麓に名所旧跡、世界遺産の神社仏閣などがある山。
- 登山往復路、あるいは山中に国県指定の天然記念物の動植物が存在する山。
- 神話時代から受け継がれ、今に残る記紀、古墳、文化、伝承に彩られた山。
- 好展望に恵まれている、あるいは花や美林の景観が素晴らしい山頂やコースがある山。
- 山容が美しく、多くの人々に親しまれ、憩いの場となっているような山。

登路について
- 当該コースに必要な装備一切を携行して歩いた際の標準的な所要時間を、コースタイムとして示しています。休憩や食事時間は含みません。
- 本書のコースタイムより5割以上多く時間を要する人は、本書の設定スケジュールでは登山が難しい場合があります。
- 登山者各位の経験、技量、年齢、体力、趣向などを自ら判断することに委ね、あえて画一的な難易度（グレード）は記していません。
- 歩行時間：○○時間は1日のコースタイムの総和です。天候・積雪などで変わります。
- 各山のコース図は国土地理院の最新電子閲覧1/25000地形図、または1/50000地形図に基づいた略図です。
- 特にことわりのない限り、無雪期のコースを対象にしています。

情報コーナについて
- 公共交通機関については2014年5月3日現在の情報を調査して掲載しました。
- マイカー利用の道路交通ルートは京阪神地区からを起点に案内しています。
- 行政機関、公共交通機関、宿泊施設や温泉等の連絡先、電話番号は2014年5月3日現在のものです。
- 登山適期は登山初心者（初級）が無理なく快適に歩ける季節を適期としています。
- アドバイスは著者の踏査経験に基づき、参考として得た情報を伝えるものです。

Ⅰ 生駒・金剛山系

01〜09

「近つ飛鳥風土記の丘」から岩橋山へ

史跡と歴史街道を歩く

① 生駒山 いこまやま △642.0 m

南生駒の少し小高い丘に立ち、西の方を眺めるとテレビ・FM送信アンテナが林立する山が望まれる。それが生駒山である。府県境にあるこの山は昔から大阪・奈良の登山愛好家にとっては馴染みの山だ。古くは『万葉集』にも歌われ、江戸時代には俳人・芭蕉が生駒山近くの暗越奈良街道に「菊の香にくらがり登る節句かな」の句を残し、俳人・歌人に愛された山でもある。そんな生駒山への登山道は幾つかあるが、ここでは最も多くの人に親しまれている宝山寺を経て山頂に至るコースを紹介しよう。

近鉄奈良線生駒駅南口を出ると南西方向に生駒山が望まれ、庶民的な飲食店が並ぶアーケードを直進すると、左に宝山寺まで通じるケーブルカー鳥居前駅がある。宝山寺へは、このケーブル軌道に沿う道を登って行く。生駒市民体育館を左に見て車道を30分ほど登ると参道に合し、間もなく宝山寺に到着する。この寺は江戸時代(1680年頃)に湛海上人が建立したとされ、秘仏「大聖歓喜自在天」は俗に「聖天さん」と呼ばれ親しまれている。案内板に沿い生駒山頂へのハイキングコースへ入る。一汗も二汗もかく急坂だが春には満開の桜並木が山頂まで続き、秋なら紅葉に彩られる。立ち止まって振り返れば、木の間から美しい奈良盆地の眺めが、なぐさめてくれる。登り着いた生駒山上駅前の道をまっすぐ上がると、左に遊園地があり、中へ入るとミニSL列車が走っている。その周回コースの場内に生駒山の一等三角点がある。

三角点を離れNHK中継局の先で分岐する道を左に取れば、自然に府県境の尾根道に変わる。信貴生駒スカイラインを横断し、展望台に立つ。ここから正面に金剛・大和葛城山を望み、西に大阪市街や遠く大阪湾を望みつつ、笹茂る道を暗峠へと下る。

古い民家の横から石畳の道へ出たら、すぐ左にある信貴生駒ス

南生駒方面から生駒山を望む

宝山寺般若窟

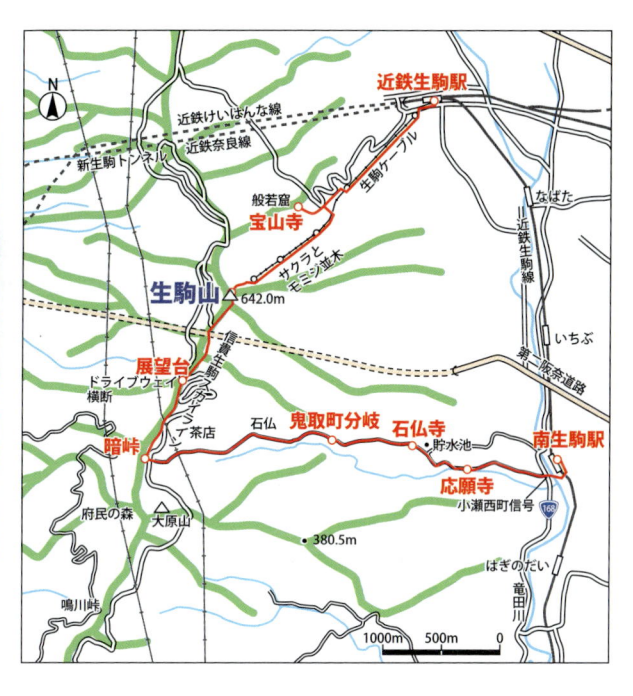

カイラインのガードをくぐって、南生駒への歴史街道（舗装路）を下る。山畑の田園風景がひろがる道は、路傍に古い石灯篭や石仏が点在し、大和古道の名残を感じさせる。

　やがて道は鬼取町の分岐に出る。左へ行けば役行者の従者、前鬼・後鬼の生まれた里だが、ここは右を選ぶ。次のT字路も右を選び、藤尾町の石仏寺を目指す。石仏寺から更に下って、貯水池を左にし、道標を忠実に進めば応願寺を左にし、やがて生駒南小学校を過ぎ小瀬町西の信号を横断する。30mほど先で左の竜田川を渡る。橋の袂を左折し、200mほど行けば近鉄生駒線南生駒駅に着く。

（写真・文／西口守男）

歩行時間：2時間30分
コースタイム
近鉄奈良線生駒駅（30分）宝山寺（40分）生駒山頂（10分）信貴生駒スカイライン展望台（10分）暗峠（15分）鬼取町分岐（20分）石仏寺（10分）応願寺（15分）近鉄生駒線南生駒駅
アクセス
往路：近鉄奈良線生駒駅
復路：近鉄生駒線南生駒駅
マイカー情報
大阪方面からは阪奈道路経由、信貴生駒スカイラインを通り、聖天口料金所から宝山寺駐車場へ（梅田から所要1時間）。
京都方面からは第二京阪道路交野北インターを出てR168を南下、近鉄奈良線東生駒駅ガード下を潜って右折、生駒駅前から宝山寺駐車場へ（所要70分）。
アドバイス
紹介コースはハイキング初心者向きで、危険箇所などは無い。また「暗越奈良街道」と呼ばれ、奈良時代から現在まで続く歴史街道でもある。歴史好きの方にはお勧めの史跡探訪コースと言える。
地形図：1/25000 「生駒山」
登山適期：通年
連絡先：生駒市役所産業振興課（生駒市観光協会）☎0743・74・1111、☎生駒ケーブル鳥居前駅☎0743・73・2121

大阪平野を一望に見下ろす山

02 大原山 おおはらやま △514.2 m

　大原山は大阪府と奈良県境に連なる生駒山系にあり、生駒山の南側に位置する。山頂へは多くのハイキングコースが通じ、高原状に広がる山頂部の西側は大阪・奈良の人々の憩いの場となっている。一帯は大阪府が管理していて「ぼくらの広場（府民の森）」という名称が付いている。

　奈良県側から幾つものコースが通じるが、もっとも親しまれている近鉄生駒線元山上口駅から千光寺を経て鳴川峠へ出て山頂を訪れ、暗峠から近鉄奈良線枚岡駅へ下る縦断コースを歩くとしよう。

　近鉄生駒線元山上口駅で下車。改札を出て左折、駅のすぐ北側踏切を渡る。竜田川にかかる橋を渡って住宅団地に向かう広い道を行く。右に幼稚園を見て進むと竜田川の支流、櫟原川に沿った舗装路に出る。

　川沿いの道は、やがて**伊古麻山口神社**の前へ出る。神社前の石橋を渡り、坂道を20mほど進み、分岐の道標に従い、右側の坂道を登る。民家の先で再度、分岐を右に取り、平群谷ののどかな棚田風景を眺めながら農道を行く。

　道路橋の下をくぐって、右側中段の小道を行く。しばらく谷川沿いに進むと鳴川の集落に入る。左に清滝石仏群、右側に行場を見て進めば、道は右折して民家の間を登り「ゆるぎ地蔵」の前で舗装道路と交わる。左の舗装路を登って行けば、**鳴川山千光寺**の境内に入る。

　山歩きの安全を祈願したら来た道をもどり、分岐の道標に従い右折、次の分岐も右を選び、行者滝や鐘掛岩を左に見て沢沿いに行く。行場巡りコースへの道を右に見送れば、道はやがて竹林を通って雑木林へと入り、前方に信貴生駒スカイラインが見えてくる。

　ガードをくぐって、傍らに首切地蔵がある**鳴川峠**の十字

ぼくらの広場（府民の森）から大阪市街を望む

路に着いたら、右折し、信貴生駒縦走路を登って行く。道の両側はツバキやサザンカの並木が続き、花期には見事な花の廊下となる。

坂道の傾斜がゆるむと「府民の森」への標識が立ち、右に東屋がある十字路に着く。右折して**大原山の四等三角点**を往復したら「ぼくらの広場」へ行こう。

大阪湾を眼下に六甲、淡路島、金剛山までも見渡す大展望を堪能したら、帰路を遊歩道にとり、**府民の森事務所**前から神津嶽へ行く。山頂に祀られる枚岡神社奥宮から「らくらく登山道」を下って枚岡山展望台に出る。展望台から左の道を選べば**枚岡公園分岐**から**枚岡梅林**、枚岡神社境内を経て、**近鉄奈良線枚岡駅**に着く。

（写真・文／諫田昌子）

ぼくらの広場・大原山山頂部

歩行時間：4時間10分
コースタイム
近鉄生駒線元山上口駅（25分）伊古麻山口神社（55分）千光寺（50分）鳴川峠（40分）大原山（20分）府民の森事務所（45分）枚岡公園分岐（10分）枚岡梅林（5分）近鉄奈良線枚岡駅
アクセス
往路：近鉄生駒線元山上口駅
復路：近鉄奈良線枚岡駅
マイカー情報
大阪方面からはR308（阪奈道路）生駒山IC（登山口）、およびR25三室からR236を北上、信貴山を目指し、信貴生駒スカイラインを生駒山駐車場へ。
アドバイス
信貴山観光ホテル内にある天然温泉は飲食をすると日帰り入浴（有料）も可能。
地形図：1/25000 「信貴山」「生駒山」
登山適期：通年
連絡先：奈良県平群町農林商工課☎0745・45・1001、千光寺☎0745・45・0652

02 大原山　13

古社寺探訪ハイキングコース

③ 信貴山 しぎさん ・437m

　生駒山脈の南端に位置する信貴山は、竜田川が大和川と出合う辺りから西の方を眺めると、穏やかな里山の中、ひと際、高く見える。その山名の由来は、この地において聖徳太子が仏敵、物部守屋を討伐祈願をした際、毘沙門天が出現され、戦勝の秘法を伝授された。依って聖徳太子はそのご加護で守屋を討伐することが出来たことから、信ずべき、貴ぶべき山「信貴山」と名付けられたという。

　信貴山への登山路は奈良県側だけでも数コースあるが、ここではJR関西本線三郷駅から龍田大社自然遊歩道経由で山頂に向かい、奥の院を経て、近鉄生駒線平群駅に至るコースを歩いてみよう。

　JR関西本線三郷駅から、右側前方の小さな橋を渡り、細い車道を登って行くと**神南備神社**、**龍田大社**がある。信貴山へは、大社の鳥居を出て左へ進み、車道を横切って住宅の中を北へ向かう。7～8分ほど行った先の二股で左を選び、少し先で今度は右折して道なりに登ると車道に出る。更に左前方の公園角を右折して、城山台住宅街に入って、北西方向を目標に坂を登る。しばらく行くと、JR三郷駅から通じる車道と出合い、ここを右折すると、200mほど先で、西和清陵高校の校門前に出る。車道を渡り、「信貴山頂へ」の標識に従って枕木の階段を降り、まっすぐに延びた千本桜並木道（信貴山ケーブル線路跡に作られた700mのハイキングコース）の坂を登り切ると、奈良交通の信貴山下バス停に出る。

登山道から信貴山寺を見る

旅館や茶店が並ぶ門前町を抜け、**仁王門**から境内に入り、茶店の角を左折すると、大門池に架かる朱塗りの開運橋があり、ここから信貴山の山頂が望める。参道を進み赤門をくぐってから奥まで進み、石段を上ると、そこが信貴山**総本山朝護孫子寺**の**本堂**である。本堂前の舞台に立つと、奈良の町並みを眼下にし、正面には国見山、龍王山など青垣の峰々が見渡せる。

信貴山山頂は参道右側の水屋の横から、延々と続く朱塗りの鳥居をくぐって、つづら折れの階段を登りつめると着く。山頂には**空鉢護法堂**があり、一願成就の神が祀られている。好天に恵まれると、南に二上、葛城、金剛の山並み、東に奈良盆地、南東方向に明日香の山々、西には高安山から生駒連山と、360度の眺望を楽しめる。

元の階段を下り、道標に従って左折し急な山道を下って行くと、信貴山朝護孫子寺本堂横から通じる道に出合う。ここを左折、山道を北東へ約2km行くと広い車道に出合う。横断して左側の道標から細い急坂を下り、田舎道を北に進むと、**信貴山奥の院**に着く。

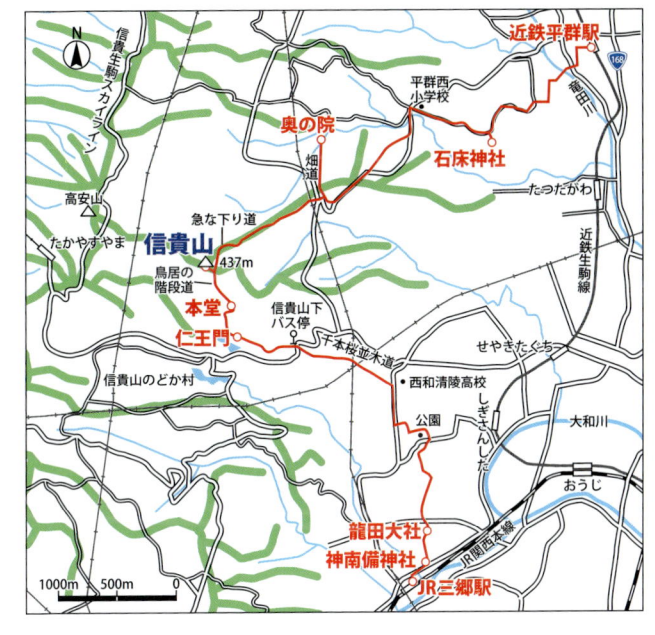

広い車道まで戻って、東を目指して下り、平群西小学校の横から**石床神社**に出る。菊畑が広がる平群の山村風景の中を**近鉄生駒線平群駅**へと向かう。

（写真・文／松本雅年・松本美根子）

歩行時間：4時間40分
コースタイム
JR関西本線三郷駅（3分）神南備神社（7分）龍田大社（75分）仁王門（15分）本堂（25分）信貴山頂（35分）奥の院（70分）石床神社（50分）近鉄生駒線平群駅
アクセス
往路：JR関西本線三郷駅
復路：近鉄生駒線平群駅

マイカー情報
大阪方面からは第二阪奈道路から信貴・生駒ドライブウエイを信貴山駐車場（有料）へ。
アドバイス
信貴山観光ホテル内にある天然温泉は飲食をすると日帰り入浴（有料）も可能。
地形図：1/25000 「信貴山」
登山適期：通年
連絡先：三郷町役場☎0745・73・2101

歴史とロマンを求めてのハイキング

④ 明神山 _{みょうじんやま} △273.6 m

　明神山は、金剛山(こんごうさん)・葛城山(かつらぎさん)山系の最北端に位置し、信貴(しぎ)・生駒(いこま)山系とは大和川を挟み、対峙している。その山麓周辺は古より、水陸交通の要衝として栄え、今も、国道25号線やJR大和路線が通り、悠久の歴史を秘めたロマン溢れる旧跡も数多く点在している。とりわけ秋深まる頃訪れるなら、印象深い一日を過ごすことができるだろう。

　ここでは、JR和歌山線畠田(はたけだ)駅を起点にし、「歴史の道」を通って明神山へ登り、JR関西本線王寺駅に下山するコースを選んでみた。

　JR和歌山線畠田駅からは西側の国道168号線に出て左折、少し行くと右側の道端に畠田郵便局がある。そのすぐ北角に**乳垂地蔵尊**(ままたれ)が祀られている。再度168号線に戻って南へすぐの「王寺ニュータウン入り口」の標識を右折する。銀杏並木(いちょう)のバス道を登り、左側にある畠田南バス停で左折すると、**白山姫神社**(しらやまひめ)に着く。石段を登った所が拝殿、その右横には古い絵馬堂もある。今日一日の安全を願って参拝したら、元のバス道へ戻って西へ向かい、次の王寺文化センター前バス停まで行く。

　バス停を右折すると**永福寺**(えいふくじ)に着く。寺の境内からは眼下に里山風景が望め、ちょっとした憩いの場だ。再度バス道へ戻り、更に西へと道なりに登り詰めれば明神4丁目バス停がある。ここを左折、明神山への登り口となる**大鳥居**を通り過ぎれば住宅街の南端に出る。道標に従い、すぐ左側の坂道を下って行けば、やがて**畠田古墳**が現れる。古墳は横穴式石室を持つ円墳で、石室の開口部周辺は、墳丘を守るための貼り石が積まれている。

明神山山頂の展望デッキ

ここから余り整備されていない灌木帯の道を西に向かって登って行くと、大鳥居からの正面**参道**と合流する。目の前に「山頂まで1000m」の道標があり、ここから山頂まではコンクリート舗装された一本道が続く。

　大阪・奈良の府県境にある**山頂**からは360度のパノラマが楽しめる。明神山水(すい)神社を取り巻くように設けられた3基の**展望デッキ**に立つと、大阪平野や奈良盆地が一望の下、晴れた日には明石海峡大橋も見ることができる。また、山頂一帯は外周遊歩道が巡らされ、休憩所設置、トイレなども完備されており、「明神山自然の森」として、ツツジやヤマユリの花期には多くの人で賑わう。

　山頂の展望に満足したら、来た道を**大鳥居**まで下って左折。畠田公園を右手に見てバス道を北上し、王寺南小学校まで行き、学校角を右折して急な階段を下ると、再びバス道に出る。更に道なりに下って、突き当たりのT字路を左折する。

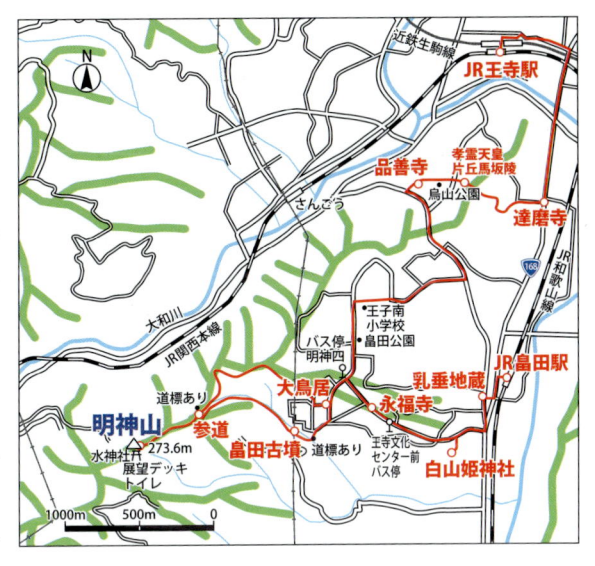

王寺霊園を過ぎ、アパート群の中の枝道を右に取り、少し坂を登るとそこが**品善寺**(ぜんじ)(ひん)。その先、右に烏山(からすやま)を見て東進。広い道路を渡ると、左手に**孝霊天皇片丘馬坂陵**(こうれい)(かたおかのうまさかのみささぎ)がある。立ち寄ったら、道なりに下って国道168号線へ出る。左前方に達磨(だるま)大師で有名な**達磨寺**(だるまでら)がある。時間が許せば訪れて、燃えるような彼岸花の群生を楽しみ、風になびく尾花や萩に心癒される秋の一日を、振り返ってみるのも良いだろう。あとはバス道を通って**JR関西本線王寺駅**に至る。

（写真・文／松本雅年・美根子）

歩行時間：3時間25分
コースタイム
JR和歌山線畠田駅（7分）乳垂地蔵（7分）白山姫神社（18分）永福寺（25分）畠田古墳（20分）参道（20分）明神山山頂（30分）大鳥居（35分）品善寺（8分）孝霊天皇片丘馬坂陵（15分）達磨寺（20分）JR関西本線王寺駅
アクセス
往路：JR和歌山線畠田駅
復路：JR関西本線王寺駅
マイカー情報
明神山登り口近くに駐車場は無い。明神1丁目の菩提キャンプ場の駐車場は使用可。王寺駅北には西友の駐車場、南には町営と民営の駐車場（有料）がある。
地形図：1/25000 「信貴山」「大和高田」
登山適期：通年
連絡先：王寺町役場☎0745・73・2001

『万葉集』に詠まれた双耳峰から竹之内街道へ

⑤ 二上山 にじょうざん　雄岳・517m　雌岳△473.9 m

　奈良・大阪府県境に「にじょうざん」とも「ふたかみやま」とも呼ばれ、見る角度によって双耳峰にもラクダの背にも見える山が望まれる。『万葉集』にも詠まれ、多くの登山愛好者に親しまれている山である。

　近鉄南大阪線二上神社口駅の改札を出て道を右折、すぐ左に枝道を見る。これを道なりに進めば、吉川国工業所の横を通って、山麓道路をくぐり、**当麻道の駅**へ行く。公園へ入り、正面の長い階段を登って古代釣鐘のレプリカがある展望台へ行く。春は桜とツツジ、夏ならアジサイが階段の両側を飾り、眺めも良い。

　大和平野の展望を楽しんだら、右へ50mほど行き、左の枝道に入る。この道は通称「当麻道」と呼ばれ、大池からの道を右から迎え、二上山雄岳を望むコブを経て**四等三角点**に着く。

　三角点から尾根は傾斜を増し、ベンチがある小さな台地に出る。東に眺望が得られ、一息入れるによい。ここから道は左へ巻き登るように進む。途中にベンチが置かれた小道は、やがて雄岳への**散策路**と出合う。右へ5〜6分で**雄岳**へ着く。山頂には**大津皇子**を祀る神社と広場があり、春には桜が美しいところである。

　山頂を辞したら、売店とトイレがある**鞍部**まで行き、**雌岳**へ登り返す。大きな日時計が設置された雌岳を辞したら、南の岩屋峠へ下って、中将姫が籠ったと伝えられる岩屋に立ち寄る。岩屋から踵を返し、散策路を右上へ行き、**鹿谷寺跡への道標**に従って露岩の尾根を下れば**寺跡**に出る。北側から谷へ向かって階段道を下り、林道終点に出合ったら、そのまま、下って**東屋**がある**ろくわたりの道分岐**まで行く。

　分岐から左の沢に沿って登り、尾根上のT字路を左折。「ろくわたりの道」を選び鉄塔を左に見送れば、関電巡視

二上神社口方面から二上山を望む

露岩の尾根から竹之内街道へ

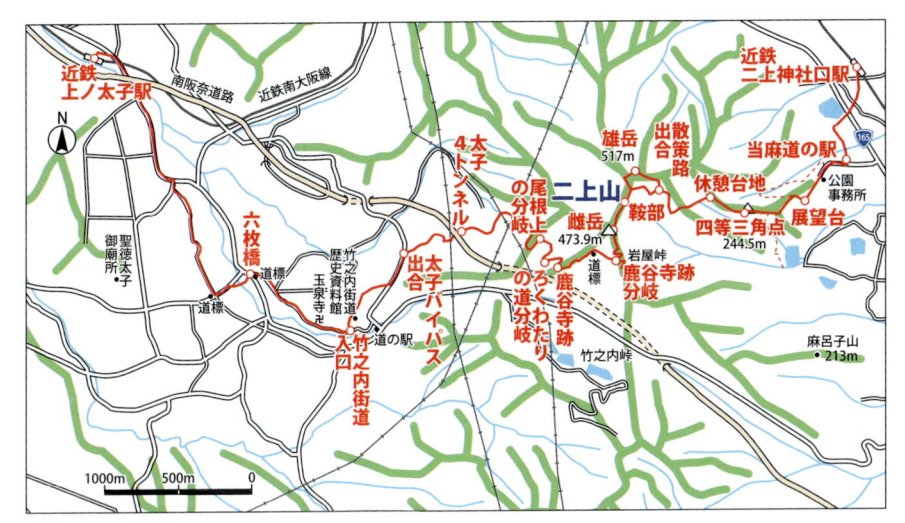

路の階段道になるが、次の鉄塔までに尾根を離れ、山腹を絡み下る。やがて、樹林が途切れ、前方に視界が開けると、露岩の尾根になる。

尾根を過ぎ、鉄階段を下って第2阪奈道路の下、**太子4トンネル**をくぐり、植林の細道を通って、ネット扉のあるミカン畑から村道に出る。小さな道標に従い、左へ上って、峠で左の道に入れば、**太子バイパス**に出合う。左へ600mほど行き、竹之内街道歴史資料館への細道を選び資料館前を通って突き当たりを右折、**竹之内街道**を行く。

孝徳天皇陵、餅屋橋を過ぎ、**六枚橋**東交差点を渡り、要所にある道標と色で識別できる街道を行けば、やがて南阪奈道路高架下を通り、**近鉄南大阪線上ノ太子駅**へ着く。

（写真・文／小島誠孝）

歩行時間：3時間55分
コースタイム
近鉄南大阪線二上神社口駅（10分）当麻道の駅（15分）展望台（15分）四等三角点（10分）休憩台地（25分）散策路出合（5分）雄岳（10分）雄岳・雌岳の鞍部（5分）雌岳（10分）鹿谷寺跡分岐（10分）鹿谷寺跡（5分）ろくわたりの道分岐（10分）尾根上の分岐（20分）「太子4」トンネル（10分）太子バイパス出合（10分）竹之内街道入口（30分）六枚橋（35分）近鉄南大阪線上ノ太子駅
アクセス
往路：近鉄南大阪線二上神社口駅
復路：近鉄南大阪線上ノ太子駅
マイカー情報
大阪方面からは西名阪道柏原ICで降り、R165経由で山麓道を当麻道の駅へ。無料駐車場（60～70台）がある。
アドバイス
雌岳散策路の分岐から鹿谷寺跡への露岩の尾根と関電巡視路分岐から「太子4」トンネルまでの露岩尾根と鉄階段のアップダウンは慎重に、特に雨天の場合、滑りやすいので注意。竹之内街道までの太子バイパス歩きは、大型車両の交通量が多いので十分注意しよう。
地形図：1/25000 「大和高田」
登山適期：通年
連絡先：大阪府太子町役場産業課☎0721・98・0300、葛城市役所当麻庁舎☎0745・48・2811

飛鳥時代の伝説が残る修験道の山

06 岩橋山 いわはしやま △658.8 m

　奈良県側の葛城町長尾付近から眺める岩橋山は立派な独立峰に見える。葛城修験道の山としても知られ、山中には胎内くぐり岩・鉾立岩・牛岩などの靡が残る。登山コースは幾つかあるが、大阪側をアプローチとして名石を巡り、奈良県側へ下山するのが便利である。

　近鉄長野線喜志駅発の金剛バスに乗車、終点の**阪南ネオポリス**で下車。正面の「近つ飛鳥風土記の丘」公園へ入り、まっすぐトイレのある建物の中央を抜け、十字路で正面の坂道を登る。最初の分岐を右に登って行けば**第1展望台**に出る。河内平野と大阪湾を一望したら、道を30m程行った右の道標に従い、平石城跡への山道を行く。

　展望の良い稜線の道標から右の枝道を5分も行けば、小広い台地の**平石城跡**に着く。城跡からは来た道を分岐にもどり、「磐船神社方面」の標識に従い山腹を下って、民家近くの舗装路へ出る。舗装路を右へ行き突き当りの道路を左折して平石の集落へ入る。**平石バス停**(小さなトイレがある)の先、地蔵尊の祠のすぐ先で右の枝道へ入る。小橋を渡り、山田の中を登って行くと、左に李桃の古木を見る。道が急坂になり、植林の中へ入ると林道分岐の真ん中に、石と火の用心の札がある。ここを左に選び行けば、山畑を左右にし、道を遮る獣避けの柵に出合う。跨いで行き、物置小屋を過ぎると左に鉄塔をみて**林道終点**に着く。

　ここからは左岸の山道を進む。170kg制限の桟橋を二つ過ぎると右に**鉄塔広場**に着く。台地を離れ、右に踏み跡を見送り、小沢を右岸へ移り、急登しばし。道が安定すると**胎内くぐり岩**に着く。胎内くぐり岩からは急坂を**岩橋山西尾根**へ出る。更に急坂をひと頑張りしよう。途中、「鍋・

磐城方面から岩橋山を見上げる

岩橋山の頂きに到着

釜石」や「牛ノ背石」への枝道を見送り、**久米の岩橋**を経て縦走路へ出たら、左へ進んで**岩橋山**の頂きに着く。

山頂を辞したら、縦走路を戻り、**岩橋峠**へ下る。峠からは東側へ谷沿いの道を下ろう。4月初旬なら右の山腹に、白花ショウジョウバカマの群落を見ることができるだろう。やがて木橋を渡ると道が平坦になって、杉大木の下に湧水が出る休憩場に着く。

休憩場を離れ、**伏越林道分岐**を右へ下って南阪奈道路の高架橋を渡り、右折してすぐ左折、桜の多い墓地から**自然歩道標識の分岐**を右下へ進めば、民家の間を通って山麓道路に出る。左の**兵家バス停**の先で信号を渡り、南今市の集落へ入ったら、磐城小学校、長尾神社を経て**近鉄道明寺線磐城駅**へ行けばよい。

(写真・文/小島誠孝)

急坂を越えて西尾根へ

歩行時間：4時間25分
コースタイム
金剛バス阪南ネオポリスバス停（15分）第1展望台（25分）平石城跡（10分）平石バス停（30分）林道終点（20分）鉄塔広場（15分）胎内くぐり岩（10分）岩橋山西尾根（好展望の鉄塔往復15分）（15分）久米の岩橋（10分）岩橋山（5分）岩橋峠（30分）伏越林道分岐（20分）自然歩道分岐（15分）兵家バス停（30分）近鉄南大阪線磐城駅
アクセス
往路：近鉄長野喜志駅発の金剛バスで、終点の阪南ネオポリスバス停下車
復路：近鉄南大阪線磐城駅
マイカー情報
平石集落に駐車場は無いが、近つ飛鳥風土記の丘公園の駐車場を利用できる。
アドバイス
近鉄富田林駅から平石バス停へも行けるが、便数が少なく、事前確認が必要。近つ飛鳥古墳群、平石城跡、役ノ行者ゆかりの久米の岩橋など、歴史・伝説などの他、名刹、古刹が多いコースで、春には桜の花が山麓を彩る。
地形図：1/25000 「御所」
登山適期：通年
連絡先：金剛バス富田林営業所☎0721・23・2286、奈良交通バス葛城営業所☎0745・63・2501、河南町役所地域振興課☎0721・93・2500

四季に彩られる大展望の名山

07 大和葛城山 やまとかつらぎさん △958.9 m

大和葛城山は金剛・葛城山系随一の展望を誇り、冬は霧氷のブナ林が美しく、家族連れがソリ遊びに興じ、春はブナの芽吹きとカタクリの大群落、初夏なら山頂付近にあるツツジ大庭園にカメラマン達がカメラの放列をしく。秋は鱗雲の下、波打つススキの根方でナンバンキセルが花開き、四季折々の魅力にあふれている。加えて、ケーブルを利用すれば誰もが手軽に登れるのも人気の要因だ。

近鉄長野線富田林駅から葛城山登山口バス停（旧青崩バス停）まで行く。バス停後ろの道から集落を抜け、山田の横から天狗谷登山道へ入る。涼しい風が通る沢筋の道は露岩の鎖場を経て、このコース唯一の水場へ着く。

ここから道は谷を離れ、尾根を行くよう

山麓の長柄から眺める大和葛城山

になる。ジグザグ登りの傾斜が緩むと左の山腹から源流部の湿原を行く。この辺り、4月中旬ならショウジョウバカマの大群落が花を咲かせる。林道出合で右の小沢を渡ると、カタクリの保護地区になっている。林道をそのまま進み、キャンプ指定地から右へ登れば売店や茶店が両側に並ぶ道に出て、右に分岐する階段道から山頂へ向かう。

遮るものもない大和葛城山からの眺めは広大、西に大阪湾、淡路島まで望める。東から南へは浮島のような大和三山を俯瞰し、音羽三山から大峰山脈が一望の下である。山頂部を南へ行けばツツジの大庭園が広がる。ツツジの花につつまれた散策路をひと巡りしたら、ジョウモンノ谷側の散策路から自然研究路へ入る。

自然林の小道は右に櫛羅の滝への分岐を見て、天神ノ森へ登り返す。ロープウェイ山上駅への広い道を横断して、春にはカタクリの花が咲くブナ林の散策路を

大和葛城山のツツジ園へ入る

行こう。よく整備された道を下って行けば**カントリ谷上流部の橋**に出る。橋を渡って、すぐ左下の沢、右岸の道を下れば浄水場建物を左にする。この辺り、カタクリが咲く頃なら沢沿いにイチリンソウが小さく群生するのが見られる。

丸木橋を渡ると道は左岸へと移り、**北尾根**の秋津洲展望コースに合する。よく整備された道は急坂にフイックスロープを張り、中高年にも安心して楽しめるよう配慮されている。

更に下って行くと視界が開け、御所の街を一望する**展望台**に出る。展望台から**ロープウェイ山上駅**を背にして、ひと下りすれば桜古木の下を通ってカントリ谷左岸の道へ下り着く。左へ道なりに行けば不動寺の先が**葛城山ロープウェイ山麓駅前**

大和葛城山頂上は明るい広場

バス停である。

（写真・文／小島誠孝）

歩行時間：3時間45分
コースタイム
金剛バス葛城登山口バス停（30分）鎖場（50分）林道出合（20分）山頂（10分）ツツジ園（30分）ロープウエイ駅・自然研究路分岐（20分）カントリ谷橋（15分）北尾根（30分）展望台（20分）葛城ロープウェイ駅前バス停
アクセス
往路：近鉄富田林駅から金剛バス（45分）奈良交通葛城山登山口バス停
復路：奈良交通バス葛城ロープウェイ駅前（16分）近鉄御所線御所駅
マイカー情報
大阪方面からは西名阪道柏原ICで降り、R165経由で山麓道を櫛羅からロープウェイ駅へ。駅付近に複数の駐車場があるが、ツツジの花期、休日は午前10時頃には満車になる。
アドバイス
サブコースとして、奈良県側の「秋津洲展望コース」から山頂ツツジ園を経て水越峠へ下り、葛城山登山口バス停へのコースもある。富田林駅から水越峠へのバスは土日祝祭日のみ、午前中2便運行しているが出かける前に必ずダイヤを確認したい。
地形図：1/25000　「御所」
登山適期：通年
連絡先：御所市役所観光振興課☎0745・62・3001内線643、金剛バス富田林営業所☎0721・23・2286、奈良交通バス葛城営業所☎0745・63・2501

楠公伝説の山を縦走する

08　金剛山　中葛城山　神福山
こんごうざん ・1125 m　なかかつらぎさん △937.5 m　じんふくざん ・795 m

　『太平記』の千早城における楠正成の勇戦奮闘で知られる金剛山は、大阪・奈良の府県境に聳え、最高峰葛木岳を中心に横峰、湧出岳を従えて堂々たる山容をみせる。山頂付近には杉古木・ブナ林など自然と歴史遺産が共存している。金剛山への登山コースは数多くあるが、この山の概要を知るには、昔から登山者に馴染みの深い最高峰から紀見峠までの主稜線を縦走するのがいいだろう。

　近鉄長野線富田林駅から金剛バス千早ロープウェイ行に乗り、**金剛山登山口**で下車。すぐ先の「**楠公史跡河南八勝第四蹟千早城跡**」の石柱横にある石段が取付になる。

　杉林の中、ジグザグに続く石段を登りつめると**千早城四の丸跡**の広場に着く。広場を横切り鳥居をくぐれば、楠正成が祀られる千早神社の本殿がある。鎌倉幕府20万の軍勢を相手に正成が守りぬいた孤塁も、古戦場の面影をとどめるのみである。神社の手前、休憩所を経て広い登山道に出合う。金剛山のメインストリート千早本道である。進むと地蔵尊を祀る分岐に出合う。

　右を選び、冬の霧氷、春の新緑が美しいブナ原生林を通りぬけ、ツツジ尾谷（筒城谷）の橋を渡れば**山頂広場**である。**山頂社務所**の前から転法輪寺の境内を通って葛木神社へ向かう。本殿の裏が最高峰の葛木岳だが入山禁止になっている。

　一ノ鳥居をくぐり、十字路を直進、次の分岐は左を選び**湧出岳**の一等三角点を踏み、山道から展望台前の広い道へ出る。キャンプ場を右に、坂道を**伏見峠**へ下って、先へ進めば**久留野峠**を急登してクマ笹茂る**中葛城山**の広い頂きに着く。さらに起伏を越えれると高谷山に立つ。

　階段道を**千早峠**へ行き、コブを二つほど越え、**神福山**へ登ったら、石積みの上にある高天佐太雄神社の祠を拝し、縦走路へもどる。コブを越えると尾根は西進し、やがて杉老木の下に役行者を祀る祠がある**行者杉峠**（東ノ行者）に着く。小さな登り下りを繰り返して杉尾峠へ出、更に西進し、**タンボ山**を右にして下れば、南面の山かげに**西ノ行者**が祀られる柱本からの登路に出合う。コブを踏み越え、階段

長柄方面から春の金剛山を眺める

縦走路にある中葛城山の頂き

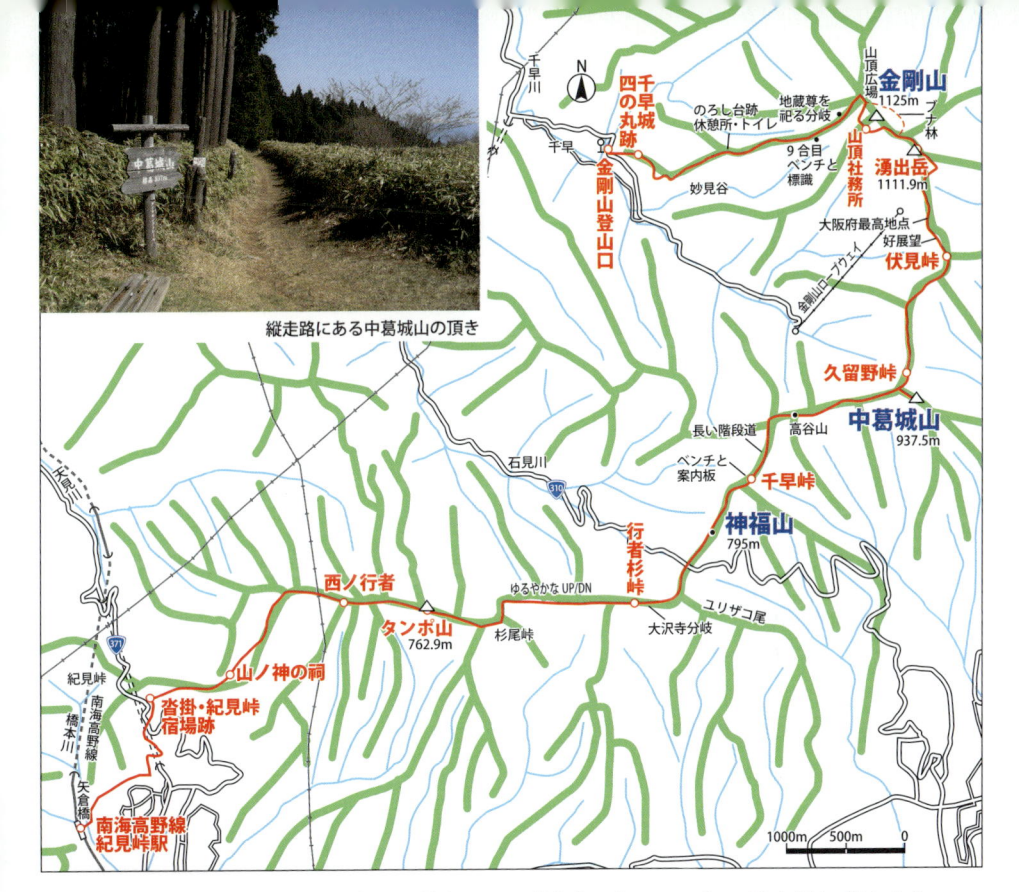

道を下ると**山ノ神の祠**がある台地に着く。
　沓掛・紀見峠宿場跡から国道を横断、集落を抜け、小さなトンネルをくぐると、国民宿舎紀伊見荘の前の広い道と出合う。道を左にとって、右の橋本川に架かる矢倉橋を渡れば、**南海高野線紀見峠駅**はすぐそこである。

（写真・文／西口守男）

歩行時間：7時間00分
コースタイム
金剛バス金剛山登山口（30分）千早城四の丸跡・楠正成墓（1時間10分）金剛山山頂・社務所（20分）湧出岳（25分）伏見峠（30分）久留野峠（10分）中葛城山（45分）千早峠（25分）神福山（20分）行者杉峠（45分）タンボ山（15分）西ノ行者（35分）山ノ神の祠（15分）沓掛・紀見峠宿場跡（35分）南海高野線紀見峠駅

アクセス
往路：近鉄長野線富田林駅（金剛バス35分）金剛山登山口
復路：南海高野線紀見峠駅

マイカー情報
大阪からは阪和自動車道美原北ICを降り、R309、R170から河内長野経由、千早赤坂金剛山登山口駐車場。

アドバイス
このコースは歩行時間7時間、休憩を入れたら9～10時間のロングコース。秋から冬の登山は日照時間が短いのでできる限り、早い時間に出発したい。コース中に危険箇所など無いが、十分な体力とある程度の脚力が要求される。

地形図：1/25000　「岩湧山」「御所」「五條」
登山適期：通年
連絡先：御所市役所観光課☎0745・62・3001、[宿泊]「香楠荘」☎07217・4・0321、金剛バス☎0721・23・2286

❽ 金剛山・中葛城山・神福山

矢田丘陵の名刹・古刹を巡る

⑨ 松尾山 まつのおさん △315.1m

　松尾山は、奈良県北西部に位置し、南北に連なる矢田丘陵の南端にある。一帯は県立自然公園に指定されており、道標も整備されているので、四季を通じてバラエティーにとんだハイキングを楽しむことができる。松尾山へのコースは幾つかあるが、ここでは近鉄生駒線の南生駒駅を起点に、法隆寺への半日コースを歩いてみよう。

　近鉄生駒線南生駒駅の西口を出て南へ行き、二つ目の踏切を渡って、住宅街の急坂(国道308号線)を東へ向かう。広い車道に合したら右折、大瀬中学から二つ目の信号を左折して登って行くと、右手の高台に**足湯**とトイレがある広場に出る。ここからは道なりに登れば**榁ノ木峠**(むろのき)に着く。峠から矢田寺へは、左の山道を道標に従い南下すると、左手「子どもの森」から通じる遊歩道に合う。そこが東屋のある**小笹ノ辻**(あずまや)。更に南に向かい登って行くと、展望台のある**矢田山**に着く。

　ここから矢田寺へは、**頂上展望台**を左に見て下る。露ナシ池を過ぎ、矢田寺分岐のT字路を左折して急坂を下ると、「矢田のお地蔵さん」と「アジサイ」で有名な**矢田寺**(やたでら)(金剛山寺)に着く。花期には1万株・60種と言われるアジサイが楽しめる。

　矢田寺から松尾山へは、再度来た道を引き返し、標識に従って頂池休憩所を通過、元の縦走路に出たら南に向かう。やがて、眼下に大和盆地が望める**国見台展望台**に着く。しばし、大和の国の展望を楽しんだ後は、散策路に戻り更に南下。雑木林の右手奥には、ハッチョウトンボが生息するという松尾湿原があるが、その分岐を見送り、先に進むと、下り坂手前の右側に、松尾山への道標を見る。この枝道を登ると、NHKのテレビ塔が建つ中継局の建物裏に出る。右手5〜6mの所には二等三角

アジサイが咲く矢田寺

26　Ⅰ 生駒・金剛山系

生駒縦走路から矢田丘陵を望む

点があり、ここが**松尾山**の頂上。

　元の枝道を散策路まで戻り少し下ると、日本最古の厄除けの名刹、**松尾寺**に着く。松尾寺は養老2年(718)の建立と伝えられ、歴代皇室の勅願所にもなっている格調高い寺である。

　松尾寺からは、境内の南側の石段を下り、右側に立つ道標から散策路を経て山道へ入る。稜線からは丁石に沿って南下し、ゴルフ場に出る。左右にゴルフ場を見て広い舗装道路に出たら、道なりに下り、溜池の端で右折。曲がり切った辺りから左折して法隆寺の塀沿いに行けば、中宮寺を左に見て、南大門の前まで行く。門前から続く松並木の中、石畳の道をまっすぐ行けば、**法隆寺バス停**に着く。

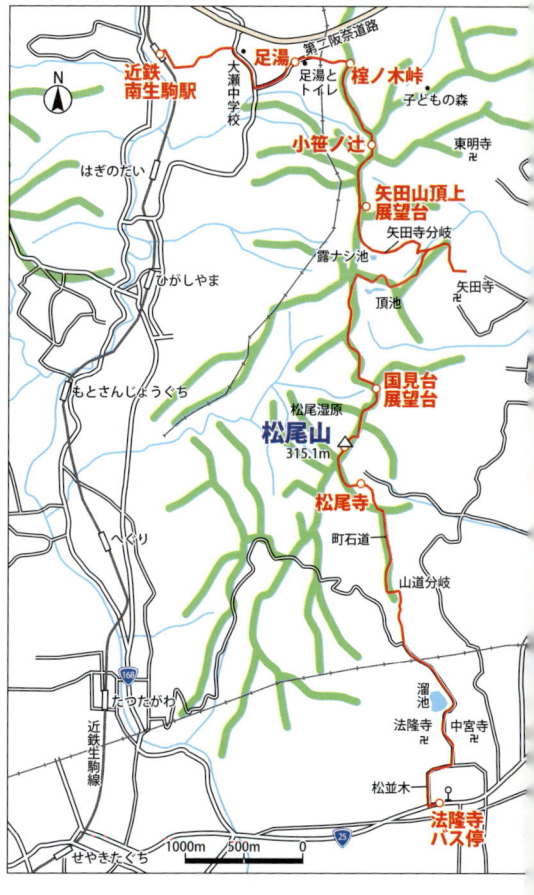

（写真・文／松本雅年・美根子）

歩行時間：3時間25分
コースタイム
近鉄生駒線南生駒駅（30分）足湯（10分）榁ノ木峠（20分）小笹ノ辻（20分）矢田山頂上展望台（30分）国見台展望台（15分）松尾山頂上（20分）松尾寺（60分）奈良交通法隆寺バス停

アクセス
往路：近鉄生駒線南生駒駅
復路：法隆寺バス停（奈良交通バス15分）近鉄生駒線王寺駅・JR関西本線王寺駅北出口

マイカー情報
法隆寺を起点として往復する場合、法隆寺周辺の駐車場を利用出来る。

アドバイス
近鉄生駒線東山駅近くには日帰り温泉「音の華温泉」、平群駅前には「かんぽの宿（宿泊および日帰り温泉）」がある。
サブコースとして、法隆寺を起点に、松尾寺・矢田寺・東明寺・「子どもの森」を経て、バラで有名な霊山寺へ下山するコースもある。
地形図：1/25000 「信貴山」
登山適期：通年
連絡先：大和郡山市役所観光課☎0743・53・1151、斑鳩町役場観光課☎0745・74・1001、矢田寺☎0743・53・1445、松尾寺☎0743・53・5023、法隆寺☎0745・75・2555

生駒・金剛山系
を歩く楽しみ

歴史と自然を併せ備えた山々

紅葉の信貴山境内

　生駒・金剛山系は峰を異にした山々であるが、本書に紹介した山々は「金剛生駒紀泉国定公園」の一部である。空からの航空写真で見ると、大阪周辺に残された比較的緑豊かな山系で、ブナ林と冬季の霧氷で有名な金剛山に代表される。生駒山、信貴山、二上山、大和葛城山、松尾山など、『古事記』、『万葉集』を始めとする書にも詠まれ、山岳修験道、楠公哀史の匂いを今なお残している（金剛山系）。また天誅組事変を想起させる歴史と自然を併せ備えた楽しいコースでもある。交通の便に少々難があるが、喧噪に慣れた都会人にとっては手軽に自然を楽しむことができ、未来に残したい要素をこれほど含んだ山域はめずらしく、じっくりと味わいたいコースと言えよう。

　例えば、生駒山途中にある宝山寺は、1678年湛海律師に依って再興され、江戸時代には商売の神として大阪商人の信仰を集めたという。商人達の寄進額を記した石碑群を眺めると、額の桁外れの大きさに驚かされるとともに、付近の旅館に往時の繁栄ぶりがうかがえる。大阪のお膝元に今なお残る威厳に満ちた門前町もめずらしい。1918年（大正7）には日本初のケーブルが出来、今も運行している。里山歩きを楽しんだあと、庶民的な飲食店でくつろぐ……など、年齢を問わずお薦めの所である。

（西口守男）

II 奈良中部の山々

10〜21

高取城本丸あとへ

⑩ 展望の里山に六角六重の石塔を訪ねる

国見山 くにみやま ・680 m

　この山のある一帯は、知る人ぞ知る奈良の大和茶の産地としても有名なところである。

　JRあるいは近鉄奈良線奈良駅を出たバスは、大仏殿前を右折し高円山南側を回って高原に向かう。今回出発点の**矢田原口バス停**で下車すると、南の稲田の奥に国見山の小さなふくらみが分かる。

　道は人家の点在する畑の中のゆるい登りで、殆どの畑に厳重にイノシシ除けの高圧電線が仕掛けられている。坂が少し急になって西に曲がると、樹林を抜けて**国道186号線**に隣接する。この交差点のクマザサの中に国見山と書かれた小ぶりの道標がある。

　ここからは大和茶の茶畑を東に見ながらの山道で、上の方に行くと霜対策のための柱上扇風機が目立つ。西側の樹林が切れたところから、西側前方に城山が見通せる。樹林帯に入っても意外な高さまで簡易舗装が続いていて楽だが、湿っている場合には滑りやすい。**国見山頂上**は東西に向けて切り開かれているが藪が伸びており、備え付けのベンチに乗るなどしないと、折角の生駒山を背景にした奈良市の景観がちょっと見にくい。

　ゆっくりしたら稜線通しに、更に塔の森の方向に向かう。間もなく福住方面への分岐点を通過し、666mのペナントがある三角点に飛び出す。ここも結構な高度ではあるが、クマザサ原の周辺は樹林なので展望はない。ここから少しの間はクマザサが鬱蒼とした古代じみた道である。間もなく**塔の森**の小さなピークに達すると、柵の中に県指定史跡である六角六重の不思議な石塔（奈良時代末）が目に入る。これから向かう日吉神社前の説明文によれば、昔はこの高さの倍以上の六角十三重の石塔であったというから驚く。隣に簡単な小屋掛けも有るので、一時の雨ならしのぐこともできよう。

　ここから急な階段を下り、駐車場のある日吉神社を過ぎると**自動車道**まではもう近い。白砂川沿いの田原地区ではふる里環境保全向上運動を進めているそうで、なつかしい大和風の景観を楽しむことが

国見山山頂にはベンチが設置されている

II 奈良中部の山々

塔の森には重要文化財の六角六重の塔がある

バス停から眺める国見山

できる。この途中、道路右手に**南田原磨崖仏**の阿弥陀如来像（鎌倉時代、切りつけ地蔵とも）が、このなつかしい景観を静かに見守っている。

　田原横田の信号に着いたら、交差点を左折すれば直ぐに**バス停**である。ここから直進すれば太安万侶（おおのやすまろ）の墓地もあるので、時間がある場合には寄れば、更に良い想い出となろう。

（写真・文／金子雅昭）

を北上。窪之庄町で右へ分岐する農道に入り、奈良教育大の手前の信号を右折、奈良奥山ドライブウエイを左に見送り、矢田原町で右折「ヤマトCC」方向、峠の十字路へ（数台の駐車スペース）。

アドバイス
①最短コースは矢田原口バス停からの山頂往復
②コースに危険箇所は無い。「塔の森」六角六重の石塔や鎌倉時代の石仏などを巡り、田原横田バス停に出る縦走コースがお奨め。

地形図：1/25000 「大和白石」
登山適期：通年、特に新緑、紅葉の時期がよい
連絡先：奈良市役所観光課☎0742・34・1111、奈良交通バスセンター☎0742・20・3100

歩行時間：2時間40分
コースタイム
矢田原口バス停（30分）国道186号線出合（35分）国見山山頂（20分）塔の森（25分）自動車道出合（25分）南田原磨崖仏（25分）田原横田バス停
アクセス
往路：JR奈良線奈良駅、あるいは近鉄奈良線奈良駅発の奈良交通バスで矢田原口バス停下車
復路：帰りは、同じバス路線の田原横田バス停から戻る。本数が少ないので事前の確認が必要
マイカー情報
大阪方面からは西名阪道を天理ICで降り、R169

❿ 国見山　31

春日山石仏群と展望の若草山を巡る

⑪ 芳山 ほやま △517.6 m　　若草山 わかくさやま △341.6 m

奈良公園の周辺には、知名度は高いのに訪れる人が少ないハイキングコースがある。その中の一つがNHKのドラマで有名になった柳生街道・滝坂の道から芳山をへて、鶯の滝から若草山(三笠山)を巡るものだ。

奈良交通市内循環バス**破石町**バス停で下車。来た道を30m戻って信号を右折、春日山遊歩道入口の前まで行き、右下の能登川沿いの道を登る。住宅街を抜け、森の中に続く柳生街道・滝坂の道に入ると古い石畳になる。

歩くにつれて寝仏(室町前期)、夕日観音(鎌倉時代)、朝日観音(鎌倉中期)などの石仏が出て来る。道脇に杉の大木を見送ると、東屋とトイレがある広場に出る。荒木又右衛門の試し切り跡だという**首切り地蔵**が立っている。

首切り地蔵の先、春日山遊歩道の十字路を右折、奥山ドライブウエイを横断し、**石切峠**の茶屋まで行く。わらび餅など季節ごとの軽食もとれる、築180年という古民家の鴨居には火縄銃や長槍が掛けてある。芳山へは、この茶屋の先にある公衆トイレの前を左折して山道に入る。

山の茶畑を右に見送り、鉄扉を入る。沢沿いに下って左の小さな道標から植林の中を登ればT字路の鞍部へ出る。右へ進むと**芳山三体石仏**(天平時代)がある広場に出る。鞍部へ戻って、そのまま直進すれば**芳山**の頂きである。

展望の無い山頂を辞したら、来た道に戻って峠の茶屋の先にある道標を左折、細い稜線の山道をたどって**地獄谷石窟仏**へ向かう。一旦谷まで下って登り返すと、鞘堂で覆われた石窟の奥に、朱色が鮮やかな線刻の三体石仏がある。

ここから**奥山ドライブウェイ**へ出て右へ

若草山から奈良市街を望む

若草山山頂

32　Ⅱ 奈良中部の山々

ドライブウェイを行く。**大原橋休憩舎**に着いたら、右の花山川にかかる大原橋を渡り、興福寺別院歓喜天の案内板がある十字路を左へ下って、**鶯の滝展望台**へ行く。滝からは、すぐ下の赤い橋を渡って、山腹を登れば**ドライブウェイ**に戻れる。

ここまで来れば、駐車場を経て**若草山山頂**はもう近い。若草山の頂きからは東大寺、興福寺等の雄大な堂塔が立ち並ぶ奈良盆地が一望できる。下山は、すぐ下の入山ゲートから眼下の芒が原を市街へ下って行こう。春なら桜の花の下、秋なら紅葉の回廊となる道を、山麓の若草山登山口へ出たら二月堂、東大寺を経て、**奈良交通大仏殿前バス停**へ行けばよい。なお、この下山道は夏・冬の閉山期は通れない。その場合、駐車場手前の春日山遊歩道経由で下山する。

（写真・文／金子雅昭）

三叉路にある首切り地蔵　　白鳳時代の芳山三体石仏

歩行時間：4時間55分
コースタイム
破石町バス停（50分）首切り地蔵（25分）石切峠（25分）三体石仏（5分）芳山（25分）石切峠（25分）地獄谷石仏（10分）奥山ドライブウェイ（30分）大原橋休憩舎（10分）鶯の滝（15分）奥山ドライブウェイ出合（30分）若草山頂上（20分）若草山登山口（25分）大仏殿前バス停

アクセス
往路：近鉄奈良駅（奈良交通市内循環バス7分）破石町バス停下車
復路：大仏殿前バス停乗車（奈良交通市内循環バス7分）近鉄奈良駅

アドバイス
コース中に危険箇所は無いが、首切り地蔵付近及び芳山の植林帯は4月中旬～11月中旬までヤマビルが多い。滝坂の道（柳生街道）は夕日、朝日、首切り、芳山、地獄谷、春日山と、原生林の中の多くの個性的な石仏をたどる歴史愛好家にお奨めのコース。
地形図：1/25000　「奈良」「柳生」
登山適期：通年。特に11月下旬から12月中旬、3月中旬から4月上旬がお奨め
連絡先：奈良市役所観光課☎0742・34・1111、☎奈良交通バスセンター0742・20・3100

⑫ 万葉時代から愛された天理の里山
大国見山 おおくにみやま　500 m

　大国見山は天理市の北にあってバスの便も極めて悪いため、最寄の天理駅から歩いて行くしかない。

　近鉄天理線天理駅から正面の道を横断。斜め右前方への道を進み、天理市観光案内所の先にある十字路からアーケードを通過して**石上神宮**をめざし、その本殿先の梅林を通って布留川を渡る。

　布留川を右に見ながら上滝本バス停がある**桃尾の滝分岐**まで来たら、桃尾の滝の石碑や道標に従い、左の山から下ってくる道脇の流れに沿って、細い道を辿れば滝前の広場に着く。滝は、こんな所にと思う落差23mもの立派なもので、夏でも涼しい。この辺りはかつて旧龍福寺の境内であったが、このような雰囲気を好んだ弘法大師空海が真言密教の大道場にしたところと伝えられる。

　ここから道は急になるが、要所にはロープが張ってあり、間もなく**大親寺**に着く。道は本堂の左手を抜けて進み、**岩屋町との分岐**がある鞍部へ向かう。鞍部からの稜線を山頂へ進めば、やがて巨岩の間を登るようになり、間もなく小さな祠のある**大国見山頂上**に着く。この頂上付近には、大小様々の岩が樹林の中に唐突にごろごろしており、古来から自然信仰の対象にもなっていた。木が茂って頂上の展望は狭いが、突き出した樹林の切れ目から眼下の天理市や、その背後の生駒、二上、葛城、金剛等の山々が展望される。この突き出した岩の先端には昔、狼煙の油溜めに使ったとされる窪みが刻まれている。同じような油溜めは頂上の他の岩にも刻まれている。

　憩いのひと時を楽しんだら、来た道を下り、今度は鞍部の**分岐点**から戻るように右折し、**岩屋町**の方向に深い杉の植林帯を下る。やがて名阪自動車道の車の音が聞こえるようになると、樹林が切れて道は農道になる。自動車道の下の細いトンネルを抜けると、狭い谷に段々になった稲田を経て県道192号線と合流する。このゆるい坂道を下ると磨崖仏や造り酒屋の残る岩屋町を経て、天理東ICの交差点に着く。

大国見山山頂部にある祠

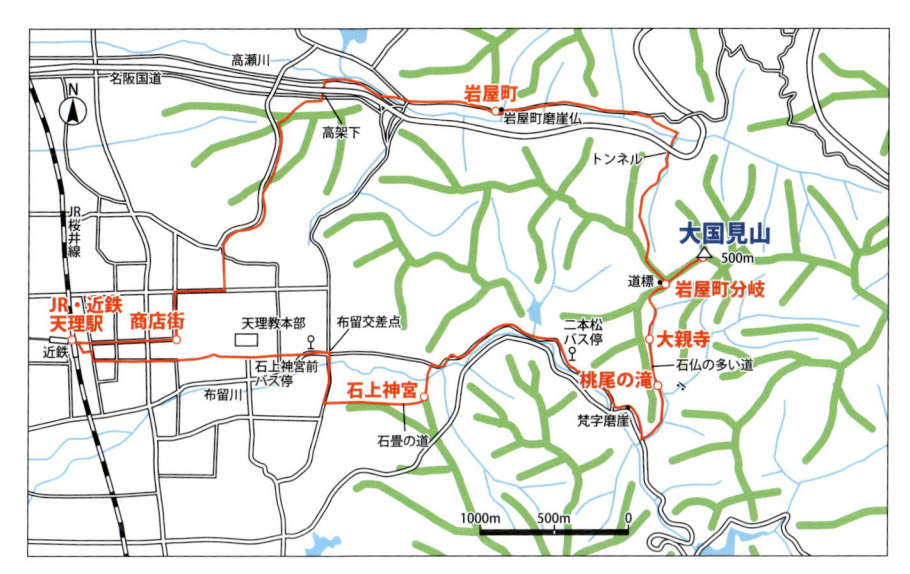

ここを越えると自動車道の下に農道用のトンネルが出てくるので、再度自動車道の天理側に戻る。道は丘の上に造られた配水池と名付けられた、巨大なコンクリートタンクの横を登り、天理市街に向かう車道に合流する。春夏秋冬二倍に楽しめるようにと、桜とモミジを並木にした車道を道なりに進むと、低い峠を越えて天理市街が見えてくる。

街の中央部に天理教よろず病院の特長のある大きなビルが目立つ。この病院の前を南下し、**商店街**に達した所で右折すれば**近鉄天理駅**は近い。

（写真・文／金子雅昭）

天理方面から大国見山を望む

歩行時間：4時間20分
コースタイム
近鉄天理線天理駅（30分）石上神宮（50分）桃尾の滝（20分）大親寺（15分）岩屋町分岐（20分）大国見山山頂（15分）岩屋町分岐（40分）岩屋町（50分）商店街（20分）近鉄天理駅
アクセス
近鉄天理線天理駅下車
マイカー情報
大阪方面からは西名阪道を天理ICで降り、R169へ入り、天理本通り交差点を左折、石上神宮交差点を直進、上滝本バス停まで進み左折、桃尾の滝へ、滝の前に二ヶ所の駐車場が有る。

アドバイス
2012年10月バスダイヤ改正により、桃尾の滝バス停が廃止。天理駅始発が12：10のため大国見登山へのバス利用は困難。
7月第3日曜日に「桃尾の滝開き祭」がある。その上の大親寺は和銅年間に義淵が創建し、奈良時代の行基が大伽藍を建立した由緒ある寺の跡である。明治時代の廃仏毀釈で徹底的に破壊され現在の姿となった。
地形図：1/25000 「大和白石」「大和郡山」
登山適期：通年
連絡先：天理市役所観光課☎0743・63・1001、奈良交通バスセンター☎0742・20・3100

戦国時代の山城跡から古墳の里へ

⑬ 龍王山 りゅうおうざん △585.5 m

　奈良盆地の東側、柳本から眺めると、たたなづく青垣の山々で一際高く、目につくのが龍王山である。山中には謎多き「龍王山古墳群」、麓には「山の辺の道」を配し、万葉歌にも残る名景としても親しまれている。

　JR桜井線柳本駅で下車。駅から商店街の中を通り、長岳寺を目指して東に進む。黒塚古墳を過ぎると数分で奈良交通柳本バス停に着く。バス停から石畳の道を更に東へ行けば「山の辺の道・長岳寺」を示す石柱が、分岐する道脇に立っている。左側、上に見える**天理市トレイルセンター**で最新の情報を得てから、長岳寺山門北側の農道を、柿畑沿いに緩やかに登って行く。のどかな山里風景を眺めながら行けば、いつしか山道へと変わる。

　溜池跡の横を過ぎると右に石仏をみて、歩きにくいU字にえぐれた道を登るようになり、やがて左に**石不動**を見る。更に急坂を登って行けば、道は平坦になり、長岳寺奥の院分岐に出る。傾斜のゆるくなった道は間もなく左にトイレがある林道に出合う。林道を**駐車場**まで行き、右へ登って行くと、龍王社分岐の道標のある台地へ出る。ここからは階段道を登れば山頂である。

　龍王山山頂は、戦国時代の山城跡で、今も北城と南城跡には石垣・土塁の痕

柳本から龍王山を望む

跡をとどめ、奈良県に残る城跡では信貴山城に次ぐ規模と聞く。山頂には木のベンチと案内版が設置されていて、北は生駒、奈良盆地を一望し、西に大和平野を見下ろし、金剛、葛城、二上山が望まれる。東から南にかけては初瀬、巻向、三輪の山々も姿を見せ、展望が素晴らしく良い。

下山路は龍王社分岐の道標まで戻って、左へ下ると龍王社の前へ出る。龍王社を左に見て進んで行くと、もと来た林道へ戻る。ここで左に下る龍王山古墳群への道を選ぶ。

植林の中へと入り、**奥の院分岐**に着く。右へ少し行けば沢の中に不動明王の石像が残る**奥の院**がある。分岐をまっすぐ行くと急な下りが続き、左右に龍王山古墳群をみる。道は流れを右にし、やがて沢辺の作業道に合する。道を右にとり小橋を渡ると**林道分岐**に出る。

右の舗装路を下って行けば山の辺の道と出合い、崇神天皇陵の南端に出る。右に溜池、左に**崇神天皇陵**（行燈山古墳）を眺めながら民家の前へ出て、道なりに行けば天理市トレイルセンターを右に、広い石畳の道に出る。後はまっすぐ行けば**奈良交通柳本バス停**に着く。

（写真・文／諫田昌子）

信仰の山らしく不動明王像がある

歩行時間：2時間55分
コースタイム
JR桜井線柳本駅（20分）天理市トレイルセンター（40分）石不動（30分）駐車場（10分）龍王山（15分）奥の院分岐（30分）林道分岐（15分）崇神天皇陵（15分）奈良交通柳本バス停

アクセス
往路：JR桜井線柳本駅下車
復路：柳本バス停（奈良交通バス15分）近鉄桜井駅

マイカー情報
大阪方面からは西名阪国道を天理ICで降りてR169を柳本まで行き、長岳寺駐車場へ（無料駐車場2ヶ所25台可能）。

アドバイス
コース中に危険箇所はない。ファミリーハイクにも適しているが、熟年ハイカーの場合、階段が多く、下山路には転石も少なくない。ストックを持参したい。

地形図：1/25000 「初瀬」「桜井」
登山適期：通年
連絡先：天理市役所商工観光課☎0743・63・1001、奈良交通☎0742・20・3100、天理市トレイルセンター☎0743・67・3810

神の山、三輪山と山の辺の道を歩く

⑭ 三輪山 みわさん △466.8 m

　日本人にとって三輪山は特別な山といえる。「くにのまほろば」大和の国にあって、日本最古の神社の御神体とされるからである。また、この山が「山の辺の道」に接しているのも何かの奇跡のように思える。

　近鉄大阪線桜井駅を起点に、金屋の石仏を経て最初の目標、**大神神社（おおみわ）**へ向かう。大神神社の北側に隣接する同社の摂社、**狭井神社（さい）**で入山許可の白襷を受け取り、入山規則を一読し、参拝の方々に迷惑をかけないよう入山する。

　道の右側は保存原始林で、要所に侵入防止線が張られている。静まり返る道の砂に雲母だろうか、金色に光る粒が混じり、朝日に煌く（きらめ）のが何やら神々しい。やがて道は小沢沿いを登るようになり、三光の滝・行場に達して右折、更に上へと登る。高い樹木に覆われ、夏でも涼しげな道を登りつめると、奥の院の祠がある**三輪山山頂**に着く。

　お参りしてひと休みしたら同じ道を戻り、西側にある大和展望台へ上ると良い。東に今登ったばかりの三輪山、西に大和三山、二上山（にじょうざん）などが一望され、お弁当をひろげるのに良い。

　展望台を西へ下れば、道はやがて夕陽で有名な**檜原神社（ひばら）**の境内へ入る。古式に法った見事な注連縄（しめなわ）越しに夕日が二上山に落ちる季節、ここが絶景ポイントとなる。神社からは車谷を見下ろしながら東進。谷を過ぎるところで合した広域農道を西へ戻るように方向を変え、集落の間を抜ける。穴師（あなし）の急な切通しを上ると高台となり、振り返る三輪山や大和盆地の眺望もよく、山の辺の道核心部の趣がある。左手に柳本古墳群で最大の景行天皇陵の森を見て東屋を過ぎれば、二番目に大きい崇神（すじん）天皇陵の堀端を通る。柳本のバス停への石畳

山の辺の道から三輪山を望む

檜原神社境内から二上山を望む

道に出たら右折し、山の辺の道の中間点となる**天理トレイルセンター**に寄って行こう。すぐ横には美しい庭園で知られる長岳寺、柳本には三角縁神獣鏡(さんかくぶちしんじゅうきょう)の大量発掘で話題の黒塚古墳もあって、考古学ファンには興味が尽きないだろう。

道はここから中山廃寺、念仏寺墓地、萱生町(かよう)・竹之内の環濠集落を経て、**夜都伎神社**(よとぎ)、内山永久寺跡へと進む。かつては四十以上の堂塔を誇った永久寺も、わずか百年前の廃仏毀釈で本堂池に芭蕉の「うちやまや とざましらずの 花ざかり」の句碑を残すのみである。

広域農道のガードをくぐれば、今日、最後の見どころ、国宝の七支刀(しちしとう)で有名な**石上神宮**(いそのかみ)の神域に入る。天理駅へは天理教本部の前からアーケード道を西進する。

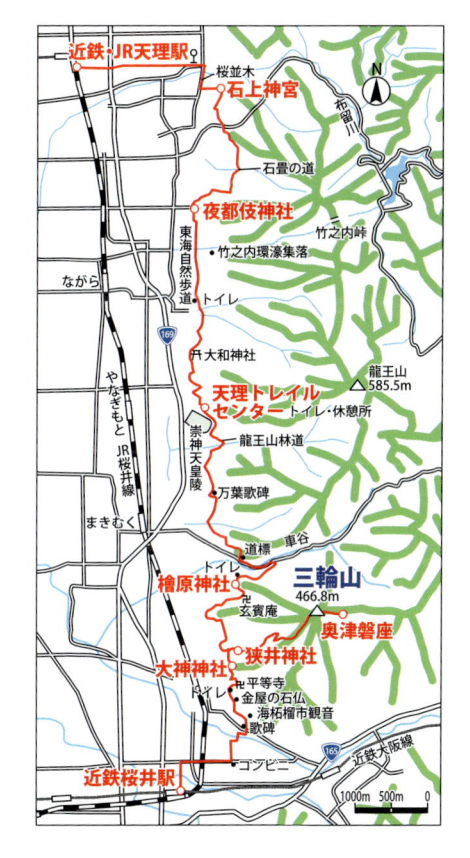

(写真・文／金子雅昭)

歩行時間:5時間50分
コースタイム
近鉄大阪線桜井駅(35分)大神神社(10分)狭井神社(三輪山山頂往復・奥津磐座を含む55分)(35分)檜原神社(65分)天理トレイルセンター(70分)夜都伎神社(50分)石上神宮(30分)天理駅

アクセス
往路:近鉄大阪線桜井駅・JR桜井線桜井駅
復路:近鉄天理線天理駅・JR桜井線天理駅
マイカー情報
大阪方面からは西名阪道を天理ICで降りてR169を大神神社へ。二の鳥居前に無料駐車場がある(祭事などは満車になるので事前の確認が必要)。

アドバイス
日本最古の道と最古の神社を一度にめぐる贅沢なコース。三輪山を午前中、早い時間に下山すれば、山ノ辺の道の終点、天理まで十分に歩き通せる。

地形図:1/25000 「大和郡山」、「桜井」
登山適期:通年(強いて言えば、山ノ辺の道は、やはり春秋が望ましい)
連絡先:天理市トレイルセンター☎0743・67・3810、奈良交通奈良営業所☎0743・58・3030

⑮ 「こもりくの泊瀬」と歌われた山々

初瀬山 はせやま ・548m　天神山 てんじんやま △455.1m

　長谷寺駅のホームに立つと、右に天神山（与喜山ともいう）、前方に初瀬山・巻向山・龍王山の山並みが見渡せる。

　近鉄大阪線長谷寺駅で下車。門前町を進むと道は左にカーブして長谷寺に通じる道と、そのまま直進して初瀬川に架かる天神橋を渡る道に分岐する。直進して与喜天満神社を目指す。

　与喜天満宮の歴史は古く、『日本書紀』にも「こもりくの泊瀬の山 出で立ちのよろしき山 走り出のよろしき山（雄略天皇）」と歌われ、奈良時代にまで遡る。天満宮と長谷寺の分岐が**登山口**。天満宮裏の天神山は原始林で、天然記念物に指定されている。登山道は無く、それらしき標識も見当たらないが「裏参道」の石の階段を上がり切ると、左側の木に「山想遊行」の木札が残り、その横に保安林の黄色い標識がある。これが**取付**の目印である。

　雑木の下枝が張りだした山腹に途絶えがちに細々と残る踏み跡を辿り、つづら折りの急坂を一気に登れば、やがて尾根状となり、**天神山前衛のコブ**へ出る。この辺りからテープが散見されるようになる。天神山は天然記念物の原始林と私有林の境界線上にあり、このコブから北東に植林境界に沿って尾根を辿る。小さなコブを2つ越えると、あっけなく**天神山の頂き**に着く。展望は効かない。山頂からは、もと来た道を戻るが、踏み跡を外さないよう注意して下ろう。

　初瀬山へは長谷寺と与喜天満神社への分岐（登山口）まで戻って、門前町の中に続く道を長谷寺の門前まで行く。長谷寺前の道を左折し、坂を上がり50mほど下ると右手に寺の墓地へ行くコンクリート道がある。この細道を斜上する（登山口の目印は無い）と、左に墓、右に寺を見る。そのまま進むと、**共同視聴アンテナ**がある鞍部に出る。

長谷寺駅付近から初瀬山を望む

西側山腹を行く道はヒノキと杉林の植林帯となって、所々に倒木をまじえ、アセビなどの雑木が混じる尾根道を登り、**小さなピーク**に着く。道はやがて下りに転じ、ススキと笹茂る山腹を過ぎれば植林の尾根へ出ると**龍王山分岐**で、直進すれば龍王山方面へ行く道だが、**右の枝道**へ入る。すぐに右に展望が開け、脚下にまほろば湖、正面に鳥見山、額井岳、貝ヶ平山など、室生火山群が一望される。

ここから数分行くと、左の山側に小道があり、初瀬山の頂きに通じている。急坂をひと登りすれば杉植林の**初瀬山山頂**に立つ。残念ながら視界は得られない。帰路は来た道を忠実に戻るとしよう。

（写真・文／浅岡弘子）

長谷寺駅付近から天神山を望む

歩行時間：天神山２時間30分、初瀬山４時間30分

コースタイム
天神山：近鉄大阪線長谷寺駅（30分）登山口（45分）天神山前衛のコブ（10分）天神山（35分）登山口（30分）長谷寺駅。
初瀬山：長谷寺駅（30分）登山口（30分）共同アンテナ（１時間）小さなピーク（20分）龍王山分岐（10分）初瀬山（5分）龍王山分岐（10分）小さなピーク（45分）共同アンテナ（30分）登山口（30分）長谷寺駅

アクセス
近鉄大阪線長谷寺駅

マイカー情報
大阪方面からは西名阪道天理IC経由、R169を桜井警察署を目指し、中和幹線道路を東進してR165に合し、長谷寺へ。長谷寺周辺には多数駐車場がある。但し、牡丹の開花期の４月下旬から５月中旬は混雑するので、遅くとも午前９時頃までに到着したい。

アドバイス
天神山：道標などは一切なく、踏跡だけである。距離は短いが、足元はハイカットのトレッキグシューズが必要。
初瀬山：長谷寺の裏側尾根を辿るが、踏跡程度の道で部分的にブッシュを分ける。道標もないので、地形図をしっかり見て歩こう。

地形図：1/25000 「初瀬」
登山適期：通年
連絡先：近鉄大阪イベント係☎06・6775・3566、NPO法人泊瀬門前町再興フォーラム☎0744・55・7568、長谷寺☎0744・47・7001

大和 "まほろば" の山を訪ねる

⑯ 畝傍山　天香久山　耳成山

うねびやま　△198.5 m　あめのかぐやま　・152 m　みみなしやま　△139.2 m

　早朝、大和葛城山の山頂に立ち、東の方を俯瞰すれば霞みの中に浮かぶ大和三山が「大和国中」こそ、国の「まほろば」と実感させる。そんな大和三山を訪れてみよう。

　近鉄南大阪線橿原神宮西口駅前から正面突き当たりの道を左折。カーブする道を道なりに進んで、安寧天皇陵を左にして、大谷町の人家脇の道標を右折、畝火山口神社へ行く。境内右側から**畝傍山登山道**へ入って、尾根道を行けば橿原神宮分岐を経て**畝傍山の山頂**に至る。山頂からは金剛、葛城の山並みや、これから訪れる耳成山と大和八木の市街を眺める事ができる。

　頂きから、来た道を橿原神宮分岐へもどり、旧海軍の航空母艦「瑞鶴」の記念碑がある**若桜公苑**へ下る。若桜公苑から右へ行き、毎年2月の建国記念日に勅使が訪れ、歴代天皇家が参拝される橿原神宮に参拝。北参道を**近鉄橿原線畝傍御陵前駅**まで行く。

　天香久山へは、畝傍御陵前駅の東西連絡路を東へ出て直進。国道169号線の信号を横断して、**本薬師寺跡**を右に見送る。8月中旬頃の季節なら ホテイアオイと古代蓮が一面に咲いてる事だろう。先へ進み飛鳥川を渡り直進。2つ目の信号を右折、住宅街を抜けて道なりに進み、突き当たりを右折。書店前で左の枝道を旧村へ入る。

　「天香山神社」「天岩戸神社」への標識を左折、農道を登り、右側の案内板から薄暗い森の階段道を登れば**天香久山**の頂きに出る。国常立神社が建ち、俯瞰案内板もあるが展望は無い。山頂から50mほど北へ進み、道標に従って天香山神社へ行く。

　鳥居を出て右折、灌漑用溜池と民家の間を通り、村はずれのミラーから左の道へ入って**八釣地蔵**を見送り、広い村道

畝傍山の頂きから耳成山と大和八木市内を望む

甘樫丘から耳成山(左)と天香久山(右)を望む

に出たら右折。JR桜井線踏切と国道165号線を横断し、更に**近鉄大阪線耳成駅**を右に踏切を渡って50m先のカーブミラーを左折。甲谷医院の前から旧村を抜け、橋を渡って新興住宅街の先の、耳成山公園まで行く。

公園前の**耳成山登山口**から常夜灯の並ぶ道を登れば耳成山口神社の境内に着く。神社の左側から**耳成山の頂き**へ出る。展望のない三等三角点から西へ足もとに気をつけ下りると室生山地蔵の横へ出る。**室生山地蔵**(むろうやま)から左へ行き、最初の分岐を右に入って信号を横断して、更に西へ行くと国道165号線に出る。左折して近鉄百貨店の前を行けば**近鉄大阪線大和八木駅**に着く。

（写真・文／小嶋美喜代）

甘樫丘から畝傍山を望む

歩行時間：3時間53分
コースタイム
近鉄南大阪線橿原神宮西口駅（15分）畝傍山登山口（25分）畝傍山山頂（15分）若桜公苑（15分）近鉄橿原線畝傍御陵前駅東口（10分）本薬師寺跡（38分）天香久山登山口（15分）天香久山山頂（20分）八釣地蔵（25分）近鉄大阪線耳成駅（15分）耳成山登山口（10分）耳成山三角点（10分）室生山地蔵（20分）近鉄大阪線大和八木駅

アクセス
往路：近鉄南大阪線橿原神宮前駅
復路：近鉄大阪線大和八木駅
マイカー情報
南阪奈道路を橿原で降り、橿原警察署前交差点で右折、神宮外苑道路を正面参道へ。大鳥居左側に有料駐車場がある。

アドバイス
危険箇所も道迷いの心配もないウオーキングコース。橿原神宮の敷地内には深田池が有り初夏には水蓮や菖蒲の花が咲く。冬にはカモや白鳥など野鳥を見る事ができます。
地形図：1/25000 「畝傍山」
登山適期：通年（真夏は高温多湿です。避けたほうがよいでしょう）
連絡先：橿原観光協会☎0744・20・1123、橿原神宮☎0744・27・2449、橿原市観光課☎0744・27・1115

⑯ 畝傍山・天香久山・耳成山

古代のロマンを秘める山と明日香の里を歩く

⑰ 御破裂山 ごはれつやま △607.4 m

　わが国に異変が起きるとき、鳴動して異変を知らせるという伝説の山、御破裂山である。この御破裂山がある多武峰（とうのみね）から明日香（あすか）の里への道は、奈良朝として国がまとまる以前の名所・旧跡を歩けることから、古代史ファンにも人気が高い。

　近鉄大阪線桜井駅南口から奈良交通バス談山（だんざん）神社行に乗り、終点一つ手前の**多武峰バス停**で下車。新しく作り直された朱塗りの橋を渡って歩き始める。杉古木の並木に古代史の香りを感じながら、東門、摩尼輪塔（まにりんとう）等を過ぎると二の鳥居である。時間があればこのまま入場しないで、先ず対斜面の上にある駐車場への階段を上るとよい。ここに立ち寄ると本殿や有名な十三重塔などが真正面に見られ、とりわけイロハモミジ紅葉の頃は、絶好の撮影スポットとなるからである。拝観料を払って**談山神社**境内へ入ったら、石段を上がり、由緒ある境内の建物をゆっくりと見て回りたい。

　御破裂山への登り口は十三重塔の西側にある。途中、鞍部にある談山（かたらいやま）分岐点の道標が出てくるので、これに従って、右へ少し上がり、**談山**を訪ねよう。山と言っても小さな公園で、ここで大化の改新の謀議が行われたと伝えられる。伝説の山で大化の改新に思いを馳せたらもとの鞍部へもどり、まっすぐ進めば林道に出合った先に**御破裂山**がある。石段を上がると山頂は藤原鎌足（かまたり）の墓域となっていて入山できないが、左側から裏手に回ると小さな展望台がある。天香久山を眼下に、生

明日香から多武峰（右端）と御破裂山（左）を眺める

44　Ⅱ 奈良中部の山々

駒山方向が遠望される。

御破裂山からは明日香へ下ろう。先ほど来た林道を辿って、**西口の分岐**を右折、明日香への小道へ入る。右上に六地蔵を見て、「**明日香・石舞台ハイキングコース**」の標識に従う。談山神社と明日香を結ぶ新しいドライブウエーと道は何度か交錯しながら下って行く。

山道は車道の十字路へ出て、大化の改新伝説が残る**気都倭既神社**の前から冬野川沿いの舗装路となる。冬野の集落を過ぎると、秋なら彼岸花が棚田の縁を彩る田園風景が広がる**石舞台**に着く。道の右側にある小さな展望台に登ってみる

と、二上山と石舞台の両方が一度に見られる。石舞台から飛鳥川沿いの飛鳥周遊路をたどる。聖徳太子ゆかりの**橘寺**、川原寺跡、**亀石**と訪ね、道なりに行けば国道169号線を横断して**近鉄吉野線飛鳥駅**に着く。

（写真・文／浅岡弘子）

多武峰から明日香へは、よく整備された散策路だ

歩行時間：3時間20分
コースタイム
多武峰バス停（10分）談山神社（15分）談山（15分）御破裂山（25分）西口の分岐・明日香ハイキングコース入口（20分）気都倭既神社（55分）石舞台（20分）橘寺（10分）亀石（30分）近鉄吉野線飛鳥駅
アクセス
近鉄大阪線桜井駅（奈良交通バス20分）多武峰バス停
マイカー情報
談山神社周辺には駐車場が多いが、観光シーズンにはそれでも混雑する。明日香村側は狭い谷なので注意が必要。

アドバイス
大化の改新を成功させた中大兄皇子（後の天智天皇）と中臣鎌足（後の藤原鎌足）は、法興寺で行われた蹴鞠会で知り合ったと言われる。このいわれを引き継いで、けまり祭りが毎年4月29日と11月3日の2回行われている。これに合せて訪れるのもいい。
地形図：1/25000 「畝傍山」
登山適期：通年（談山神社の桜は4月下旬、紅葉は10月下旬から11月上旬）
連絡先：奈良交通お客様サービスセンター☎0742・20・3100、明日香村観光会館☎0744・54・4577

西国三十三所霊場から高取城跡へ

⑱ 高取山 たかとりやま △583.6m

　高取山は中世、山頂に高取城をいただき、山麓には西国三十三所の一つ壺阪寺を擁し、高取藩城下町として栄えた。土佐街道(とさ)と呼ばれる街並みは旧城下町の町屋が高取城へ一直線に向かう大手筋沿いに立ち並ぶ。3月ともなれば、一斉に家々の雛人形が玄関に飾られ、今では町全体の行事として賑わっている。また11月中旬には「お城祭り」が開かれ、昔ながらの武具・衣装の大名行列、大阪城鉄砲隊の火縄銃一斉射撃などのデモンストレーションが行われる。時期を選んで山を訪れるのも良いだろう。

　近鉄吉野線壺阪山駅(つぼさかやま)で下車、国道169号線を横断して突き当たりの土佐街道を右へ行く。しばらく行くと**高取広場**(札の辻跡)の十字路に出る。石柱道標を右折、赤坂池を左に、清水谷の町並みを過ぎると壺阪川に出合う。

　橋の手前で左折、川沿いの道が**高架下**を通り、参道の標識に出合ったら右へ行く。人家の庭先を通って小橋を渡れば竹林の中を進み、地道の林道に出る。右に地蔵尊が現れ、壺阪寺への標識がある。道が沢を離れると、階段状になって**壺阪寺駐車場**に出る。

　駐車場の右の階段を登ると高取城跡へ行く道に出る。道を左へ進めば**五百羅漢への分岐**が出てくる。分岐で左の山道へ入り、五百羅漢を巡って、しばらく歩くとNTT中継アンテナへの林道に出合うが、すぐ山道へ入る。その先で八幡神社を右上に見送れば**高取城跡入口**に着く。

　石垣を眺め登ると三の丸跡へ出る。三の丸跡から中門を通ると**高取山の頂き本丸跡広場**に着く。吉野・大峰山脈、台高山脈の高見山や多武峰(とうのみね)方面などが眺望される。春は桜、秋は紅葉と、素晴らしい景観を楽しませてくれたが、残念なことに近年桜がほとんど枯れた。

　山頂を辞したら上子島(かみこしま)の集落方面へ向かおう。しばらく下りると、左に**国見櫓跡**への標識が出てくる。左へ50mほどで国見櫓跡に出る。ここからは大和国中(やまとくんなか)が一望の下、これから向かう土佐の街を眼下に、金剛・葛城山系、生駒の山々も望まれる。

　もとの道へ戻れば右に猿石が残る**栢森**(かやのもり)

壺阪寺は西国三十三所(6番札所)の霊場

への分岐に出る。道は七曲、一升坂の急坂を下って、植村家菩提寺の宗泉寺への分岐・林道終点に着く。ここからは舗装林道の一本道。砂防公園、上子島の集落を過ぎ、家老屋敷跡の前を土佐街道に出る。あとは今朝来た道を近鉄吉野線壺阪山駅へ行けばよい。

（写真・文／小嶋美喜代）

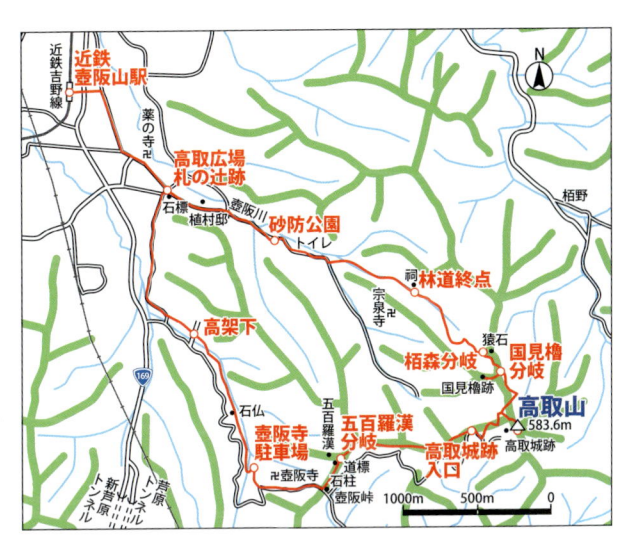

山頂の高取城本丸跡は憩うによいところだ

歩行時間：3時間15分
コースタイム
近鉄吉野線壺阪山駅（15分）高取広場・札の辻跡（20分）高架下（20分）壺阪寺駐車場（10分）五百羅漢分岐（20分）高取城跡入口（20分）高取城本丸跡・高取山頂上（10分）国見櫓分岐（往復10分）栢森分岐・猿石（20分）林道終点（15分）砂防公園（20分）高取広場・札の辻跡（15分）近鉄吉野線壺阪山駅

アクセス
近鉄吉野線壺坂駅

マイカー情報
大阪方面からは南阪奈道路を橿原で降りて、R169を高取町の芦原トンネル手前の分岐を左折、壷坂寺駐車場（有料）へ。

アドバイス
道迷いの恐れや危険箇所などは無い。道標が完備し歩きやすいハイキングコース。彼岸花の季節なら、猿石の分岐から栢森をへて、明日香の稲淵から飛鳥駅へゆくのも良いだろう。

地形図：1/25000　「畝傍山」
登山適期：通年（但し、1月～2月は積雪をみることもある）
連絡先：高取観光協会☎0744・52・1150

⓲ 高取山　47

古木と古刹が郷愁を誘う音羽三山

⑲ **音羽山** おとわやま △851.3m　**経ヶ塚山** きょうがつかやま ・889m　**熊ヶ岳** くまがたけ ・904m

　紅葉の名所で知られている多武峰（とうのみね）の東に連なる龍門山塊の北端に位置する音羽山・経ヶ塚山・熊ヶ岳は古くから「音羽三山」の名で親しまれてきた。標高は三山ほとんど頂きを並べているといっていいだろう。

　近鉄大阪線桜井駅から多武峰・談山神社行きバスで、**奈良交通下居（おりい）バス停**下車。新しく設置し直した石仏が立つ横から橋を渡って、右折し、舗装路を上って行けば、集落はずれにある音羽観音駐車場に着く。**音羽観音への道標**を左に入る。音羽観音へは約1km程の参詣道だが急坂が続く。

　道を何度か折り返すと左に古い石段が現れ、その先に**音羽観音寺**が仰ぎ見える。秋なら散り敷く落ち葉を踏み、紅葉が見事な石段を登れば、鐘楼と本殿がある観音寺の境内に着く。周囲は一面「お葉つき銀杏」の落ち葉で金色に染まり、素晴らしい眺めだ。運が良ければ、笑顔が素敵な庵主さんが出迎え「お葉つき銀杏」や寺の由来を聞かせてくれるだろう。

　観音寺を辞し、行場の左を通って沢道を行く。転石が多い沢を20分ほど進んだあたりで、道は左の山腹へ移り、やがて尾根を行く。縦走路に出合ったら、すぐ左が**音羽山山頂**で、三等三角点と山名板がある。

　山頂から来た道を戻り、そのまま稜線を直進して経ヶ塚山へ向かう。尾根を緩やかに下って登り返すと、クヌギ林に囲まれた古い石灯篭が残る**経ヶ塚山**に着く。経ヶ塚山からは急坂を鞍部へ下る。眼前に迫る熊ヶ岳が立派だ。初めて大宇陀（おおうだ）方面から高見山への眺望も

経ヶ塚山付近からの熊ヶ岳の姿は魅力的

開け、ほっとする。夏でも風がよく通る鞍部からは、急坂をひと登りして、熊笹が足元を覆う熊ヶ岳前衛のコブに出る。ここからは、緩やかな吊り尾根状となって、狭い**熊ヶ岳山頂**に着く。

展望もなく熊笹に覆われた山頂を辞したら、露岩の急坂を下る。百市(ももいち)からの道を右の尾根から迎え、笹を分けて倒木が多い尾根を辿って行けば、近鉄大峠無線反射板のある**四等三角点ピーク**（858.8m）に着く。

道は笹が刈られ、耳成山や橿原の町も望まれる杉林の道を下れば、山桜の巨木の下に「女坂伝承地」の石柱と祠がある**大峠**に着く。右折して坂道を下り、すぐ下の林道終点からは舗装林道を行き、田園風景ののどかな**針道**(はりみち)を不動滝に出る。不動滝のT字路を右へ進み、バス道へ出たら右が**奈良交通不動滝バス停**である。

（写真・文／諫田昌子）

経ヶ塚山の山頂に今も残る古い石灯籠

歩行時間：3時間55分
コースタイム
奈良交通下居バス停（25分）百市・音羽観音寺分岐（25分）音羽観音寺（20分）山腹道（20分）音羽山（25分）経ヶ塚山（30分）熊ヶ岳（25分）四等三角点ピーク（15分）大峠（30分）針道（20分）奈良交通不動滝バス停

アクセス
往路：近鉄桜井駅南口（多武峰・談山神社行奈良交通バス13分）下居バス停
復路：不動滝バス停（奈良交通バス21分）近鉄大阪線桜井駅南口

マイカー情報
大阪方面からは西名阪道天理IC経由、R169を桜井市庁舎を経てR165を右折し、桜井薬師町信号を右折、談山神社方面の途中、下居バス停から音羽観音分岐へ。分岐手前に4～5台の駐車場（無料）がある。

アドバイス
音羽山観音寺（善法寺）は静かな隠れ名古刹、頼めば一夜、快く参籠させて頂くことも出来る。秋深まる頃、本物の大和の旅を味わいたいなら一度は訪れたいものである。

地形図：1/25000　「畝傍山」「古市場」
登山適期：通年
連絡先：音羽山観音寺☎0744・46・0944

津風呂湖に映る秀麗の山

⑳ **竜門岳** りゅうもんだけ △904.1m

　竜門山塊の主峰竜門岳は、麓に多くの名所旧跡を有し、津風呂湖に影を映すその秀峰の美しさは、春の桜とともに、訪れる人を魅了する。

　バス路線廃止のため、**近鉄吉野線大和上市駅**（まとかみいち）から登山口の**吉野山口神社**までは、タクシーを利用する。今回は、吉野山口神社の登山口から入り、**針道**（はりんど）方面に下るコースを選んだ。

　吉野山口神社左側の村道を北へ進み、道が右にカーブする辺りで渓流沿いの林道に入る。舗装された道が簡易水道施設跡地まで続き、ここから登山道になる。この辺りに車2、3台の駐車は可能。

　左に沢を見て進むと、やがて左に**竜門滝**の石柱を見る。ここを降ると、二段に分かれた落差10m程の見事な滝が見られる。滝から元の道に戻り先へ進むと、流れが右に変わり、左に**竜門寺跡**（久米仙人居住跡）がある。更に沢沿いの広い林道を進むと、やがて丸太の階段が現れ**林道が終わる**。

　しばらく沢から離れ、傾斜を増した登山道を直進すると、道は右にカーブし滝頭に出る。沢沿いに登り、二俣へ出たら道標に従い**尾根に取り付く**。更に左上の稜線を目標に高度を稼ぎ、植林の尾根道を登りつめると、**竜門岳**の頂上だ。頂きには一等三角点の石標と岳の明神と呼ばれる**高皇産霊神**（たかみむすびのかみ）を祀る祠があるが、視界は利かない。桜の古木に吊るされた登頂記念板に、桜咲く季節の賑わいを偲び、下山にかかる。

　下山路は**三津**（みつ）、**細峠**（ほそ）方向を選び、標識に従い北側へ下る。しばらくは、なだらかな森林帯の中を行くが、道が左折する辺りから、急勾配の下山道に変わる。ここを過ぎると、また快適な下りになり、送

津風呂湖から眺める竜門岳は堂々たる山容だ

竜門岳へのアプローチは美しい人工林を行く

電線の鉄塔が立つ草付の明るい斜面に出る。前方には、音羽山から熊ヶ岳への山並みが開け、ひと息入れたい所。

ここから三津峠までの下山道は、よく整備された緩やか山道が続くが、三津峠から先は、倒木やブッシュに悩まされる。古いテープと地図を頼りに進むと、やがてクマ笹のなだらかなコブに着く。ここには、左は竜在峠（多武峰方面）、右は大峠の道標がある。右を選び樹林の道を下れば女坂伝承地の大きな石碑と、地蔵を祀った祠がある大峠に着く。

あとは針道方面の標識に従い山道を下り、林道に転じた道を針道の集落に入る。広い舗装林道を更に30分ほど行くと、右側に不動滝、左側に破不動が祀られている旧バス道の三叉路に出る。その先に見える新しいバス道へ出て右折すれば奈良交通不動滝バス停である。

（写真・文／松本雅年・美根子）

歩行時間：4時間40分
コースタイム
吉野山口神社（30分）竜門滝（10分）竜門寺跡（20分）林道終点（40分）尾根取付（50分）竜門岳頂上（30分）三津峠（50分）大峠（30分）針道（20分）不動滝バス停

アクセス
往路：近鉄吉野線大和上市駅からタクシー。吉野山口神社まで吉野町福祉バスの利用も可能だが、ダイヤ確認が必要
復路：不動滝バス停（奈良交通バス21分）近鉄大阪線桜井駅南口

マイカー情報
大阪方面からは松原ICから南阪奈道路を橿原市へ。橿原市からR169を大淀町経由大和上市の先、サークルK手前の信号を左折、吉野山口神社を目指す。神社の左、農道から林道を簡易水道施設跡の駐車スペースへ。

アドバイス
特に危険箇所などは無いが、三津峠から先は悪路、不明瞭な場所もある。地形図と磁石は必携。夏場は水も1ℓ/1人程度は持参したい。

地形図：1/25000 「古市場」「新子」
登山適期：通年（特に春は桜の頃、津風呂湖周辺の桜が見事だ）
連絡先：吉野町役場観光課☎07463・2・3081、奈良交通バス吉野営業所☎07475・2・4101

奇岩群の渓谷とツツジ咲く山頂

㉑ 神野山 こうのさん △618.4 m

　神野山は大和高原の最北部に位置し、山麓の山添村から眺めると皿を伏せたような女性的な曲線を持った山である。緩やかに裾を引き、円錐状の山頂を持つことから火山だと思われていたが、現在は浸食に耐え残った残丘だとされる。この山は1000mにも満たない里山だが眺望に恵まれ、春、山麓に桜の咲く頃から山頂付近にツツジが咲く初夏、多くの登山愛好者が訪れる。

　公共交通機関が不便なこの山へはマイカーで行くとしよう。**名阪国道神野口IC**で下りて、すぐ左折。県道214号線、272号線を経て**森林科学館**まで行き、駐車場へ止める。

　駐車場前の神野山公園線を15分ほど行けば、橋が架かる**鍋倉渓入口**（なべくらきょう）に着く。橋の上から眺めると谷の上流にも下流にも黒々とした斑礪岩（はんれいがん）の大きな転石が奇観を呈し、累々と続き溶岩流の跡のような様相をみせる。地元の伝説では「伊賀の天狗と神野山の天狗が喧嘩をして石を投げあった跡」だという。

　橋から右岸の登山道を行く。天候に恵まれた初夏なら、周囲の雑木林に木漏れ日が揺れ、鍋倉渓の奇観とのコントラストが美しい。渓沿いの道を登って行けば展望デッキとベンチに出合う。そのすぐ下で左の枝道へ入り、まっすぐ進めば道標に導かれ、茶畑のひろがる舗装路に出る。遠くに三重の山々を望み、茶畑を行けば弁天池を通って古刹**神野寺**（こうのでら）に着く。

　質素なたたずまいが良く似合う山寺は、かつて推古仏として知られる菩薩半跏思惟像が収められていたが、今は博物館に収められ、建物が残るだけである。寺を辞したら、少し戻ってトイレ

山頂近くには古刹神野寺がある

の先にある分岐を左にとる。舗装道を登って行けば王塚古墳を祀る三柱神社と一等三角点がある広々とした**神野山山頂部**へ出る。花期なら一面に広がるツツジが華やかに迎えてくれることだろう。お弁当を広げるなら、近くの東屋か緑なす若草にシートを敷くのが良いだろう。

神野山山頂には「藤も咲き つつじも咲きて 伊賀大和」の句碑が残り、螺旋階段の展望台が建てられている。展望台からの眺めは四方遮るものも無い。南に高見山、東から南へ室生・曽爾火山群、北には笠置山を望むことができる。

花に囲まれ展望に満足したら、山頂を辞して、東屋の前から、まっすぐ渓谷沿いに下って行こう。やがて、見覚えのある展望デッキに着く。ここからは来た道を**森林科学館**までもどればよい。

（写真・文／小島誠孝）

神野山山頂の展望台

散策路は鍋倉渓に沿って続いている

歩行時間：2時間20分
コースタイム
森林科学館駐車場（15分）鍋倉渓入口（35分）神野寺（25分）神野山（50分）鍋倉渓入口（15分）森林科学館駐車場
アクセス
公共交通機関の使用は困難
マイカー情報
名阪国道「神野口」ICで下りて、すぐ左折、県道214号線を森林科学館まで行く（森林科学館の駐車場が利用できる）。
アドバイス
道標が完備し、よく整備されたハイキング道。ファミリーハイキング向き。危険箇所などはない。
地形図：1/25000 「名張」
登山適期：通年
連絡先：山添村企画課☎0743・85・0041

奈良中部の山々を歩く楽しみ

多面的な魅力の青垣山

大国見山の山頂から生駒山と大和盆地

　奈良中部の山々と言えば、おおよそ国道24号線と旧伊勢街道（166号線）を二辺とする三角形の内外に含まれる山域と言えよう。南部を圧倒的な大峰・台高の山々に、西部は生駒金剛の連山に占められた残りの山域という見方もできよう。

　この高度1000m位までの盆地および、それより少し高い高原が占める奈良中部の山々には、大峰・台高のようなスケール感はないが、先史時代から人々の生活と深くかかわってきた経過が残されている。そのため歴史的な事件や信仰の記録対象となったり、和歌に詠まれたり、古い遺跡を秘していたりし、単なる自然の山である以上に、古代の人々の匂いを様々な形で今に伝える文化がある。言い換えれば、山々の多面的な魅力がより大きいということである。

　山の辺の道の檜原神社にある歌碑　「大和は国のまほろば　たたなづく青垣　山こもれる大和しうるはし」と記されるように、奈良中部の山々を総称して青垣山と呼びかけている。そして美しい青垣山があったからこそ、この地に人が集まり住んだのだと主張している。この青垣山にかかわる四季折々の景観や花々を追い、いにしえの山道を歩きつつ、昔の人々の心情に思いをはせたり出来るのは、私どもの贅沢といえるだろう。

（金子雅昭）

Ⅲ 室生・倶留尊山系 22〜29

兜岳の頂きは平坦な疎林の中だ

「大和富士」と呼ばれる秀峰を訪れる

㉒ 額井岳 ぬかいだけ △812.3 m　戒場山 かいばやま △737.4 m

　額井岳は室生火山群の中でも一際目立つ秀峰であり、富士山に似ている所から「大和富士」とも呼ばれている。今回は、額井の里に祀られた十八神社を起点に額井岳の南西尾根を登り、山頂を踏んで、北東へ続く戒場山から戒長寺に降りるコースを辿ってみよう。

　額井岳・戒場山へは、**近鉄大阪線榛原駅前**から奈良交通バス天満台東三丁目行のバスに乗り、**天満台西四丁目**で下車。住宅街を北へ向かうと、団地の外れで額井岳が正面に見える。町道を右にとり登って行くと、東西に走る東海自然歩道に出る。その上に見えるのが**十八神社**。鳥居の手前で畦道を左へ行けば、額井岳への登山口があり、ここから山道に入る。

　植林の中、この山で唯一の水場を右に見て進むと、林道に出る。林道を左折し、ほどなく現れる道標を右へ上がり、次の分岐を左に選べば、一旦傾斜が緩み、室生湖を垣間見る。再び道が樹林帯に入り、ひと登りすると、額井岳南西尾根の鞍部に出る。峠からは左が雑木、右が植林の境界尾根を登り詰めると**額井岳頂上**に着く。

　山頂には龍王を祀る朱塗りの祠と東屋がある。頂きからの展望は素晴らしく、西に香酔山・貝ケ平山、南に目を転ずれば、眼下に榛原の街並が見え、その向こうに伊那佐山がくっきりと望める。

　戒場山への縦走路は、東へ急斜面を下って行く。小さなコブを二つ越え少し下ると、生い茂るススキの中、**無線反射板**を左にする。この辺りから尾根は北方に向かっているが、直進せず尾根の先端から、やや東向きに急降下する道を選んで降りる。急坂を下って、少し横巻きす

榛原から見上げる額井岳

ると**戒場峠**に着く。峠からは、尾根を約150m登り返せば**戒場山**だ。頂きは植林の中、残念ながら展望は利かない。

ここから**戒長寺**へは東に向かって下る。途中の道標で右折、沢に向かって下って行くと、やがて戒長寺裏の駐車場に出る。戒長寺は真言宗の古刹で、聖徳太子の建立という。寺の境内にある天然記念物の「お葉付きイチョウ」と、ホオノキの巨木は実に見応えがある。

山門下の東海自然歩道を右にとり、棚田の景色を楽しみながら、緩やかに上がって行くと、左側に休憩所が見え、その裏に**山部赤人の塚**がある。墓石の前から道標に従い、林間の小道を下って山畑の道から桐頭の集落を過ぎ、広域農道を横断して更に下ると、天満台住宅地へ入る。住宅街の大通りに出たら、道を右へ進めばよい。やがて、バスの始発駅**天満台東三丁目**に着く。

（写真・文／松本雅年・美根子）

額井岳山頂の祠と休憩所

歩行時間：3時間45分
コースタイム
奈良交通天満台西四丁目バス停（30分）十八神社（55分）額井岳（20分）反射板（25分）戒場峠（15分）戒場山（30分）戒長寺（20分）山部赤人の塚（30分）奈良交通天満台東三丁目バス停
アクセス
往路：近鉄大阪線榛原駅（奈良交通バス天満台東三丁目行8分）天満台西四丁目
復路：天満台東三丁目バス停（奈良交通バス榛原駅前行10分）近鉄大阪線榛原駅
マイカー情報
大阪方面からは西名阪国道針ICからR368を南下、榛原町へ。十八神社下の東海自然歩道に2〜3台の駐車スペース。戒長寺の駐車場は寺の許可が必要。
アドバイス
林道手前の水場はコース中、唯一。夏場は必要なら補給するといい。
額井岳山麓には日帰り温泉「美榛苑」（宿泊・食事も可）があり、榛原駅前から送迎バスも出ている。☎0745・82・5611、1126
地形図：1/25000　「初瀬」
登山適期：通年
連絡先：宇陀市役所☎0745・82・1301、奈良交通バス榛原営業所☎0745・82・2201

㉓ 太古の記憶を残す室生火山群の山々

鳥見山 とみやま △734.4 m
貝ヶ平山 かいがひらやま △821.7 m
香酔山 こうずいやま ・795 m

　近鉄大阪線榛原駅(標高300m)に降り立つと、北北東の方向に穏やかな山容の里山が連なるのが目に入る。鳥見山、貝ヶ平山、香酔山などの小火山群である。その主峰は宇陀市、天理市、奈良市の三市境にまたがる貝ヶ平山である。

　近鉄大阪線榛原駅を北口へ出て、バス停から左へ100mほど行き、信号あかね台1で右折し、住宅地の中央を北へ進む。国道165号線の信号を横断し、次のあかね台2信号で右折、坂道を上がって行くと、鳥見山公園への道標がある。

　道標に従い、林道を登って行けば道が二分する。右の新しい道を選べば**鳥見山公園駐車場**に着く。この公園はツツジの名所と知られ、5月上旬には数千本のツツジが一斉に咲き、勾玉池を中心に一面紅に染まる。また、この公園には神武天皇聖跡伝承地の顕彰碑や歌碑も数多く、歴史的にも興味深い。

　鳥見山へは休憩所とトイレの間の階段道を上がる。小さな鞍部を右へ行くと**見晴台**に立てる。南面に展望が開け、東から高見山、大台ヶ原と大峰山脈、音羽三山、金剛・葛城山から二上山まで展望できる。

　見晴台から鞍部に戻って「貝ヶ平山2km」の道標に従って鳥見山を目指す。道標も登山道も整備されて歩き易い。杉と檜の植林の尾根道を行けば**鳥見山頂上**に着く。残念ながら周囲は杉植林で展望は皆無だ。

　頂きから数十m進むと道標があり、貝ヶ平山まで1.4kmとある。90度右折して笹に覆われ眺望のない自然林と植林の境界を行く。緩やかな起伏の尾根が大きく北へ曲がるあたりで玉立と青龍寺への分岐

榛原駅から住宅街へ入ると目指す三つの山々が見える

鳥見山展望台から鳥見山を見上げる

鳥見山展望台から南の山並みを望む

を右に見送る。道が登りに転じると右に**香酔山分岐**を見る。分岐を過ぎ、急坂を一気に登れば玉垣に囲まれた石碑と二等三角点の石柱がある**貝ヶ平山**の頂きに着くが、眺望は得られない。

山頂を辞したら香酔山分岐まで戻り、東へ尾根を下り、雑木に囲まれた香酔山を往復したら**玉立・青龍寺分岐**まで行く。玉立への道は山腹を絡むように下る。途中、**化石採石場**を左に見送り、傾斜を増したU字にえぐれた道を過ぎれば、やがて青龍寺から30mほど下の民家横へ下り着く。あとは川沿いの道を玉立橋東詰の信号まで行き、右へ行けば**玉立橋バス停**で、あと25分歩けば**榛原駅**に出る。　　　　（写真・文／小島誠孝）

歩行時間：4時間7分
コースタイム
近鉄大阪線榛原駅（55分）鳥見山公園（7分）見晴台（20分）鳥見山（35分）香酔山分岐（5分）貝ヶ平山（5分）香酔山分岐（15分）香酔山（20分）香酔山分岐（5分）玉立・青龍寺分岐（5分）化石採石場（35分）貝ヶ平山登山口（15分）玉立橋バス停（歩行25分）近鉄大阪線榛原駅北口
アクセス
往路：近鉄大阪線榛原駅からタクシー利用も可能
復路：玉立橋バス停から近鉄大阪線榛原駅へは1時間に1本
マイカー情報
京阪和方面からは西名阪道を針ICで降り、R370を香酔峠から玉立で右折、橋を渡り鳥見山公園駐車場へ（無料30台）
アドバイス
紹介コースに危険箇所などは無いが、夏場は植林帯がコースの大半を占め、風通しが悪い。登山適期は春・秋。例えば、4月下旬の鳥見山公園の「つつじ祭り」に合わせれば無料シャトルバス利用も可能。
逆コースの場合、玉立の青竜寺の30メートル手前、左に古い石灯籠がある分岐を右へ入る。貝ヶ平山の化石採取場からは満月貝、鮫の歯などが出土、かつでは小中学生の理科の課外授業などにも利用されていた。
地形図：1/25000　「大和白石」「初瀬」
登山適期：通年
連絡先：宇陀市役所☎0745・82・8000、榛原観光協会☎0745・82・1301

キリシタン大名の城跡から静かな山へ

㉔ **伊那佐山** △636.9m　**井足岳** 550m
いなさやま　　　　　いたりだけ

　宇陀盆地の中を流れる芳野川に沿って歩くと、昔懐かしい田園風景がひろがる。伊那佐山文化センター前の石田橋に立つと川の流れの向こうにひと際、目を引く山がある。神武東征伝説も残る伊那佐山である。

　伊那佐山へは**奈良交通比布バス停**のすぐ先を左折、右に見える**伊那佐文化センター**を目指す。伊那佐山を正面に見てセンター前の道を直進、芳野川に架かる竹橋を渡って、伊那佐山への分岐を左に見送ると、やがて左に「**ダリオとジュストの道**」（高山右近の父と右近の霊名）の道標を見る。道標に従い、この道を行く。

　10分程で大貝研修所跡の分岐を左折、7分程で左へ分岐する**山道へ入る**。左に山ノ神、右に沢を見ると間もなく池畔に出る。小沢を渡り急坂を上がると小さな峠に着く。右は**沢城出の丸跡**、今は平坦な台地に杉植林が広がるだけである。峠を左へ登り返した高みに**米山城跡**がある。標高470mの城跡は植林に覆われ、昔を偲ぶ縁とてない。

　笹と倒木の尾根を北上すると**自然林の鞍部**に着き、左から踏み跡を迎え、直進すると岩のテラスに出る。さっき歩いた沢城跡が目の前に見える。植林の成長で、かつての展望も無くなった尾根を先へ行くと、やがて広い伊那佐山登山道に合する。広い参道をまっすぐ進めば、都賀那岐神社の社殿と休憩所が建つ**伊那佐山山頂**に着く。樹木に囲まれた境内の西側は木の間越しに音羽三山や宇陀盆地が垣間見られる。

　山頂からは社殿の横、三等三角点標石の横から北へ尾根を下り、自明・峰方に向かって小道が続く林道終点の**峠**へ降りる。標識には、ここから先は「ハイキングコースに適さない」と記されている。

林道終点の峠を行く

伊那佐山文化会館から田園風景の中、伊那佐山を眺め行く

伊那佐山山頂の都賀那岐神社

ここから井足岳へは踏み跡程度の山道で、道標などは無いからだ。林道終点を横断し、雑木の尾根の踏み跡を辿る。小さなコブを越え、大きな石の先で林道に出るが、すぐに右の山道へ入る。道は細いが良く踏まれており、道は露岩を交え、林道が出入りする尾根を忠実に進めばよい。やがて赤松林と雑木の二次林は急坂に転じるが、それもしばしの事、登りきって左へ行けば**井足岳**に着く。

植林に囲まれた山頂を後に、東へ下り、502m峰の山腹東側を下りて行けば、沢沿いの杣道に出合う。そのまま進んで沢を渡り返し、**船尾集落**最奥の民家の前へ出ると、やがてバス道に出合う。道を左にとれば、墨坂(すみさか)神社を経て**近鉄大阪線榛原(はいばら)駅**に着く。

（写真・文／小島誠孝）

歩行時間：3時間29分
コースタイム
奈良交通比布バス停（5分）伊那佐文化センター（10分）竹橋（5分）ダリオとジエストの道分岐（17分）山道入口（15分）峠（沢城出の丸跡往復7分）（15分）米山城跡（10分）自然林の鞍部（20分）伊那佐山（5分）峠（45分）井足岳（35分）船尾（20分）近鉄大阪線榛原駅
アクセス
往路：近鉄大阪線榛原駅（奈良交通バス9分）比布バス停
復路：近鉄大阪線榛原駅
マイカー情報
大阪方面からは南阪奈道路を橿原で降り、R165を中和幹線道路に入り、再びR165を榛原へ。榛原・西峠で右折、R307を横断・直進、芳野川沿いに進み、比布バス停の先を左折。伊那佐文化センター駐車場へ。
アドバイス
沢城跡付近はブッシュ帯。伊那佐山北側の峠から井足岳まで道が交錯するので迷い込みに注意。沢城は戦国時代のキリシタン大名、高山右近の居城。今は、小さな鞍部の両側に土塁の跡があり、案内板が残るだけである。
地形図：1/25000 「古市場」「初瀬」
登山適期：通年
連絡先：榛原町観光協会☎07458・2・1301、伊那佐文化センター☎0745・82・4806、近鉄上本町駅☎06・6771・3106

㉔ 伊那佐山・井足岳

室生火山群の1000m峰を縦走する

㉕ 住塚山　国見山
すみずかやま △1009.2 m　　くにみやま ・1016 m

案内 map は㉖と共通です

　柱状節理の障壁を連ねる屏風岩は山桜と紅葉で有名だが、その背後に1000m級の山が二つ、障壁に守られるように存在する。展望に恵まれた住塚山（別名、次郎岳）と国見山である。

　三重交通長野バス停から学校との間を流れるこも川沿いの小道を長野橋へ向かう。前方に五つの峰を連ねる天然記念物の屏風岩がその威容を視界いっぱいに展開し、山への期待が高まる。最奥の民家の前から振り返ると、青蓮寺川を眼下にし、対岸に聳える古光山・後古光山がひと際、大きく見える。

　要所にある車道の道標に導かれ、屏風岩公苑を目指す。植林帯の道を林道分岐に出る。小さな道標が「右、兜岳、左、屏風岩公苑」を示している。左へ進み、右に若宮神社への道を見送って屏風岩公苑管理事務所・駐車場まで行く。屏風岩南面直下の窪地は山桜の古木が多く、花期には多くの観光客とカメラマンで賑わう。

　住塚山・国見山へは、まっすぐ公苑を通り抜け、分岐を右にとる。急勾配の植林道をジグザグに登りきれば、一ノ峰鞍部に着く。左折して尾根道を行く。ゼニヤタワへの細道を右にし、小さなコブを二つ三つ踏み越えると住塚山に着く。眼下に広がる宮城高原や次の目標、国見山の端整な山容が望まれる。

　国見山へは尾根道をゼニヤタワへ下る。ゼニヤタワから国見山へは露岩の多い急登だ。登り着いた尾根も狭く露岩がゴツゴツと出ている。フィックスロープのある岩塊とやせ尾根を過ぎると、ススキの茂る国見山の頂きに着く。双仏石が安置された山頂にはベンチが置かれ、西は樹木の生長で、やや展望を損なう

住塚山から目指す国見山を眺める

ものの、北から南の展望は欲しいままだ。お弁当をひろげるのも良いだろう。

　山頂を辞したら階段が残る西北の尾根を下ろう。鞍部から登り返せば、難なく松の山に着く。ここで道は北に向きを変え、急な階段道を**クマタワ**へと下る。クマタワは林道終点で、左の山道は室生方面。右の林道を選び、緩やかに下って**済浄坊渓谷入口**まで行く。

　林道を離れ、左の谷道へ入ると散策路が沢沿いに続き、小滝、ナメ滝、清浄坊ノ滝を眺め行けば、いつしか林道となって目無橋に着く。広い車道を右へ行き、断崖の裾を滑り落ちている長走りの滝や兜岳を眺め、道なりに下って行けば**サンビレッジ曽爾**を経て、**三重交通曽爾横輪バス停**に出られる。

（写真・文／小島誠孝）

歩行時間：4時間15分
コースタイム
三重交通長野バス停（1時間）屏風岩公苑（15分）一の峰鞍部（25分）住塚山（40分）国見山（30分）クマタワ（45分）済浄坊の滝（25分）サンビレッジ曽爾（15分）三重交通曽爾横輪バス停
アクセス
往路：近鉄大阪線名張駅発（三重交通バスで45分）長野バス停下車
復路：三重交通曽爾横輪バス停（三重交通バス43分）近鉄大阪線名張駅へ
マイカー情報
大阪方面からは南阪奈道路を橿原で降り、R165を中和幹線道路に入り、再びR165を榛原へ。榛原からR369を曽爾・掛へ。掛交差点を左折、長野郵便局の先で左折、林道終点の屏風岩公苑の駐車場（有料）へ。
アドバイス
ゼニヤタワから国見山へは露岩とやせ尾根の急登。雨天、積雪時は慎重を期したい。住塚山からゼニヤタワの間は落葉松林、初夏は新緑、晩秋は紅葉が美しい。
サブコースとして松ノ山方面をショートカットし、ゼニヤタワにもどって、若宮峠から長野バス停へのコースもある。
地形図：1/25000　「大和大野」
登山適期：通年（冬期で積雪がある場合、冬山経験者でザイルワークの知識があるリーダーの同行が望ましい）
連絡先：三重交通伊賀営業所☎0595・66・3715、曽爾村観光課☎0745・94・2101

岩の甲冑をまとう怪峰に登る

㉖ 鎧岳 よろいだけ △893.6 m　　兜岳 かぶとだけ 約920 m

案内 map は P63 参照

　鎧岳と兜岳は共に室生火山群に属する岩峰で、青蓮寺川の支流横輪川を挟み並んで聳える姿は、この地域を代表する奇勝の一つといえる。特に鎧岳については、柱状節理と呼ばれる岩壁を甲冑のように身にまとい、ひときわ目を引く。鎧岳直下の青蓮寺川に架かる獄見橋から仰ぐ姿は圧巻である。

　鎧岳・兜岳への登山経路は**近鉄大阪線名張駅**で降り、三重交通バス山粕西行に乗り、**曽爾横輪**で**下車**。登山口となる**延命地蔵**（目無地蔵）目指して北へ進む。

　奥香落山荘を右に見送り、しばらく行くと済浄坊渓谷への道標がある。道標に従って、左の細道を選び、県道を離れる。樹林の中、坂を上がり切ると村営サンビレッジ曽爾（キャンプ場）に出る。敷地を通り抜け、管理棟の横から車道へ出る。道は、すぐに県道に合流するので、ここは左へ向かう。

　兜岳の真下、幾つもの段をなして滑り落ちる長走りの滝を眺めながら進めば、目無橋の先をしばらく行くと**延命地蔵**に着く。祠を左に見て、右の小沢に沿って行くと堰堤が現れる。その先で小沢を渡り、

兜岳の下りから眺める鎧岳は圧巻だ

植林帯の斜面を登って、右の尾根へ出る。やがて、大きな一枚岩を踏み越えると、むき出しの木の根や露岩を摑んでの急坂に転じる。フイックスロープが設置され、整備が行き届いている。周囲は疎林に囲まれ、傾斜が緩くなると南東の方に視界が開け、倶留尊山や古光山が望まれ、ほどなく兜岳山頂に着く。

小広い山頂は雑木林に囲まれ、吹き抜ける風は爽やかで気持ちがいい。木の間から、わずか見える南の山並みや曽爾横輪の村はどこか懐かしい風景だ。山頂を辞したら、鎧岳へ行こう。

東への岩尾根伝いに下る道は狭く、右側がスパッと切れ落ち、垂壁になっている。尾根が左から右に曲がるあたりで、右側に、これから目指す鎧岳や倶留尊山、古光山、その後方に台高の山並みの展望が広がる。小さなギャップを越え、フイックスロープを伝い峰坂峠に下る。峰坂峠から植林帯の山腹を絡むように登り返すと尾根の鞍部に出る。標識から右へ100mほどで**鎧岳山頂**に到着する。

東にわずかに開ける展望を後に、峰坂峠へ戻ったら、左折して山腹を下り、林道終点に出る。舗装林道を下り、**ヒダリマキガヤ群生地の分岐**を左折すれば曽爾郵便局に着く。郵便局前が奈良交通バスの**葛バス停**、名張行に乗れば、近鉄大阪線名張駅に出ることができる。

（写真・文／浅岡弘子）

目無地蔵の祠が兜岳への登山口

歩行時間：3時間50分
コースタイム
三重交通曽爾横輪バス停（50分）延命地蔵（40分）兜岳（30分）峰坂峠（30分）鎧岳（15分）峰坂峠（50分）ヒダリマキガヤ群生地分岐（15分）三重交通葛バス停
アクセス
往路：近鉄大阪線名張駅から三重交通バス山粕西行曽爾横輪バス停
復路：三重交通バス葛バス停から近鉄大阪線名張駅へ
マイカー情報
大阪方面からは南阪奈道路を橿原で降り、R165を中和幹線道路に入り、再びR165を榛原へ。榛原からR369を曽爾・掛へ。掛交差点を直進、横輪バス停で左折、サンビレッジ曽爾（キャンプ場）駐車場へ。
アドバイス
鎧岳・兜岳は標高こそ1000mに満たないが、登降路は急峻な露岩と木の根の道である。積雪のある時期や雨天の際など、足場は予想外に悪くなるので入山は避けたい。また、鎧岳・兜岳縦走の場合、曽爾横輪から入山し、新宅本店前へ下山するコースが一般的であるが、鎧岳からの下山路は落枝が林道を覆うため、踏跡の見落としに注意したい。
地形図：1/25000　「大和大野」「倶留尊山」
登山適期：通年
連絡先：三重交通伊賀営業所☎0595・66・3715、曽爾村役場村づくり推進課☎0745・94・2101、サンビレッジ曽爾☎0745・94・2619

スリリングな岩峰が並ぶ兄弟峰

㉗ 古光山　　後古光山
こごやま　△952.4 m　　うしろこごやま　・892 m

　屏風岩への登山道から南を眺めると、山頂部が岩峰群になっている二つのピークが、ふたコブ駱駝の背中にも似た姿で望まれる。別名「ぬるべ山」とも呼ばれ、山頂部は五つの峰からなり「古に光っていた火山」と言われたことから、古光山と名付けられたと伝えられている。古光山と後古光山はいずれも典型的な火山のなごりを留める山容である。

　近鉄大阪線の名張駅から三重交通バスに乗り、曽爾村役場前バス停下車。すぐ側の青蓮寺川の橋を渡り、新しいバイパス道路を横断して道標に従って南へ進み、塩井の集落へ入る。集落のはずれで左上へ延びる林道を登って行けば、ふきあげ斎場がある大峠に着く。

　斎場入口の左側から山道に入る。道は斎場の後ろを右端へ行き、左上へ向かうと、すぐに急坂となって雑木林の中を進む。途中、振り返ると高見山や三重の山々がスカイラインを描いている。笹茂る急勾配の山腹から尾根へ出ると、風が爽やかに通り抜けて行く。やがて尾根は露岩のやせ尾根になって南峰（五峰）へと登り着く。

　南峰から四峰にかけては展望も良く、気持のいい露岩の稜線歩きが続く。四峰から鞍部へ下って登り返せば、最高峰の三峰の頭に着くが、残念ながら展望は得られない。ここからは樹木に覆われた二峰を越え、古光山（一峰）へと向かう。古光山五峰の北端にある一峰もまた、展望はいま一つ、北西方向わずかに屏風岩方面が垣間見られるだけだ。

　山頂を辞し、三等三角点手前から右へ連続するフイックスロープを伝い直線的に急下降する。フイックスロープに頼りきるのは危険、三点支持を保ち足もとに注意してフカタワまで

亀山方面から古光山・後古光山を眺める

慎重に下ろう。フカタワからは再び、急坂に連続するフイックスロープを伝って登り返し、狭い**後古光山**の山頂へ出る。

亀山と曽爾高原を望む後古光山からは道標を左へ下り、フイックスロープが張られた崩壊斜面を通って階段状の坂を下る。笹茂る小さな鞍部に着くと、展望広場からの道を右から迎え、尾根は草原状になって前方に亀山や倶留尊山を望む。

左に古い東屋を見て樹林帯に入り、視界の閉ざされた坂道を下り切れば林道が横切る**長尾峠**に着く。林道を左に進み、**曽爾高原入口**から左へ道標に従う。東海自然歩道を下って行けば左に出店が並ぶ**曽爾高原ファームガーデン**の前から左の道へ入り、棚田を左右にみて太良路集落へ入る。集落のはずれで分岐を左にとって吊り橋を渡れば、**三重交通葛バス停**である。

（写真・文／小島誠孝）

歩行時間：4時間20分
コースタイム
三重交通曽爾村役場前バス停（1時間）大峠（40分）南峰・五峰（20分）古光山（20分）フカタワ（20分）後古光山（30分）長尾峠（15分）曽爾高原入口（25分）曽爾ファームガーデン（25分）三重交通葛バス停

アクセス
往路：近鉄大阪線名張駅（三重交通バス44分）曽爾村役場前バス停
復路：バス葛バス停（三重交通バス40分）近鉄大阪線名張駅

マイカー情報
大阪方面からは南阪奈道路を橿原で降り、R165を中和幹線道路に入り、再びR165を榛原へ。榛原からR369を曽爾・掛へ。掛交差点を直進、曽爾トンネルを出て二つ目の分岐を右折、林道をふきあげ斎場へ（斎場前に数台の駐車スペースがある）。

アドバイス
曽爾村役場からふきあげ斎場まで林道を通る車は少ないが、できればタクシーで行くのがベター。古光山・後古光山は低山だが急峻なアップダウンがあり、フイックスロープが連続する。初心者が安易に踏み込むのは危険。南峰付近は岩稜で、一峰まで尾根の両側はブッシュで見えないが深く切れている。また、一峰からフカタワへの下りは滑りやすい。雨天、積雪の場合、慎重な行動が必要。

地形図：1/25000　「倶留尊山」「菅野」
登山適期：4月上旬〜11月末
連絡先：三重交通伊賀営業所☎0595・66・3715、曽爾村観光課☎0745・94・2101

㉘ 倶留尊山　二本ボソ山　亀山

銀浪うねる大展望の高原台地

くろそやま　△1037.3 m　　にほんぼそやま　・996 m　　かめやま　・849 m

　奈良県側から望めば曽爾高原を麓に配して穏やかな姿を見せ、三重県側から見ると荒々しい岩壁がそそり立つ勇壮な姿を呈する倶留尊山塊は、盟主・倶留尊山と二本ボソ山、亀山によって形成されている。その北西山麓一帯は広々としたススキの草原となっていて、中央の大きな窪地には池を作り湿原を形成する、曽爾高原と呼ばれる関西屈指の景勝地である。

　近鉄大阪線名張駅から三重交通バス山粕西行に乗車、**太良路バス停**下車が一般的である。太良路バス停の前にある天王神社の先、青蓮寺川に架かる二つの橋のどちらを渡っても道なりに登って行けば、**曽爾高原ファームガーデン**の前へ出る。ここでは二つ目の橋を渡るとしよう。

　舗装路を進み極楽寺を過ぎたところで左折、民家と山畑の間を上がって曽爾高原ファームガーデンとお亀の湯を左に見送る。道が大きく左へカーブする辺りの右に「東海自然歩道・曽爾高原」の道標がある。ここから山道へ入り、樹林の山腹を登って行けば**曽爾青少年自然の家キャンプ場**に着く。

　舗装路を横断して臨時バス駐車場へ出たら、トイレの先から更につづら折の舗装路を上がり、曽爾青少年自然の家正面広場まで行く。建物の南側を行くと、一面ススキの銀波に覆われた素晴らしい景観に出会う。草原の散策路をお亀池から**亀山峠**に出、峠から左へ急坂を登る。登るにつれて展望が開け、振り返ると古光山から音羽三山、鎧・兜岳はもとより、額井岳など中和の山々が一望される。

　尾根道から樹林帯に入ると二本ボソ山の茶店があり、入山料を徴収している。茶店のすぐ先が**二本ボソ山**の頂き、目指す倶留尊山が荒々しい山容で目の前に聳え立ち、池ノ平や名張川の銀帯を眼下に、大洞山、学能堂山、三峰山が峰を連ねる。

　二本ボソ山の岩頭を後に鞍部のケヤキ谷分岐へ

二本ボソ山の登路から曽爾高原のパノラマ

下り、倶留尊山の登りにかかる。露岩の急坂にフィックスロープが設置され、山頂まで続いている。急坂を一気に登れば東西に広い**倶留尊山の頂き**に飛び出す。周囲の雑木が切り払われた山頂にはベンチが置かれ、室生火山群を一望のもとに収めることができる。

帰路は、来た道を忠実に戻ろう。**二本ボソ山**から**亀山峠**までの、あの絶景を眺め下るとしよう。亀山峠からは、わずかに登り返し、**亀山の頂き**を踏み、古光山・後古光山を正面に見据え、階段道を**長尾峠**まで下る。長尾峠からは車道を**曽爾青少年自然の家キャンプ場**まで行き、今朝、登って来た道を**太良路バス停**へ行こう。

（写真・文／諌田昌子）

神末の牛峠から倶留尊山と二本ボソ山

歩行時間：4時間12分
コースタイム
三重交通太良路バス停（30分）曽爾ファームガーデン（30分）青少年自然の家（25分）亀山峠（20分）二本ボソ山（25分）倶留尊山（20分）二本ボソ山（20分）亀山峠（25分）長尾峠（15分）曽爾青少年自然の家キャンプ場（25分）曽爾ファームガーデン（25分）三重交通太良路バス停
アクセス
往路：近鉄名張駅から三重交通バス山粕西行に乗車、太良路バス停下車
復路：三重交通「太良路」バス停から近鉄名張駅
マイカー情報
大阪方面からは南阪奈道路を橿原で降り、R165を中和幹線道路に入り、再びR165を榛原へ。榛原からR369を曽爾・掛へ。掛交差点を直進、太良路バス停手前で右折、青蓮寺川の橋を渡り、曽爾高原口駐車場（有料）へ。
アドバイス
秋のベストシーズンには期間限定で臨時バスが曽爾高原まで入っている。倶留尊山への登山には入山料500円が必要で、二本ボソ山の茶店で徴収される。曽爾高原では、早春にススキを「野焼き」する。野焼きの後しばらくは、ススキはおろか、一面焼野ヶ原となるので注意していただきたい。
地形図：1/25000 「倶留尊山」「大和大野」
登山適期：通年（但し、積雪のある場合、倶留尊山の登下降には十分な注意が必要）
連絡先：三重交通伊賀営業所☎0595・66・3715、曽爾村役場村づくり推進課☎0745・94・2101

㉘ 倶留尊山・二本ボソ山・亀山　69

㉙ 日本の原風景が残る里山を歩く
三郎ヶ岳　高城山
さぶろうがたけ　△878.8 m　　たかきやま　810 m

　三郎ヶ岳は登山の対象としての魅力もさることながら、山麓に千年桜と日本茶発祥の地として知られる古刹仏隆寺など、日本の原風景が残る集落を配し、春夏秋冬風情ある景観を見せてくれる。

　近鉄大阪線榛原駅から登山口の**奈良交通高井バス停**で下車。古い石標が残る十字路を左に行き、頭矢橋を渡って右折。川沿いの道を行けば、やがて田園風景が広がり、春なら菜の花畑の先に桜の巨木が見え、**仏隆寺**下の東屋に着く。時間がゆるせば石の階段を登り、大和茶発祥地の古刹に詣でて行くがいい。

　東屋の前から右へ上がる農道を道なりに行き、広船寺の下の小橋を渡る。集落の中、最初の辻を右へ行き、林道を進めば、右に池、左にログハウスが現れ、**小峠**に着く。道標左の登山道へ入ると、墓地の横を通り、すぐ急登になるが、それも、しばしのこと。鎖のある露岩を過ぎれば、傾斜もゆるくなって**高城山**へ登り着く。高城山には祠と休憩小屋があり、ひと休みするのに良い。振り返れば音羽三山から室生火山群が一望される。

　高城山からは雑木林の尾根を北東へ下り、東へ転じた道がコブを2つ越え、露岩を踏み過ぎれば三郎ヶ岳の鞍部に出る。ここから植林境界の急坂を一気に登り返せば、**三郎ヶ岳**に立つ。東に曽爾高原、南に大峰山脈、西には音羽三山が目近に迫り、360度、遮るもののない大展望が得られる。お昼時なら小広い頂きは、お弁当をひろげ、憩うによいところである。

　山頂を辞したら、東へ鎖が設置された急坂を下る。距離は短いが、雨天、積雪期には十分注意したいところだ。鎖が途切れると道は傾斜を

仏隆寺の千年桜を眺めながら小峠へ

露岩の尾根を踏み越えて行く

ゆるめ、左に磨崖仏群を見て、血原分岐の鞍部に着く。鞍部には古い建物が残り、右へ50mほどの山腹には明開寺奥の院がある。ここからは、南へ植林の中を下って行けば、伊勢本街道と出合う。伊勢本街道を右へ行けば、見晴らしの良い愛宕神社から諸木野の集落に入る。集落の分岐を右へ登って行けば小峠へもどる。後は、今朝きた道を高井バス停へ行けばよい。

（写真・文／小島誠孝）

明るい三郎ヶ岳の山頂

歩行時間：5時間15分
コースタイム
奈良交通高井バス停（40分）仏隆寺（30分）小峠（1時間25分）三郎ヶ岳（1時間10分）諸木野（30分）小峠（1時間）高井バス停
アクセス
往路：近鉄大阪線榛原駅（奈良交通バス13分）高井バス停
復路：高井バス停（13分）近鉄大阪線榛原駅
マイカー情報
大阪方面からは南阪奈道路を橿原で降り、R165を中和幹線道路に入り、再びR165を榛原へ。榛原からR369を高井バス停まで行き、左折。頭矢橋を渡って仏隆寺駐車場へ（駐車場は数台のスペース。桜の時期は早朝から満車になる）。

アドバイス
特に危険箇所は無いが雨天の場合、鎖場は滑りやすくなる。慎重に行動したい。榛原駅から高井へのバスは土・日・祝祭日10：12発が1便のみ。高井から榛原駅への便も土・日・祝日は少ない（平成25年4月10日現在）。
近鉄榛原駅近くに日帰り温泉・美榛苑があり、駅から送迎バスもある。時間が許せば疲れを癒して帰るがよい。
地形図：1/25000 「大和大野」「初瀬」「高見山」
登山適期：通年（但し、積雪のある場合、鎖場の登下降に注意したい）
連絡先：宇陀市役所商工観光課☎0745・82・2457、みはる温泉・美榛苑☎0745・82・5611

室生・倶留尊山系
を歩く楽しみ

柱状節理の山群は関西の桂林

山桜が美しい屏風岩公苑を通って住塚山へ

　室生・曽爾の山々は、それほど広くない面積に、それぞれ独立するように点在する。特徴として大抵の場合、南、あるいは東面が切り立った岩壁になっている。そして、その岩壁は柱状節理と呼ばれるハニカム形状の石柱の塊をなしている。学説によると、柱状節理の大岩壁ができた起源は、約1億3000万年〜7000万年前、岩石がマグマの熱や圧力により、花崗岩や片麻岩になったことに始まり、それが1300万年前の度重なる火山活動により、流紋岩質熔結凝灰岩に覆われた広い大地となって残された。その後、その大地を流れる川が地表を浸食して深い谷をつくっていき、現在のような柱状節理の大岩壁を持つ屏風岩・兜岳・鎧岳などになったとされている。

　そんな山の一つに、倶留尊山の一つ手前にある二本ボソ山、別名鰯の口と呼ばれる山がある。山頂東側が柱状節理の岩壁で約200m、ほぼ垂直に切れ落ち、古光山から眺めると、山名の由来が実感される。その柱状節理の岩壁が登山の対象になった時期もあった。エスカルゴ山の会の中には、シャープ山岳部に在籍していた50数年前、唐紅に染まった小太郎岩のルート開拓や算盤ルンゼ、屏風岩の登攀など、懐かしく思い出す人も多いのではないだろうか……。曽爾高原ファームガーデンから眺めると思い出の山々が桂林のような景観を見せてくれる。

（小島誠孝）

IV 台高山系 ㉚〜㊽

尾鷲道の木組峠で眺望を楽しむ

大展望の草原山頂を持つ不遇の孤峰

㉚ 学能堂山 がくのどうやま △ 1021.4 m

　奈良県御杖村、御杖高原牧場に立つと南東に、おだやかな山容の山々が並び、四季を通じ、美しい景観を見せてくれる。その支脈北端に堂々としたドーム形の山容を見せる山がある。学能堂山である。京阪神から、そう遠くないが公共交通機関に恵まれず、訪れる人も少ない不遇の山である。

　学能堂山へは**近鉄大阪線名張駅**から**敷津バス停**へ。御杖村敷津から国道368号線に入った旧奈良交通の杉平バス停、今は御杖村コミュニティバスの小屋バス停と三重交通の杉平バス停の中間あたり、小屋バス停からだと、集落にかかってすぐ右に「いせ道」と記された小さな石柱のある分岐が登山口になる。

　石柱から林道に入り、左に栄昌寺を見て行く。道が沢の右岸へ移るあたりから振り返ると、大洞山が大きく聳えて見える。沢沿いに200m程進むと「学能堂山」の道標があり、左に山道が分岐する。これを選び杉植林の中を行けば小沢を二度渡り、少し登ると林道に出る。**林道を横断し**、再び植林へ入る。涸沢を渡り、左岸の急坂を登る。涸沢が消えるあたりで左へ進み、山腹を絡んで、台地状の中だるみを通過、すぐ上の**県境尾根**へ出る。

　ここで左折し、緩やかに植林境界尾根を辿る。道が鹿除けネット添いに登るようになると、やがて笹茂る**学能堂山頂**に登り着く。山頂をわたる風は爽やかに一本木をそよがせ、遮るもの無い大展望を際立たせる。

　大峰、台高山脈、曽爾、室生など山座同定にいとまがない山頂に暇を告げたら、笹とススキの原を南へ急下降して**佐田峠分岐**へ下る。もし、時間がなければ右の雨谷林道を下り、佐田峠から敷津へショートカットも可能だが、ここ

後古光山付近から学能堂山

学能堂山から曽爾高原方面の展望

は分岐を直進、小さな起伏を登り、右にフェンスと林道が現れる942m峰に出る。振り返れば、さっき登った学能堂山が形の良い頂きを見せてくれる。

更に、笹とススキの尾根を辿って、白土山（しろつちやま）を踏み下り、小さく登り返して、再度、下れば小須磨峠（こすまとうげ）に着く。峠から右へ山腹を絡み下ればコスマ林道に出合う。道標が示すコスマ谷沿いの林道を行けば、人家前で道が分岐する。右の道を選び山畑の眺めを楽しみつつ神末川（こうずえ）沿いに北進、**旧神末上村バス停**から佐田峠へ出て、首はね地蔵を左に見送り、集落を抜けて国道369号線に出合えば、右へ下り、姫石の湯交差点の斜め前にある**三重交通敷津バス停**へ向かう。

（写真・文／小島誠孝）

歩行時間：4時間35分
コースタイム
近鉄大阪線名張駅（三重交通バス59分）敷津バス停（30分）「いせ道」石柱（40分）林道横断（40分）県境尾根（30分）学能堂山（5分）佐田峠分岐（35分）小須磨峠（35分）神末上村（1時間）敷津バス停
アクセス
近鉄大阪線名張駅から三重交通バス敷津行、または奥津行で（三重交通バス54分）敷津バス停下車
マイカー情報
大阪方面からは南阪奈道路を橿原で降り、R165を中和幹線道路に入り、再びR165を榛原へ。榛原からR369を曽爾・掛へ。掛交叉点を右折、敷津の道の駅姫石の湯駐車場へ。
アドバイス
コース中に危険箇所などは無い。大阪・奈良方面から公共交通機関の利用はむずかしい。マイカー利用が現実的。
地形図：1/25000 「菅野」
登山適期：4月上旬〜11月末
連絡先：御杖村地域振興課☎0745・95・2001、三重交通バス☎0595・63・0687、奈良交通バス榛原営業所☎0745・82・2201、御杖ふれあいバス☎0745・95・2001

❸ 学能堂山

霧氷に飾られる三峰山系の最高峰

㉛ 三峰山 みうねやま △1235.2 m

　奈良・三重の県境をなす三峰山系の盟主三峰山は、霧氷に飾られる冬は勿論、初夏にはシロヤシオの花が八丁平を日本庭園に変えることで知られ、登山愛好家に古くから人気が高い。登山道も不動滝コース、登り尾コース、新道コースの3コースが整備されているが、ここでは比較的静かな新道コースを紹介しよう。

　近鉄大阪線名張駅から**三重交通敷津バス停**で下車。国道369号線を南進し、道標に導かれて佐田峠を越えると神末村に入る。神末川沿いに南へと進み、神末上村から**みつえ青少年旅行村**を通り、さらに神末川沿いに行けば林道ゲートがある堰堤下に着く。

　造林小屋を左に見て**林道終点**から、**新道コース登山口**へ入る。ジグザグの急な階段道の山側には自然林が残り、鹿よけネットが施されている。ひと汗かいた頃、神末川源流付近でネットをくぐれば、水場を左に見送り、**新道峠に着く**。展望こそ無いが雑木林の明るい峠である。

　峠からは県境尾根の登山道である。アップダウンの少ない歩きやすい道は、ヒメシャラ、イタヤカエデ、ミズナラ、ブナなど広葉樹林の中を、小鳥の囀りやキツツキのドラミングを聞きながらの稜線漫歩だ。登り尾峰のピークを過ぎると、登り尾コースが左から合流する**三畝峠**に着く。大日如来像の石仏を左に見れば10分ほどで一等三角点のある**三峰山**の頂きに着く。山頂は木立に囲まれた広場で北側に視界が開け、倶留尊山、古光山、大洞山等が一望できる。案内板を見て山座同定をすれば、西方に一際高く聳える、関西のマッターホルンと呼ばれる**高見山**の、三角錐の見事な山容が望まれる。

　ひと息いれたら、山頂南側にある広い草原状の**八丁平**に立ち寄りたい。この辺りはシロヤシオ古木の群生地で5月下旬から6月上旬頃、見事な花が見られる。八丁平の広々とした草原から三重県飯高町方面を俯瞰したら山頂南面を三畝峠へと出よう。

局ヶ岳方面から望む三峰山

峠からは稜線を離れ、北へ下る。廃屋となった造林小屋のすぐ上は**避難小屋**がある。避難小屋から道は二つに分かれ、右は不動滝コース、左は登り尾コースとなる。左を選び杉・檜の人工林の間を縫って下れば、新しい二階建て展望小屋の前を通り、NTTアンテナと休憩小屋・トイレが建つ**林道十字路**に下り着く。

十字路を直進して山道へ入り、一気に尾根を下って小橋を渡れば、不動滝に通じる大タイ谷林道に出る。林道を左へ下り、突き当りの村道を右折すれば、今朝来た道を戻って**敷津バス停**に出る。

(写真・文／岩田邦彦)

歩行時間：7時間
コースタイム
三重交通敷津バス停（1時間20分）みつえ青少年旅行村（1時間）林道終点（30分）新道峠（1時間）三畝峠（10分）三峰山（10分）八丁平（20分）避難小屋（50分）林道十字路休憩小屋（20分）みつえ青少年旅行村（1時間20分）三重交通敷津バス停

アクセス
近鉄大阪線名張駅から三重交通バス敷津行、または奥津行で（三重交通バス54分）敷津バス停下車。霧氷のシーズン（1月中旬〜3月上旬の土・休日のみ）は近鉄榛原駅から、みつえ青少年旅行村まで1日1便直通バス（奈良交通バス）が運行されている。帰りも榛原駅まで直通運行である。

マイカー情報
大阪方面からは南阪奈道路を橿原で降り、R165を中和幹線道路に入り、再びR165を榛原へ。榛原からR369を曽爾・掛へ。掛交差点を右折、牛峠で右の分岐を選び、みつえ青少年旅行村駐車場へ。

アドバイス
敷津および掛車庫西口（近鉄名張駅から三重交通バス山粕西行で同バス停下車）からコミュニティーバス（御杖ふれあいバス）を使って、みつえ青少年旅行村へ行くこともできるが、便数は極めて少ない。

地形図：1/25000「菅野」
登山適期：通年（4月〜6月上旬は花が咲き変わり、10月中旬〜11月下旬は紅葉が見頃、12月下旬〜2月中旬は霧氷の季節）
連絡先：御杖村地域振興課☎0745・95・2001、三重交通バス☎0595・63・0687、奈良交通バス榛原営業所☎0745・82・2201、御杖ふれあいバス☎0745・95・2001

静かな山歩きが楽しめる高見山北尾根

㉜ **天狗山** てんぐやま ・993 m **黒石山** くろいしやま △915.1 m

　天狗山・黒石山は、高見山北尾根の稜線上にあり、いずれも1000m足らずの低山だが、高見山から伝説の差杉峠への植生は自然林も多く、四季折々、静かな山歩きを約束してくれる。また稜線からは東に曽爾火山群、正面に高見山の雄姿を仰ぎ、低山には珍しく展望にも恵まれている。

　北尾根へは高見山の四方の尾根からアプローチできるが、ここではマイカー利用とし、**たかすみ温泉**に車を1台置いて滝野へ向かい、差杉峠から北尾根を南下するとしよう。**滝野**からはトイレの先で橋を渡って、すぐ右の林道へ入り、終点まで行く。途中の分岐は右を選んで先へ進み、小さな看板と道標から山道へ入ると、やがて石組みの中に祀られた石仏を拝し、笹茂る**差杉峠(西杉峠)**へ出る。

　杉古木も今は朽ち果て、忘れられたように役行者像と力石だけが残る峠を後に、急坂を登り893m峰から南へ尾根を進むと、フェンス越しに曽爾の山々が望まれる。尾根は小さな起伏を繰り返し、作業道を経て稜線の急坂を高山へと登る。植林の中の複雑な地形の尾根を、小さくアップダウンしつつ行けば**黒石山**に着く。

　正面に台形に見えるピークが高見山である。これを目標に、まっすぐ南へ植林境界尾根を下って、**船峰**を過ぎれば大天狗の分岐に出る。直進して**大天狗岩**の岩頭に立てば、これから辿って行く尾根の彼方に高見山が望まれる。岩稜のテラスから下は10mほど岩場のクライミングダウンになる。自信がなければ分岐へ戻って、西側を下り気味に巻けば簡単に大天狗岩基部へ出られる。大天狗岩からは露岩のコブを幾つか踏み越え、狭い**天狗山**の頂きに立つ。狭く小さなピークから下ったところが桃俣の分岐である。

　分岐を見送り、しばらく稜線を行けば、三峰山への顕著な尾根が東へ延びる**請取峠分岐**に着く。明るい峠を後に、気持ちの良いブナ林をひと登りしてカヤノ山(サイメ谷山)の肩へ上がる。ここから西山腹を絡んで、大ガレの上へ出ると三重の山々が一望できる。尾根が西へ屈曲するあたりでコブを踏み越えると狭い露岩の尾根に転じる。フィックスロープを伝い下って、急坂を登り返せば、あっけなく**高見山**の頂きに着く。山頂からの展望はほぼ360度、霧氷の季節なら霧氷林の向こうに大峰山脈や台高山脈の山並みが一望できることだろう。

　下山路は杉谷方面への尾根を下る。笛吹岩、国見岩、揺岩をへて**杉谷・平**

山頂付近から北尾根を眺める

野分岐へ出たら、小さなコブの右から平野道を下る。作業小屋のある小沢を渡り、**高見杉・避難小屋**を経て、鉄小橋を2つ3つ渡れば、平坦な尾根へと移った道は、やがてジグザグの急な階段の下りに変わる。堰堤の下を二つ通って、民家の横から丹ノ浦橋を渡れば突き当たりが旧下平野バス停である。右折すれば5分足らずで**たかすみ温泉**に着く。山歩きの疲れを癒して帰るのも良いだろう。

（写真・文／小島誠孝）

歩行時間：7時間15分
コースタイム
下平野・たかすみ温泉（55分）滝野（20分）林道終点（30分）差杉峠（1時間）黒石山（40分）船峰（10分）大天狗岩（40分）天狗山（30分）請取峠分岐（50分）高見山山頂（35分）杉谷・平野分岐（25分）高見杉・避難小屋（40分）下平野・たかすみ温泉

アクセス
近鉄榛原駅（奈良交通バス菟田野行20分）菟田野（東吉野コミュニティバス53分）高見山登山口を土曜日のみ利用できる（コミュニティバスは前日の予約が必要）。例年1月中旬〜3月下旬、近鉄榛原駅から高見山登山口まで、奈良交通「霧氷バス」が運行される。

マイカー情報
大阪方面からは南阪奈道路を橿原で降り、R165を中和幹線道路に入り、桜井で再度R165に合し、右折。朝倉台を通り抜け、R166を女寄トンネルから大宇陀道の駅を経て高見山登山口（付近に数台の駐車スペース）。

地形図：1/25000 「高見山」
登山適期：4月上旬〜11月末
連絡先：東吉野村役場企画課☎0746・42・0441、奈良交通榛原営業所☎0745・82・2201、奈交宇陀タクシー☎0745・82・0155、コミュニティバス予約☎0746・32・5050、たかすみ温泉☎0746・44・0777、天好園☎0746・44・0117

㉜ 天狗山・黒石山

厳冬期に最も魅力を増す鋭峰

㉝ 高見山 たかみやま △ 1248.4 m

　高見山は奈良県と三重県の県境にあり、台高山脈の北端に位置する。厳冬期、秀麗な山容に純白の雪を纏った姿は、関西随一の名峰と呼ばれるに相応しい。ことに東吉野村・木津峠から見る鋭峰の眺めは実に見事だ。

　高見山へは、**近鉄大阪線榛原駅**から奈良交通の「霧氷バス」を利用し、杉谷にある**高見山登山口**で下車する。バス停から少し戻り、右手民家の前(道標あり)から石段を登り山道に入る。この道は旧伊勢南街道、または紀州街道とも呼ばれ、かつては紀州、大和、伊勢の交易の道として栄えたことから、道中にはその名残を留める「古市跡」という標識も見られる。

　緩やかな道を進み、雲母曲の急坂を登りつめると、やがて杉林の中の平坦な道に変わり、**小峠**の分岐点に着く。目の前の急な階段道を直登すると、平野からの道と出合い、頂上へ向かうコース。ここでは右折して高見峠(大峠)への旧道を取る。

　標識に従い山腹の登山道をひたすら東に向かうと、小峠から約30分で**高見峠**に着く(右の階段の下にはトイレのある駐車場がある)。大峠からは小灌木帯の中に急坂が続く。途中ベンチがある広場からは、背後に雲ヶ瀬山を指呼の間にし、伊勢辻山へと延びる台高の山々が白銀に輝く。霧氷に煌くアセビの林を通り、灌木帯のジグザグ道を登ると、植生がリョウブ、ヒメシャラ、ブナなどに変わり、霧氷がひときわ美しくなる。

　樹林帯を抜け視界が開けると、右前方には三峰山が望まれ、道が露岩まじりになると、左に高見山山頂の神社を仰ぐ。肩に出て、左折すれば高見神社裏の**高見山二等三角点**に登り着く。山頂に建つ避難小屋の展望台に上がれば、ブナの霧氷林に覆われた山頂の彼方に、四方遮るものとてない大パノラマが展開される。

　下山は西に進路をとり、平野を目指す。右手樹間に小さく見える

雪煙を上げる高見山

IV 台高山系

平野の集落を俯瞰し、霧氷ブナ林の続く尾根筋を下る。笛吹岩、国見岩、揺岩など伝説の旧跡を過ぎると、植生がアセビと植林に変わり、**平野の分岐**に出る。道標に従い尾根を下れば、作業小屋を左に見て小さな沢を渡る。更に山腹の小道を下って行くと、樹齢700年と言われる**高見杉**が現れ、傍らには**避難小屋**がある。

ここから鉄製の小橋を二つ渡り返し、小沢を渡ると、なだらかな尾根筋の道に転じる。尾根末端でジグザグ道を下り切ると民家の脇に出る。平野川に架かる朱塗りの丹ノ浦橋を渡って直進、突き当たりの村道を右折して、たかすみ温泉を右に見て天好園を通って、霧氷バスが待つ**高見平野バス停**へ行く。

（写真・文／松本雅年・美根子）

高見山山頂の神社

歩行時間：4時間15分
コースタイム
高見山登山口バス停（60分）小峠（30分）高見峠（50分）高見山頂上（35分）平野分岐（25分）高見杉避難小屋（55分）高見平野バス停

アクセス
バスは直接登山口への便はないが、土曜日のみコミュニティバスの利用が可能だ（前日の予約が必要）。近鉄榛原駅（奈良交通バス菟田野行20分）菟田野（東吉野コミュニティバス53分）高見山登山口。その他、例年1月中旬～3月下旬、近鉄榛原駅から高見山登山口まで、奈良交通「霧氷バス」が臨時運行される。

マイカー情報
大阪方面からは南阪奈道路を橿原で降り、R165を中和幹線道路に入り、桜井で再度R165に合し、右折。朝倉台を通り抜け、R166を女寄トンネルから大宇陀道の駅を経て高見山登山口（付近に数台の駐車スペース、平野にはたかすみ温泉駐車場がある）。

アドバイス
冬は標高こそ低いが霧氷が出来るほど風が強い。防寒装備はしっかり整えて出かけたい。サブコースとして、マイカー利用の場合、高見峠（大峠）まで旧バス道を上がれば、登り1時間足らずで山頂に着ける最短コースがある。

地形図：1/25000 「高見山」
登山適期：通年（特に厳冬期の霧氷、ブナ林の芽吹く初夏がお薦め）
連絡先：奈良交通榛原営業所☎0745・82・2201、たかすみ温泉☎0746・44・0777、天好園☎0746・44・0117

③ 台高の秀峰望む山稜を行く

雲ヶ瀬山　ハンシ山　伊勢辻山
くもがせやま ・1075m　　はんしやま ・1137m　　いせつじやま ・1290m

コウベエ矢塚
こうべえやづか　△1094.6m

　伊勢辻山は台高山脈北部の稜線上にあり、昔から伊勢参宮道として、往来のあった伊勢辻（八峰越）のすぐそばに位置する。南に国見山、北には高見山の秀峰を望む好展望の頂きを有する名山である。

　高見山登山口から**高見峠**(大峠)へ出たら、東屋の南側から導標に沿って小道に入る。稜線上を進むと三重県側はよく管理された人工林、奈良県側は明るい雑木林になっている。道はその植林境界を緩やかに登って行く。単調な登りが終ると**雲ヶ瀬山**に着く。展望はなく標識が木に掛けられている。

　ここを通過すると南タワまで100mほどの下りが待っている。1007mの小さなピークを越えると**ハッピノタワ**と呼ばれる峠に着く。このあたりは倒木などで歩きづらい。ここから、このコース一番の登りであるハンシ山の斜面にかかる。ハンシ山への登りは、左側の三重県側斜面は植林が伐採された明るい斜面で山頂まで見通せるが、右側の奈良県側には雑木林が繁る、対照的な尾根道である。この急斜面を登り切っても、まだ先は長い。ゆっくり登ろう。**ハンシ山頂上**付近は檜林で展望は効かないが、よく整備された林なので先の見通しはよく効く。

　間もなく地蔵谷の頭を経て、最後の斜面を登り終えると、**伊勢辻**へと続く広い尾根道に出る。「伊勢辻八峰越え」と書かれた分岐点を通過し5分も歩けば展望の開けた**伊勢辻山**に到着する。国見山、薊岳(あざみだけ)等、台高山脈北部の秀峰が迎えてくれる。

　下りは一旦、伊勢辻まで戻り、先程歩いてきたハンシ山からの道を右に見て**三度小屋辻**に至る。大又(おおまた)への道は尾根を離れ又迫谷へと下るが、コウベエ矢塚へは尾根を直進する。道はないが見通しのいい尾根なので、着実に尾根を下るとい

自然林を散策気分で伊勢辻へ

い。右に林道が現れるがコウベエ矢塚へ向かう道ではない。15分ほどで平坦な尾根になり、その先の斜面を登れば、わずかでコウベエ矢塚に出る。展望はない。

大又へは三度小屋辻まで戻ろう。戻る途中、大又方向に沢筋を下る小道らしきものがあるが、これは登山道ではないので入り込まないようにしよう。三度小屋辻からは、急下降し又迫谷（またさこ）の上流、二俣に出て、谷沿いに少し下ると良く踏まれた山道になる。後は大又へ下るのみである。又迫谷まで下りきると道は左右に分かれ、右へ行けば和佐羅（わさら）滝だ、時間が許せば立ち寄ってみよう。左へ進めば和佐羅滝からの道を右から迎え、県道・和佐羅口バス停跡に出る。

（写真・文／岩田邦彦）

歩行時間：8時間
コースタイム
高見山登山口（50分）小峠（30分）高見峠（45分）雲ヶ瀬山（30分）ハッピノタワ（30分）ハンシ山（45分）伊勢辻（10分）伊勢辻山（10分）伊勢辻（10分）三度小屋辻（35分）コウベエ矢塚（40分）三度小屋辻（40分）二俣（50分）和佐羅滝分岐（55分）和佐羅口バス停跡
アクセス
バスで直接登山口への便はなく、マイカー又はタクシー利用になるが、土曜日のみコミュニティバスの利用が可能だ（前日の予約が必要）。
往路：近鉄榛原駅（奈良交通バス菟田野行20分）菟田野（東吉野コミュニティバス53分）高見山登山口
復路：大又（東吉野コミュニティバス1時間10分）菟田野（奈良交通バス20分）近鉄榛原駅
マイカー情報
名阪国道針ICからR369、県道31号、R166（高見トンネル手前で旧国道に入る）で高見峠へ。峠には20台程度の無料駐車場がある。但し、旧国道は平成25年2月26日現在、崩落のため通行止めになっている。
アドバイス
縦走路に水場はないが、三度小屋辻からの下り途中の又迫谷の沢の水が利用できる。県道・和佐羅口バス停跡に出て、右へ県道を20分のところに日帰りの温泉施設やはた温泉がある。
地形図：1/25000 「大豆生」「高見山」
登山適期：3月下旬～12月上旬
連絡先：東吉野村役場☎07464・2・0441、やはた温泉☎07464・3・0333

台高山脈屈指の展望縦走路

㉟ 国見山 くにみやま △1418.7 m
水無山 みずなしやま ・1430 m
赤ゾレ山 あかぞれやま ・1300 m

案内mapは㊱と共通です

国見山の山頂

　国見山と水無山の展望は狭いものの、奥深い静かな山旅を楽しめる。赤ゾレ山は1400mに満たないがのどかな展望が楽しめる。

　登山口のヘリポート跡の駐車場に車を置いたら、舗装林道を先へ進む。少し行くと古い遭難碑が残るタイコドウ谷が右から入り、その先が旧林道終点だ。この先は治水用の作業道で、あしび山荘跡上の尾根まで延びている。作業道が明神谷の右岸に渡ったところで作業道を離れ、まっすぐ明神谷右岸の登山道へ入る。

　道が途絶えたところで明神谷を左岸へ渡り、フイックスロープを伝い右岸へ渡り返し、山ヌケにより崩壊したあしび山荘跡の前から、みなかみ山荘跡へ出て、再び左岸、右岸と渡り返し、傾斜の増した沢沿いの道を行くと**明神滝**正面へと出る。道は左へ迂回して滝の上に出る。明神谷を離れ左方向の巻き道となる。ブナを主体とした明るい道である。何度か沢を横切り、水場を通過すると間もなく**明神平**、ここには屋根付きの休憩所がある。

　水無山へは明神平の北斜面を登る。シダと笹の斜面から、ふり返れば明神平と薊岳（あざみだけ）へ続く尾根の眺めが素晴らしい。さらに登ると、明神平の三ツ塚から明神岳にかけての稜線越しに、大台ヶ原の峰々が見えるようになる。明神平の前山から薊岳にかけての稜線越しには、大峰の山々も一望できる。尾根に出ると樹林帯を左へわずかで**水無山**に着く。

　前進し、ブナ林の尾根道を行くと、樹林の間から右に三重県単独最高峰（山頂が県境にない山の中での最高峰）檜塚奥峰（ひのきづか）が時折顔を覗かせる。左の「うしろ嵶（くら）」の小さな表示を左へ5mも行くと視界が開け、うしろ嵶の鼻先に出る。展望を楽しもう。絵になりにくい水無山も、ここからは雄姿を見せる。

前山から水無山、国見山、赤ゾレ山を望む

ここから**国見山頂**は、わずかな距離だ。山頂は樹林に囲まれ眺望はないが明るい。山頂から北へと続く縦走路は小女郎ヌケに向かい下っている。下りきると草原に出る。振り返ると、国見山、うしろ嵓の眺めが素晴らしい。この少し先が馬駈ヶ辻である。右折し尾根を行けば三重県の木梶山（きかじやま）へと至る。直進し下りきると、道は赤ゾレ山を巻いているが、途中から右に見える赤ゾレ山の頂きへ向かう。明瞭な道は無いが、わずかな踏み跡を辿り**赤ゾレ山山頂**に立つ。

　帰路は、来た道を戻ろう。

（写真・文／倉原　宰）

歩行時間：5時間50分
コースタイム
駐車場（25分）横倉谷出合（30分）明神滝（45分）明神平（10分）水無山（25分）国見山（50分）赤ゾレ山（1時間）国見山（25分）水無山（10分）明神平（30分）明神滝（20分）横倉谷出合（20分）駐車場
アクセス
バスで大又への便はなく、マイカーまたはタクシー利用になるが、土曜日のみコミュニティバスの利用が可能だ（前日の予約が必要）。
近鉄榛原駅（奈良交通バス菟田野行20分）菟田野（東吉野コミュニティバス1時間10分）大又
マイカー情報
R166またはR169で東吉野村へ。県道大又小川線と大又林道を使い駐車場へ。駐車場は数十台分のスペースがあり無料。
アドバイス
帰路、伊勢辻山を経て大又に下るのもよい。赤ゾレ山から伊勢辻へは、山頂から尾根伝いにルートがあり、日本庭園のような自然の造形の中を30分で伊勢辻山に至る。明神平の天理大WV小屋、あしび山荘はともに非公開。水場は、天理大WV小屋を東へ数分下ったところにある。明神平は素晴らしい霧氷が見られる場所である。冬季登山に経験と自信のある方には、霧氷見物をお薦めしたい。
地形図：1/25000　「大豆生」
登山適期：3月中旬～12月上旬
連絡先：奈良交通榛原営業所0745・82・2201、東吉野村役場07464・0441、八幡温泉07464・3・0333

シャクナゲの岩峰とブナ原生林

㊱ 薊岳　木ノ実ヤ塚　二階岳

あざみだけ　・1406 m　きのみやづか　△1373.8 m　にかいだけ　・1242 m

案内 map は㉟と共通です

明神平の北斜面から展望すると、対面南側、前山から台高(だいこう)主稜線を離れ西へと尾根が延び、途中で大きく左へとカーブし、その先にピークがラクダのこぶのように並んでいるのが見える。右が薊岳、左が木ノ実ヤ塚である。

大又(おおまた)バス停から舗装道路を進み林道終点へと向かう。先に続く作業道が明神谷の右岸に渡ったところで、作業道を離れ、まっすぐ明神谷右岸の登山道へ入る。道が途絶えたところで明神谷を左岸へ渡り、フイックスロープを伝い右岸へ渡り返し、あしび山荘跡から、みなかみ山荘跡をへて、谷を渡り返し、沢沿いの道を**明神滝**正面へ出る。

道は左へ迂回して滝の上から明神谷を離れ左方向への巻き道となる。落葉広葉樹林の気持ちの良いジグザグ道が終わり、水場を過ぎて稜線が間近になってくると、**明神平**に着く。振り返ると、前山から薊岳に続く尾根が見え、その先端に薊岳が頭を覗かせている。正面の天理大学小屋前を右折し、明神平南面へと登り、すぐの分岐を左にとれば三ッ塚を経由して前山に至る。右の道を選べば草原の景観を堪能しながら登り、前山山頂に行ける。北に水無(みずなし)山、国見(くにみ)山の雄峰、東に明神(みょうじん)岳、檜塚(ひのきづか)奥峰のしなやかな麗峰を眺めたら薊岳に向かおう。

ここから二階岳まではブナの見事な樹林を行く。道は、一旦大きく下ったあと、なだらかに続く。尾根が広くなると、二重山稜を形成するようになる。次第に道が左へとカーブするようになれば尾根が狭くなり、薊岳への登りにかかる。展望の開ける岩が現れると山頂は近い。シャクナゲが多い岩峰、**薊岳**からは、北の高見山から南の大台ヶ原までの台高山脈を見渡すことができる。

山頂からは、来た道を15mほど戻り、右下方へと進む。急な下りはすぐ終わり、なだらかな尾根歩きとなる。時々東側が開け、主稜線の山々が展望できる。木ノ実ヤ塚への登りは急登である。**木ノ実ヤ塚山頂**は展望が利かないが、広い山頂

水無山から薊岳・木ノ実ヤ塚を望む

水無山から前山を振り返る

　付近にはカエデやブナの巨木も点在し、原生林が素晴らしい。

　頂きから南へ下れば、広々として気持ちのいい鞍部へ出る。小さな隆起を越え、再度急坂を下って登り返せば**二階岳**に着く。一帯は植林で展望に恵まれない。山頂を辞せば15分ほどで**林道麦谷線**に出る。右折して下れば**麦谷口バス停**から**大又バス停**へ戻れる。

（写真・文／倉原　宰）

薊岳山頂から木ノ実ヤ塚

歩行時間：8時間30分
コースタイム
大又バス停（25分）七滝八壺（25分）魚止の滝（25分）駐車場（55分）明神滝（45分）明神平（1時間30分）薊岳（30分）木ノ実ヤ塚（50分）二階岳（15分）林道麦谷線（2時間）麦谷口バス停（30分）大又バス停

アクセス
バスで大又への便はなく、マイカー又はタクシー利用になるが、土曜日のみコミュニティバスの利用が可能だ（前日の予約が必要）。
近鉄榛原駅（奈良交通バス菟田野行20分）菟田野（東吉野コミュニティバス1時間10分）大又。

マイカー情報
R166またはR169で東吉野村へ。県道大又小川線を大又へ。バス停付近に数台の駐車スペースがある。

アドバイス
平成24年10月、路線バスが廃止、大又にマイカーを置くのがベター。麦谷口バス停から県道を榛原方面へ徒歩で15分のところに八幡温泉がある。エスケープルートとして薊岳から直進し、大又に下る道がある。薊岳から1時間50分の行程である。

地形図：1/25000　「大豆生」
登山適期：3月中旬〜12月上旬
連絡先：奈良交通榛原営業所0745・82・2201、東吉野村役場07464・2・0441、八幡温泉07464・3・0333

ブナの麗峰からの展望縦走

㊲
明神岳 みょうじんだけ ・1432 m
笹ヶ峰 ささがみね ・1367 m
千石山 せんごくやま △1380.4 m
赤嵓山 あかくらやま ・1394 m

　このコースは、車を利用すれば日帰り登山も可能だろうが、**明神平**に幕営するのが妥当であろう。明神平までは「国見山、水無山、赤ゾレ山」の項を参照していただきたい。

　明神平鞍部東側の天理大学WV小屋前から左へ進み、笹とシダからなる草原を楽しみながら三ツ塚へと向かう。途中の分岐は左を行く。左側樹林は、すべてイタヤカエデである。これだけの大群落は珍しい。**三ツ塚の分岐**を左折して明神岳に向かう。少し下った後は、なだらかな登りで、労なく**明神岳山頂**である。東西に長い尾根で、穂高明神の祠がなくなった今では山名板があるだけで、どこが山頂か判然としない。展望はないが、一帯はブナ林の醸し出す何ともいえない自然美に包まれ、麗峰と呼ぶにふさわしい。周囲の山々に包み込まれるように、ひっそり、たたずむ。目指す登山者は少ないかも知れないが、訪れる者は一様に、その美しさに魅せられる。

　檜塚奥峰への分岐を見送り直進すると、すぐに狭い尾根の下りとなる。それも束の間、また広い尾根と変わる。この尾根西面は初夏ならアケボノツツジが咲き、笹ヶ峰までのブナやイタヤカエデの美しい林を散策気分で縦走することができる。**笹ヶ峰**付近は尾根が広く枝尾根と主稜線の区別が付きにくいので、晴天であっても、コブを越えるときは方角を見定めて歩きたい。**笹ヶ峰山頂**からの展望はない。

　千石山へは、山頂を一旦南へ下る（尾

稜線から千石山・赤嵓山を望む

前山から明神岳を望む

88　Ⅳ 台高山系

根伊いに東進しないよう注意)。下りきると瀬戸越で、かつて三重県側の蓮集落と奈良県側瀬戸の集落を結ぶ道が通っていた。今は両集落ともに無く廃道である。東西に広い**千石山の山頂**は、登りついた西端にある。東側には東峰とも呼ぶべきコブがあり、直下に草付きの急斜面が広がり、目指す赤嵓山方面の展望が得られる。

赤嵓山へは、山頂から尾根を離れ南へ急下降する。鞍部に着くと、左に小さな清流が流れ、**水場**になっている。その流れの向こうに、草の斜面が見える。この草付きの斜面は先ほどの千石山東側のコブ直下から続いているもので、そこに立つと大きく視界が開ける。時間があれば寄り道するといい。

この先、小さなアップダウンを繰り返し、いつしか赤嵓山の登りとなる。稜線にはシャクナゲが目立ち、時折眺望が大きく開ける。台高山脈の懐深さに感慨を深めつつ山頂に立つ。**赤嵓山山頂**は一転、密生するシャクナゲと樹林に囲まれ眺望はない。台高山脈は、千里峰、奥ノ平峰、霧降山、池木屋山とその先、脈々と続いている。

(写真・文／倉原　宰)

明神平までは MAP ㉟と同じ

歩行時間：9時間20分
コースタイム
駐車場(25分)横倉谷出合(30分)明神滝(45分)明神平(20分)三ツ塚(15分)明神岳(25分)笹ヶ峰(50分)千石山(20分)水場(1時間10分)赤嵓山(55分)水場(30分)千石山(50分)笹ヶ峰(30分)明神岳(10分)三ツ塚(15分)明神平(30分)明神滝(20分)横倉谷出合(20分)駐車場
アクセス
バスで大又への便はなく、マイカー又はタクシー利用になるが、土曜日のみコミュニティバスの利用が可能だ(前日の予約が必要)。
近鉄榛原駅(奈良交通バス菟田野行20分)菟田野(東吉野コミュニティバス1時間10分)大又

マイカー情報
R166またはR169で東吉野村へ。県道大又小川線と大又林道を使い駐車場へ。駐車場は数十台分のスペースがあり無料。
アドバイス
水場は、明神平の天理大WV小屋横を東へ数分下ったところと、千石山南の鞍部にある。冬季なら明神平は素晴らしい霧氷が見られる場所である。明神岳から笹ヶ峰にかけてはアケボノツツジが多く、5月中旬が花期。
地形図：1/25000　「大豆生」「大和柏木」
登山適期：3月~12月上旬
連絡先：奈良交通榛原営業所0745・82・2201、東吉野村役場07464・2・0441、八幡温泉07464・3・0333

渓谷から台高の奥深い山をめぐる

㊳

千里峰 せんりみね 1400m
霧降山 きりふりやま 1360m
池木屋山 いけごややま △1395.9m
ホウキガ峰 ほうきがみね 1340m
弥次平峰 やじへいみね △1274.3m

　北股川林道終点から霧降山、台高山脈の盟主池木屋山から弥次平峰へ足をのばし、北西尾根からホウキガ谷へ下るラウンドコースは、台高山脈の本当の魅力を知るには最適といえるだろう。

　細尾谷橋から林道を進み、**北股川林道終点**から飛び石伝いに対岸へ渡る。赤テープが残るゴロベエ谷左岸の踏み跡を拾い、シダが密生する旧1065林班飯場跡の台地へ出る。まっすぐ横断して、疎林の中を左寄りに行き、左に沢を見て進み、ガラ場手前で右の急斜面を登る。ブナ、ヒメシャラの林から**千里峰南稜のコブ**に出る。狭い尾根を登って左から尾根

山名の由来、池木屋山の池

を迎え、広くなった尾根の二重山稜を右寄りに進めば、足元に転石、露岩を見るようになって主稜線の千里峰の肩へ出る。

　左へ行き**千里峰**に立ち寄ったら、戻って東から南に開けた眺望を楽しみながら、**奥ノ平峰**から霧降山へ向かう。**霧降山**からは稜線漫歩、いつしか木屋池の畔に着く。ブナ林を辿れば静かな**池木屋山山頂**が迎えてくれる。

　山頂を辞したら北股乗越を経てホウキガ峰へ向かう。稜線の森は、台高山脈の閑静な奥座敷といえる。軽やかな登りが続き**ホウキガ峰の頂き**を踏む。石灰岩の大岩から樹間の池木屋山を振り返ったら、緩やかに大黒尾根を上下して進む。左手、大和谷の深い源流を眼下に白い露岩帯を縫い進む。足下にミヤコザサの感触を楽しみつつ、大小いくつかのコ

霧降山から池木屋山へ

ブを過ぎれば**銚子谷の頭**に着く。季節を彩るアケボノツツジ、シロヤシオの花回廊やブナの巨木の木立が広がる。更にササの斜面を登り、**弥次平峰**に立つ。展望はないが、わずかに鋭角的な赤嵓山が樹間に眺められる。

帰路は、北股川林道へ下る。弥次平峰を引き返し、二つ目のコブ（北股林道の標記と残置テープ）から左の北股川へ没する北西尾根を下る。最初は急斜面だが、シロヤシオの古木が繁茂する辺りからは傾斜もゆるみ、やがて「キツツキ平」のプレートが残る**1040m地点**へ出る。

さらに下ると、尾根が左右に分かれるが、ここは傾斜の緩い左を選んで**ホウキガ谷末端**付近へ出る。川原に出たら右岸へわたり、踏み跡を辿って**北股川**へ下り、対岸の笹を分け登って**北股川林道**を**細尾谷橋の駐車地点へ戻る**。

（写真・文／柏原通昌）

歩行時間：8時間5分
コースタイム
細尾谷橋駐車地（45分）北股川林道終点（40分）千里峰南稜のコブ（30分）千里峰（10分）奥ノ平峰（10分）霧降山（40分）池木屋山（35分）ホウキガ峰（50分）銚子谷の頭（25分）北西尾根分岐（弥次平峰往復1時間）（45分）1040m地点・キツツキ平（40分）ホウキガ谷出合（20分）北股川林道（35分）細尾谷橋駐車地
アクセス
近鉄吉野線大和上市駅（奈良交通バス杉乃湯乗換え）上多古下車。タクシー利用で筏場経由、細尾谷橋。（バスの本数が非常に少ない。時刻表確認必要）。
マイカー情報
大阪方面からは阪神高速、南阪奈道路を橿原市へ。R169を大淀経由で南下、大迫ダム・筏場を経て北股林道を細尾谷橋の手前、駐車地へ。
アドバイス
マイカー利用の前夜泊コース。池木屋山へのバリエーションルートとも言える。北尾根末端は細かく支尾根が入りこむ地形でもある。経験者の同行に加え、補助ザイル、シュリンゲ、カラビナ程度の備えがのぞましい。
地形図：1/25000 「大和柏木」「宮川貯水池」「大台ケ原山」
登山適期：4月中旬～11月下旬
連絡先：川上村役場☎0746・52・0111、川上タクシー☎0746・54・0141（上多古）、入之波温泉山鳩湯☎0746・54・0262

幽邃の谷から孤高の三角点を訪ねる

㊴ 山ノ神の頭
やまのかみのかしら △1099.1m

馬ノ鞍峰
うまのくらみね △1177.8m

　馬ノ鞍峰と山ノ神の頭は、南北に長い台高山脈の縦走にあたって、幕営を余儀なくされる深い山塊に位置する。山ノ神の頭の命名も、豊かな森と水の揺籃の源をなして、孤高の矜持をみせるこの山への畏敬の表れでもあろう。

　北股川の支流、三ノ公川に延びる林道の終点が登山口となる。石の階段を登り明神滝への遊歩道に入る。山腹をからんでキノコ股谷の分岐で川原に降りて対岸に渡りキノコ股谷に入る。鬱蒼とした濃緑の蘚苔にからんで走る碧水は、小さな淵や小滝をしたがえ、深山幽谷の観を呈する。

　左岸に沿ってつめると、やがて渓中最大の滝、大障子滝に出合う。幅広の10mほどの滝身が岩を食んで飛沫をあげる。左手の小ルンゼを伝い、滝頭に出る。

　滝上部の二俣は右の沢に入り、岩屑のつまる荒れ気味の谷を行く。左に支沢をみるあたりで、右手の山肌に取り付き、山ノ神ノ頭の西尾根鞍部まで登りきる。

　ここからはトウヒ、ブナの静かな森を自在に進むと山ノ神の頭の三等三角点を踏む。小広い台地の頂きでは眺望を得ないが、深い静けさと小鳥の鳴き声に癒されよう。山頂から少し下って縦走路へ出、主稜線を北へ馬ノ鞍峰へ向かう。

　山腹の道は滑りやすく気が抜けない。明るく広い峠の父ガ谷越に出ると、ブッシュ気味のコブを二つ越え、三つ目のコブの手前から左山腹を下って地池越に着く。ここは貴重な幕営地だ。

　三人山へは熊笹とブッシュ混じりの急登で、展望のない三人山のピークからは、しばらく緩やかな起伏が続く。地形が複雑でルートファイディングに気を遣うところだ。大和谷を隔てて三重の山々が望まれる。そのまま真っすぐ迷い込みそうな尾根を見送って、左の尾根を下り、鞍部から険しくなった尾根をからんで馬ノ鞍峰に至る。人一人が立てるほどのピークに三等三角点標石が大きく突出している。

　西方の木の間から台高の前衛、白鬚岳の鋭鋒を眺めつつ、ブナの美林に包まれた西尾根を下る。途中、左へ広い

狭い尖峰の馬ノ鞍峰の三角点

カクシ平への途中にある明神滝

尾根に踏み込まぬよう注意しよう。春ならアケボノツツジの花回廊をかいくぐり、1073m峰の先から左へテープ拾い、急坂をジグザグに下って、吉野南朝哀史に残る**カクシ平**の行宮跡に降り立つ。ここから**明神滝（馬ノ鞍谷）分岐**まではくれぐれも慎重に下ろう。傾斜も緩み、明神滝入り口を見送れば、道は山腹を絡んで**三ノ公林道**に至る。

（写真・文／柏原通昌）

カクシ平には三ノ公行宮跡が残る

歩行時間：10時間30分
コースタイム
三ノ公林道終点（20分）明神谷・キノコ股谷（1時間10分）大障子滝（45分）キノコ股谷二俣分岐（西尾根に出る）（1時間）山ノ神の頭（40分）地池越（1時間35分）JP鞍部（55分）馬ノ鞍峰（40分）下降点（1時間15分）カクシ平（35分）明神滝分岐（30分）三ノ公林道終点

アクセス
近鉄吉野線大和上市駅（奈良交通バス杉乃湯乗換え）上多古下車。タクシー利用で筏場経由、北股林道から三ノ公林道へ入り終点登山口。（バスの本数が非常に少ないので確認する）。

マイカー情報
大阪方面からは阪神高速、南阪奈道路を橿原市へ、R169を大淀経由で南下、大迫ダム・筏場を経て北股林道を三ノ公橋で右折して三ノ公林道終点登山口駐車場へ。

アドバイス
マイカー利用が基本。公共交通機関利用の場合、日帰りは困難。夏場5月中旬〜10月中旬はヤマヒルが多いので注意。
地形図：1/25000 「大和柏木」「宮川貯水池」「大台ケ原山」
登山適期：3月下旬〜4月下旬、及び10月中旬〜12月上旬
連絡先：川上村役場☎0746・52・0111、川上タクシー☎0746・54・0141（上多古）、入之波温泉山鳩湯☎0746・54・0262

❸❾ 山ノ神の頭・馬ノ鞍峰　93

台高山脈支脈の鋭峰に登る

㊵ 白鬚岳 しらひげだけ △1378.1 m

　川上村の最高峰、白鬚岳は1378.1mと標高は低いが、なかなかの鋭鋒である。山頂からの展望も良く、大峰山脈、台高山脈が一望できる。登山コースとしては北側の中奥コース、西側の神之谷コース、東谷コースが一般的に知られているが、ちょっとマニアックにショウジ山、切原（三角点標名）、白鬚岳へと続くラウンドコースを歩くとしよう。

　奈良交通上多古（こうたご）バス停のすぐ先、吉野川に架かる太平橋を渡り、右折して林道を行けば、最初に現れる沢が**東谷出合**である。ここに車を置き、林道を5分ほど行った橋を渡ったたもとが取付だ。

　つづら折りの杣（そま）道はすぐ先の左の小沢で途絶えるが、対岸の尾根へと薄い踏み跡が残っている。尾根に上ると比較的明瞭な杣道が上へと導き、稜線の**掛小屋跡**に出る。ここからは稜線歩きだが、植林が続き眺望はない。

　984mのショウジ山には林業用のモノレールが登ってきている。この稜線は東西に走っており、植林の間から白鬚岳が時折、山容を覗かせる。下枝の茂る尾根をしばらく進むと二重山稜になり、その先で左へ明瞭な杣道が続くが、右の下枝茂る尾根の踏み跡を選ぶ。やがて尾根は明るい自然林に転じ、**1131.9m三角点、切原**に着く。眺望こそ無いが心地よい頂きである。

　切原からは狭くなった稜線を進むが白鬚岳までに2つのピークを越えて行かねばならない。花期ならシャクナゲ、アケボノツツジに慰められ、**1222m峰**を踏み越えて急坂を登り返せば、台高主脈の山々を

小白鬚岳からは本峰の穂先が望まれる

三峰のやせ尾根から白鬚岳を望む

望む大鯛山分岐に着く。分岐を左へ行けば中奥コースを右から迎え、**白鬚岳山頂**に着く。眺望は南、西、北面に開け、大峰、台高の山々が見渡せ、爽快そのものだ。歩いてきたラウンドコースも眼下に見える。

今西錦司氏の登頂記念碑がある山頂からの下りは岩稜、やせ尾根が随所にある。フィックスロープはあるが頼りきるのは危険、慎重に下ろう。途中、三峰から振り返る白鬚岳の尖峰は見事だ。

アップダウンを繰り返し、**小白鬚岳**のピークを踏み越え、露岩の道を**神之谷・東谷分岐**へと下る。分岐からは途中の岩清水を唯一の休憩ポイントに、山抜け押し出しのゴーロを経て、**浄水場跡**まで一気に下る。沢を二度、渡り返せば**林道終点**から**東谷出合**まで平坦な一本道である。

（写真・文／松居秀行）

白鬚岳山頂には石碑と三角点がある

歩行時間：6時間35分
コースタイム
東谷出合駐車場（5分）登山口（35分）掛小屋跡・770m地点（1時間15分）ショウジ山（45分）三角点切原（30分）1168m峰（35分）1222m峰（35分）白鬚岳（50分）小白鬚岳（20分）神之谷分岐（35分）岩清水（20分）林道終点（10分）東谷出合駐車場

アクセス
近鉄吉野線大和上市駅（奈良交通バス60分）柏木バス停から徒歩50分で東谷出合。

マイカー情報
大阪方面からは南阪奈道路を橿原で降り、R169を大淀町経由で南下。上多古バス停のすぐ先で吉野川に架かる太平橋を渡って右折し、林道に入り10分ほどで東谷出合に着く。路肩に数台の駐車スペースがある。

アドバイス
コース中の水場は下山路の岩清水だけ、初夏なら最低1ℓは必要。アップダウンの多いロングコース。特に白鬚岳からの下山路は、よく整備されているが落石も多いので注意したい。下山路として神之谷コースも選べるが、石灰岩の露出したトグラの下り、及び神之谷集落への木の根道は滑りやすいので十分注意したい。
地形図：1/25000 「大和柏木」
登山適期：4月上旬～12月上旬
連絡先：川上村役場☎0746・52・0111、奈良交通バス☎0742・20・3100

台高山脈前衛、鋭鋒の岩稜を辿る

㊶ 両佛山 りょうぶつやま △1307.9 m　峰山 むねやま △1208.8 m

地蔵越から両佛山へ

　台高山脈北部の前衛峰、白屋岳と白鬚岳の陰に隠れるように、ひっそりと不遇をかこうかのような両佛山、峰山が並び立つ。この山のふもとに足ノ郷越と地蔵越のふたつの峠が、かつての東熊野街道（R169）に通じている。

　東吉野村麦谷の集落から、林道麦谷線を辿ること9km、稜線上に建つNTTの無線中継所前の広場に出る。峰山登山口となる**地蔵越**である。6本の大杉の根元に瀬戸地蔵が鎮座する、小さな祠の左の植林帯に瀬戸（川上村）への踏み跡が続く。両佛山へは右の広くなだらかな尾根に取り付く。

　すぐに明るい伐採地に出る。早くも大きな眺望の得られるところだ。大峰の鋭鋒、大普賢岳にはじまり、両肩を怒らせた白鬚岳が古武士然と聳える。北へ走り東へ連なる登尾・トベットの山塊は、深い緑に覆われて大峰縦走路へと繋がる。薊岳を視界にとらえ、起伏豊かな山並みの向こうに大台ヶ原の望見もかなう。ほどなく疎林の広場、**両佛山**の三等三角点を踏む。地蔵越からは25分の行程だ。国土地理院の「点の記」には「瀬戸」、明治22年5月埋設とあり、斧鉞とともに分け入った先人の労苦がしのばれる。

　山頂すぐ下にNTT中継所を見て林道に出たら200mほど進み、左の尾根をとる。両佛山の最高点に出て南へ進む。自然林、植林を分ける境界尾根に露出し点在する石灰岩に、バイケイソウの緑と蘚苔がからんで、日本庭園の雅趣をかもしだす。**嵓山**から50mほど進んで左へ角度を変え、樹林帯を急降下する。途中に立ふさがる大岩のどちらかを回りこんで鞍部に降り立つ。右から下ってくる林道に合流し、30mほど先で再び尾根に取り付く。1210m峰から平坦な植林帯を行き、右

大滝ダム井光付近から峰山を眺める

96　IV 台高山系

1210m 峰付近から白屋岳方面の山々

手に箱庭のように光る井光(いかり)の集落を俯瞰しつつ登り返すと**大天狗**のピークだ。

正面に峰山山頂を見据えて下る。東側がスッパリ切れ落ちて、やせた岩稜帯に変わり、**大天狗**、**小天狗**を慎重に越えて**鞍部**に出る。一息ついて眺める台高山脈の麗しいたたずまいと、波打つ緑の山塊を背景にして咲く、ミツバツツジやコブシの立ち居が楚々としていい。最後の鞍部から斜上し、西尾根へ出て左の高みへすぐ、共同テレビアンテナの建つ**峰山山頂**に達する。

木の間越に白屋岳の遠くたおやかな山巓を望んで、しずかな山の憩いを堪能したら**往路を引き返そう**。

（写真・文／柏原通昌）

歩行時間：4時間15分
コースタイム
地蔵越（25分）両佛山（25分）嵓山（15分）鞍部（10分）1210m峰（30分）大天狗（30分）峰山（15分）大天狗（35分）1210m峰（10分）鞍部（15分）嵓山（35分）両佛山（10分）地蔵越
アクセス
往路：公共交通機関は無い。近鉄大阪線榛原駅からタクシーで地蔵越へ（約55分）。
復路：峰山から中奥へと下った場合、中奥からタクシーで白川渡(くず)バス停（約20分）まで行き、国栖経由の奈良交通バスで近鉄吉野線大和上市駅へ。
マイカー情報
西名阪国道針ICから榛原経由、大又を目指し、麦谷口から林道を地蔵越へ（平成24年12月末現在、麦谷林道は崩壊のため不通）。

アドバイス
地蔵越から峰山ピストンの場合、十分な余裕をもって入山したい。道標は無く、地図・磁石は必携（最低、読図知識が必要）。マイカー利用で縦走し、中奥（川上村）へ下る場合、1台を地蔵越、もう1台を中奥に回送しておくか、タクシーの予約が必要になる。大天狗岩・小天狗岩付近の尾根はやせて狭く、急峻、慎重に行動したい。
地形図：1/25000 「大豆生」「大和柏木」
登山適期：11月中旬～翌年4月下旬（5月上旬～10月下旬までヤマヒルが多い）
連絡先：奈良交通本社☎0742・20・3150、川上村役場産業課☎0746・52・0111、東吉野村役場企画課☎0746・42・0441、奈交宇陀タクシー（榛原駅前）☎0745・82・0155、川上タクシー（上多古）☎0746・54・0141

台高山脈支脈西端のたおやかな山

㊷ 白屋岳 しらやだけ △1177.0 m

　白屋バス停に降り立つと、ダム湖に大吊り橋が架かる。その先に今は住む人も無い白屋集落跡を山腹に抱いて聳えるのが白屋岳である。この山は台高山脈に属する。台高山脈とは、霧氷で名を馳せる高見山を最北端として、南は大台ヶ原の日出ヶ岳まで南北に続く山脈である。台高山脈主稜線北部、明神平の前山から続く支稜線には薊岳、木ノ実ヤ塚、峰山など比較的知られた山もあるが、その末端が白屋岳であることは、あまり知られていない。マイカーの利用では武木口から武光橋を渡って林道武木線を使えば、白屋岳登山口（足ノ郷越）から1時間足らずで山頂に立てるが、昔ながらの白屋登山道を行こう。

　奈良交通白屋バス停から大滝ダムに架かる吊り橋を渡り、**白屋集落跡**の階段道を上がり、最奥の民家跡手前で林道に出合ったら、道なりに上って行けばよい。振り返れば大滝ダムの対岸に大峰の山々の大きな斜面が迫る。林道は更に山腹を北西に巻いて続くが、**不動明王**が祀られた水場（今は涸れている）のすぐ先で梯子を登る。山道を進むと物置小屋跡にケーブルの残骸がある。ここが**白屋辻**で、右の尾根に登山道が続いている。

　鬱蒼とした植林の中、ひたすら上を目指すと、やがて笹が現れ、大平と呼ばれる中だるみになるが、すぐに急坂となって小さなコブに出る。このあたりから植生が変わり、初夏なら足元をバイケイソウが敷き詰め、サツキが咲く自然林になる。道が北側へ回り込むと伐採跡地に出る。伐採直後ほどではないが高見山をはじめ、音羽山系や曽爾の山々が一望できる。シャクナゲが茂る中を山頂の肩へ出ると、ひと登りで**白屋岳**の二等三角点の標石がある頂きに着く。山頂は狭いが、花期にはシャクナゲに飾られ、東は木の間越しだが、南には展望が得られる。

　山上ヶ岳、稲村ヶ岳、大天井岳などの迫力ある姿を眺めたら、帰途

白屋岳頂上に登り着く

川上中学付近から白屋岳

を東にとり、鞍部から北へ少し下った林道を足ノ郷越へ出よう。季節が7月中旬なら、峠の地蔵尊から林道の左、山腹20mほどが一面にコアジサイの大群落で覆われ、上品な花の香が漂う。立ち寄ってみるがいい。

ここから更に北へ下って白屋岳登山口の道標近くの、左の分岐を三尾へ下山することもできるが、**平日にコミュニティバスを事前予約**していないと、帰路の交通手段を得にくい。また、峠から武木へ下ることもできるが、これも公共交通機関の利用は時間的に極めて困難、加えて林道歩きが長いので、**ここは来た道を忠実にもどり白屋バス停へ帰る**。

（写真・文／西口守男）

歩行時間：6時間10分
コースタイム
白屋バス停（10分）白屋集落跡（40分）不動明王（25分）白屋辻（1時間30分）白屋岳（足ノ郷越往復1時間15分）白屋岳（1時間10分）白屋辻（20分）不動明王（30分）白屋集落跡（10分）白屋バス停

アクセス
近鉄吉野線大和上市駅から奈良交通バス湯盛温泉杉の湯行き（約30分）。湯盛温泉杉の湯で池原行きに乗り換え、白屋で下車（約3分）。
公共交通機関を利用する場合、帰りのバス最終便に間に合わせるのは困難。タクシーを予約しておいた方が無難。足ノ郷越から武木へは小川林道を徒歩約3時間。

マイカー情報
京阪神方面からは南阪奈道を橿原市で降り、大淀町経由で南下、白屋で吊り橋を渡り、白屋集落跡の最奥の民家跡へ（数台の駐車スペース）。

アドバイス
紹介コースは私有地の林道、水源地を往復させてもらうものである。汚さないよう細心の注意を払いたい。

地形図：1/25000 「新子」「洞川」
登山適期：通年（5月初旬はシャクナゲ、サツキ、モチツツジ。7月はコアジサイの大群落）。
連絡先：奈良交通お客様サービスセンター☎0742・20・3100、奈良交通吉野営業所☎0745・52・4101、川上村役場地域振興課☎0746・52・0111、川上タクシー☎0746・54・0141

台高山脈、原始の森の岩稜へ

㊸ 御座嵓 ござくら 1170 m　　添谷山 そえたにやま △ 1250.1 m

御座嵓へは岩尾根を登る

陰影深い山襞とたえず湧き上がる雲海を従えて突兀と聳え立つ御座嵓は、標高1000mをわずかに超える岩峰ながら、台高の森が育んだ鬱蒼とした自然林の中にあって、神秘的なその名にふさわしい磐座を連想させる。並び立つ添谷山とともに、春秋を綾なす華麗な彩りに満ち、深い山塊の静寂ときびしいアルペンムードをかもし出している。とくに春のアケボノツツジ、秋の紅葉・黄葉が、危うげな岩塊にからむ絵画的風情はたまらない。

台高山脈の奥座敷だけにそのアプローチは長い。大台ケ原ドライブウェイの川上辻から、かつての登山古道筏場道を辿る。低いイトザサを分け、木の間越しに見え隠れする日出ヶ岳を背にして、幾つかの支谷を回りこむ途中、崩壊した支谷をフイックスロープの助けをかりて難なく通過し、30分ほどで安心橋を渡る。苔清水となって落ちる金明水へはさらに15分ほど。右手、西ノ谷の源流を見て、やがて、イタヤカエデ、ナラ、ブナに覆われたコブシ峠につく。緩やかに左方へ下り、広やかな尾根の踏み跡を忠実に辿る。

コブシ峠からの尾根の西側をからんで大台辻に至る。ここは左からの筏場道と、右手の西ノ谷からの大杉谷への道が交叉している。めざす添谷山、御座嵓は、北へササのブッシュを分け、しばしの急登。その後ゆるやかに東へ向きを変え、境界杭にそってしばらくは自然林の逍遙を楽しむ。この辺りもまた緑豊かな四季の景観が素晴らしい。

大台辻からほぼ1時間、添谷山の三等三角点を踏む。御座嵓へは左ほぼ直角に向きを変え、磁針を真北にとり、露岩と木の根がからむ急坂を下る(添谷山から真っすぐ踏み跡を東へ辿ると粟谷林道と狸峠へ出てしまうので注意しよう)。降り立った鞍部から左に進み、立ちはだかる小さなキレット

ブナ林の中を添谷山へ

に立つ。さらに岩稜にとりつき、ちょっとした岩登り気分を味わいつつ強引にのぼりきると、**御座嵓の狭い岩頭に立つ**。2～3人も立てばいっぱいになる空間では間違いなくお山の大将。鳥になった気分を味わう。足下に深く切れ込む本沢川(ほんざわ)の源流、神々の降り立つ庭にふさわしい静寂のみが漂う。

帰路は来た道を引き返そう。添谷山の先、1290m峰から直進しないこと、コブシ峠からうっかり右の尾根に取り付かないこと、この二点に注意して川上辻へ戻ろう。

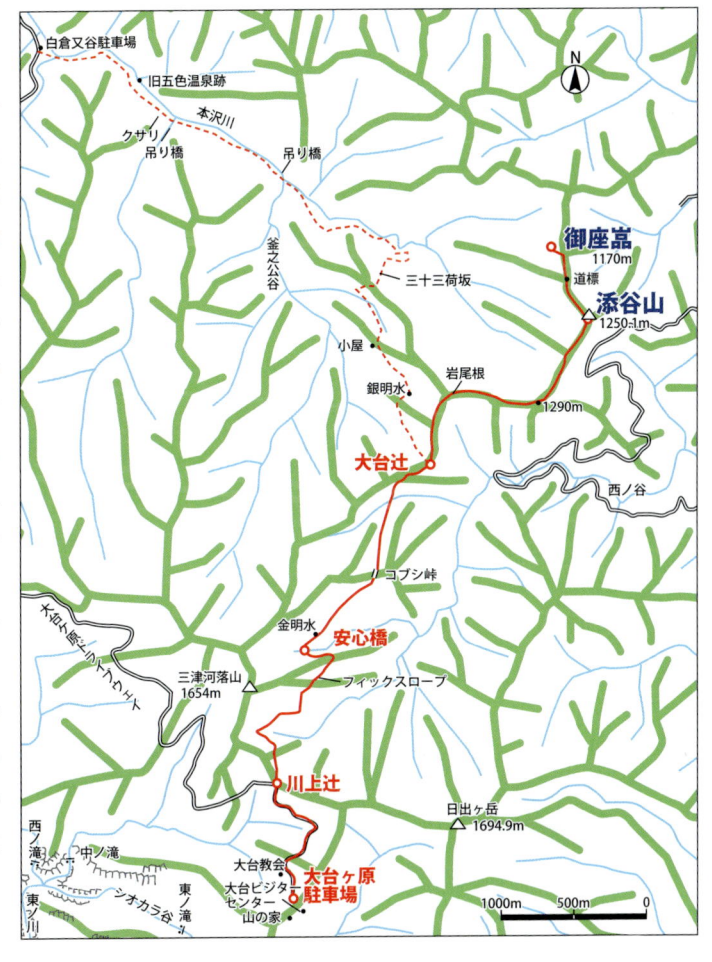

(写真・文／柏原通昌)

歩行時間：7時間40分
コースタイム
大台ヶ原駐車場（15分）川上辻（45分）安心橋（45分）大台辻（1時間20分）添谷山（30分）御座嵓（30分）添谷山（1時間15分）大台辻（1時間10分）安心橋（50分）川上辻（20分）大台ヶ原駐車場

アクセス
近鉄吉野線大和上市駅（奈良交通バス1時間44分）大台ヶ原バス停。季節・曜日により運行時間が異なるので、出かける前にダイヤ確認が必要。

マイカー情報
大阪方面からは西名阪松原IC経由で南阪奈道路を橿原市お房交差点へ、R169を大和上市経由、大台ヶ原駐車場（無料）。

アドバイス
山麓の立ち寄り温泉として、上北山温泉、小処温泉、入之波温泉がある。但し、休日・営業時間は事前の確認が必要。

地形図：1/25000 「大台ヶ原山」「大杉渓谷」
登山適期：大台ヶ原への入山期間はドライブウェイの開通期間4月下旬～11月下旬（日時の詳細は大台ヶ原ビジターセンターで確認要）
連絡先：奈良交通本社☎0742・20・3150、下北山村役場観光企画課☎0746・68・0001、心・湯治館☎0746・82・0120

奇観、絶景の東大台散策路

㊹ 日出ヶ岳 ひでがたけ △1695.1m

　『日本百名山』のひとつ日出ヶ岳は、奈良県と三重県に跨って、台地状に広がる大台ヶ原山の主峰に当たる。大台ヶ原は日本でも珍しい隆起準平原と呼ばれる特殊な地形を有し、年間5,000㎜を超す降雨量によって、豊富な植生が育まれている。今回は手軽に、変化に富んだ大台ヶ原の自然美を堪能できる東大台ハイキングコースを回遊することにしょう。

　近鉄吉野線大和上市駅から奈良交通バスに乗り、終点の大台ヶ原バス停で下車。ビジターセンター左横の道(案内板あり)から入り、日出ヶ岳を目指して登る。尾鷲辻への道を右に見送り、東方向へ。更に苔探勝路を左に見て直進すると、やがて整備されたコンクリートの階段道に変わり、これを詰めると正木嶺鞍部に出る。鞍部を左折、長い木製の階段を登りきると、立派な展望台と、一等三角点のある日出ヶ岳に着く。山頂の展望台からは、東に熊野灘を望み、北に台高山脈、西に目を向けると、屏風の如く広がる大峰連山の景観に目を奪われる。

　360度の眺望を楽しんだ後は、鞍部まで戻り、直進して、植生保護のために整備された木道を登り、正木嶺を越えて正木ヶ原へと向かう。立ち枯れたトウヒの白骨林と、イトザサの織り成す幻想的な風景の中を進めば、正木ヶ原を経て、やがて休憩所のある尾鷲辻に出る。

　駐車場への巻き道を右に分け、林間の散策路を西に向かうと、牛石ヶ原に着く。ここには神武天皇の銅像と伝説の牛石がある。石畳を通り、笹原から木立の中へ

大蛇嵓展望台

正木嶺付近から日出ヶ岳を望む

入ると、左側にシオカラ谷と大蛇嵓への分岐を示す道標があり、ここを左折して行くと、大台ヶ原一番の絶景ポイント**大蛇嵓**に着く。大蛇嵓はその名の通り、大蛇を思わせるような岩の張り出しで、岩壁の突端に立つと、足下に東の川へと大哨壁が深く切れ落ち、目の前には雄大な大峰連山の大パノラマが展開する。

スリル満点の絶景を存分に味わい、下りは分岐まで戻って、左手シャクナゲ坂から、シオカラ谷に向かう。花の頃なら両側の山道に、シャクナゲの大群落を楽しむことができるだろう。緩やかな下山道も、途中からはV字状の急坂に変わり、やがて清流に掛かる**シオカラ谷吊り橋**に出る。橋を渡り、最後の急な石段を登り詰めると、一旦緩やかな林間道になるが、原生林の中、再び急な石段道が延々と続く。右に大台山の家を見て、左へ進めば起点の**大駐車場**に帰り着く。

大蛇嵓から紅葉する不動返しを見る

(写真・文／松本雅年・美根子)

歩行時間：3時間20分
コースタイム
大台ヶ原駐車場（30分）正木嶺鞍部（10分）日出ヶ岳（50分）尾鷲辻（15分）牛石ヶ原（20分）大蛇嵓（40分）シオカラ谷吊り橋（35分）大台ヶ原駐車場
アクセス
近鉄吉野線大和上市駅（奈良交通バス1時間45分）大台ヶ原。但し、曜日によって、運行形態が異なるので、事前確認が必要。
マイカー情報
阪神方面からは松原IC経由、南阪奈道路を橿原市で降りてR169を大台ヶ原駐車場（無料）へ。

アドバイス
東大台コースに危険箇所はないが、雨天などの場合、木製の階段道や大蛇嵓周辺は滑りやすくなるので注意したい。マイカー使用の場合、立ち寄り温泉として、入之波温泉・小処温泉・上北山温泉がある。
地形図：1/25000 「大台ヶ原」
登山適期：大台ヶ原の登山期間は4月中旬〜11月下旬に限定される（この期間以外はゲートが閉じられ、入山できない）
連絡先：奈良交通吉野営業所☎0747・52・4101、上北山村役場☎07468・2・001

㊵ 静寂につつまれた尾鷲古道を往く

堂倉山　　コブシ峰
どうくらやま　・1470 m　　こぶしみね　△1410.8 m

　紀伊半島の脊梁、台高山脈を尾鷲へと辿る登山者は、この山嶺の長大にしてハードな行程を敬遠してか、その数は決して多いとはいえない。しかしコース中の盟主的存在ともいえるコブシ峰からの広闊な展望は、太平洋を俯瞰しつつ、明るい静寂につつまれた山旅の醍醐味を、存分に味わうものとなろう。

　大台ヶ原駐車場から尾鷲辻に登り、ミヤコザサを分け、南へと三重・奈良両県を分ける県界尾根を忠実に辿る。蘚苔の絡む倒木を踏み分け、平頂**堂倉山**を越えた林間の鞍部**白サコ**からすぐに大台開削時のトロッコ道跡を過ぎ、シャクナゲの多い次の最低鞍部から**地倉山**に至る。

　東の川を眼下に対峙する竜口尾根と荒谷山、その奥に長躯する大峰山脈を望んで**地倉山**を越え、架線跡やコメツツジしげる**雷 峠**を過ぎ、**コブシ峰**のピークを踏む。山頂はだだっ広く、ザレたむきだしの地肌を見せ、西に崩落壁の斜面を長く落とし込んでいる。長島や尾鷲湾の光る波濤を眺めながら、山中随一360度の展望を得る。なによりも、高く眼下に光る東ノ川の悠揚たる俯瞰と「大峰なびきの峰」釈迦ヶ岳の雄姿は幾度たりと見飽きない。

　県界尾根を150mほど下り、1216m峰は横駆ける。ふたたび稜線に合流して**一本木標柱**に着く。ここから緩やかに辿る新木組峠への横駆道は、その先で木組谷の蛇抜け（山ヌケ）に阻まれるので稜線を歩いて**木組峠**に至る。静寂をたたえた台高の森にふさわしく、格好の幕営地となりそうだ。そのまま右へ広い林間の尾根上を辿り、**新木組峠**のピークに至る。コブシ峰に劣らず開豁な好展望台をなしており、遥か大台ヶ原山と大蛇嵓の懸崖が絵のように美しい。

　ここからは県界尾根を離れ南へ東斜面のほぼ水平道を

倒木が多いコブから地倉山へ向かう

104　Ⅳ 台高山系

秋晴れの竜口尾根と大峰山脈を望む

進み、コース中唯一の水場、か細い**神明水**（しんめいすい）の流れで喉をうるおす。やがて**又口辻**（またくちつじ）の標識を見て、その先で古和谷・橡山の分岐点に着く。右手は古和谷右股への急な下りと林道までの悪路が待つので敬遠し、そのまま稜線を東へ平坦な橡山尾根を進み、ツガやヒメシャラの大木の間を縫って半時間。左手に橡山林道がせまって来るのを見て広い**地蔵峠**（とちやまとうげ）に降り立ち、橡山林道を水無峠まで行く。

なおコース中、本来の尾鷲道（旧道）は横駈けが多いが、かつての丈余を越す藪がめっきり減り、むしろ稜線上の登行が効率的と思われる箇所が随所に見られる。

（写真・文／柏原通昌）

歩行時間：8時間35分
コースタイム
大台ヶ原駐車場（30分）尾鷲辻（20分）堂倉山（30分）白サコ（1時間50分）地倉山（10分）雷峠（10分）コブシ峰（1時間）「一本木」標柱（40分）木組峠（20分）新木組峠（25分）神明水（1時間5分）又口辻（35分）地蔵峠（1時間）水無峠

アクセス
往路：近鉄吉野線大和上市駅（奈良交通バス1時間44分）大台ヶ原
復路：水無峠から迎えのタクシーでJR尾鷲駅

マイカー情報
京阪神方面からは南阪和道、又は京奈和自動車道経由で大和上市からR169を伯母峰トンネル前で右折、大台ヶ原ドライブウエイを大台ヶ原駐車場（無料）へ。

アドバイス
尾鷲への縦走は大台ヶ原の宿泊施設に前夜泊、早朝、出発が望ましい。途中、水場は新木組峠の先に神明水があるのみ、秋は涸れているケースが多い。水は1.5ℓ程度持参したい。最近、私設の山名板・道標が立てられているが地図・磁石は必携。

地形図：1/25000「大台ヶ原」
登山適期：通年（但し、大台ヶ原へのバスの運行期間は4月中旬〜11月下旬のみ）。
連絡先：上北山村役場企画観光課☎07468・2・0001、奈良交通本社☎0742・20・3150、吉野近鉄タクシー☎0746・32・2961、心・湯治館（旧大台荘）☎07468・2・0120、大台ヶ原ビジターセンター☎07468・3・0212

45 堂倉山・コブシ峰

七窪尾根末端にひっそりとたたずむ山

㊻ 伯母ヶ峰 おばがみね △ 1266.7m

　紀伊山地の山々が吉野群山と呼ばれていた登山の開拓期には、大峰山脈への入山ルートとして筏場から大台辻、川上辻を経て、1262m無名峰から七窪尾根へ入る尾根道がとられていた。そんな七窪尾根の末端に忘れられたかのように伯母ヶ峰が、ひっそりとたたずむ。

　伯母ヶ峰への登山口は、**和佐又口バス停**から和佐又林道トイレ前の、ジグザグ階段の急登から始まる。谷の斜面をつづら折れに登って小滝の前へ出る。ここから上に水場は無いので必要なら水を補給しておこう。二度、沢を渡って支尾根を右に回り込むと、西側斜面の水平道になる。崩壊斜面を二ヶ所通れば東屋に着く。東屋からは「山想遊行」のペナントがある尾根に取り付き、急登を直進する。立ち木のテープを拾って登り、稜線近くまで来るとススキと笹茂りで、踏み跡のハッキリしない場所に出るが、直登すれば大普賢岳が展望できる所に飛び出す。晩秋から初冬にかけて落葉が踏み跡を覆い隠す事があるので要注意だ。

　やや左寄りにテープを拾い進めば、植林された大きな尾根、七窪尾根(笙ノ窟尾根)の和佐又口分岐に出る。帰りのために、この附近の景色を良く見て覚えておこう。七窪尾根を右へ、ゆっくりと下って行き、最後に尾根の腹をジグザグに降りると関西電力の無線中継所に出る。これを、そのまま下って、木の階段を降りれば**伯**

大台ヶ原林道から伯母ヶ峰

母峰峠である。直ぐ下にドライブウェイが走っておりエスケープルートとしても利用できる。

　ここから、少し登ると植林境界を真っ直ぐにコブの上まで延びる急坂になる。八合目あたりまで頑張ると、右側の山腹が開けテープが付けられている。直登を避け、これを右折すれば支尾根屈曲点に到達する。ここまで来れば、やっと伯母ヶ峰の山頂が木の間隠れに見えてくる。ひと頑張りで**1262m無名峰**の頂上だ。

　これを下ると、右下のドライブウェイから登ってくる登山道と合流する。このあたり、花期にはアケボノツツジやシロヤシオが稜線を美しく飾る。ブナの巨木が残る農水省の無線中継所を通過すると、もうひと登りで三等三角点のある**伯母ヶ峰頂上**に立つ。残念ながら樹木の繁茂する頂上から展望は望めないが、初夏ならシャクナゲの向こうに大普賢岳が垣間見られる。

　帰り道は忠実に来た道を辿る。雨天やガスにまかれた場合は、支尾根屈曲点を左に曲がる事と、**和佐又口分岐**を左の支尾根に入る事に注意すれば、迷うことは無いだろう。

（写真・文／岩田邦彦）

七窪尾根に出ると道標がある

歩行時間：6時間
コースタイム
和佐又口バス停（1時間5分）東屋（15分）和佐又口分岐（35分）伯母峰峠（40分）支尾根屈曲点（25分）1262m峰（25分）伯母ヶ峰頂上（2時間35分）和佐又口バス停
アクセス
近鉄吉野線大和上市駅から奈良交通バスにて1時間40分和佐又口下車
マイカー情報
阪神方面からは松原IC経由、南阪奈道路を橿原市で降りてR169を伯母峰トンネル出口を右折、和佐又口バス停。バス停横のトイレ前に駐車スペース（バス停はバスの回転場所、駐車厳禁）。
アドバイス
難しい山ではないが踏み跡が定かでない部分もある。初心者の単独行は避けたい。紹介コースの場合、バスの便が少ないので公共交通機関利用の日帰り登山は困難。
地形図：1/25000　「洞川」「大和柏木」
登山適期：4月中旬～11月下旬
連絡先：和佐又ヒュッテ（通年営業）☎07468・3・0027、上北山村地域振興課☎07468・2・0001

ダム湖を見下ろす竜口尾根末端の山

(47) 荒谷山 あらたにやま △1267.4 m

　大台ケ原の大蛇嵒に立つと、奥西ノ谷と東ノ川に挟まれ、峨々たる山稜が大峰山脈の前に立ちはだかる。竜口尾根である。その南端にひと際、目立つ険しい山がある。初夏にはアケボノツツジ、秋には山腹を覆うスズタケの中に楓が色染む荒谷山だ。

　かつては立ち入る人も無かった竜口尾根だが近年、林道が開通したことで、マイカーを使えば、主な山々の日帰り登山が可能になった。昨年来、踏査を兼ねて、春、秋、冬と三度、訪ねてみたが、未だ人影を見ず、不遇の山といえる。

　大阪方面から荒谷山へは国道169号線を南下、伯母峰トンネルを越えた上北山温泉薬師の湯から二つ目の鉄橋を渡り、自動車修理工場前を通って、サンギリ峠へ向かう。サンギリトンネルを通り抜け出たらすぐ左折する。右に荒谷山のスカイラインを眺め林道を行けば、切通しの右に荒谷山への道標がある。

　車を**登山口の駐車スペース**に置いたら、道標の前から左に林道を見下ろしつつ、狭い尾根を最初のコブの**1峰**まで行き右折、小さな鞍部を軽く登り返し、**2峰**を踏み右下へ露岩の笹薮を急下降して、**2・3峰の鞍部**に降りたら**3峰**へ登り返す。

5峰の頂きからは竜口尾根と大台ヶ原を一望できる

3峰は左が垂直に切れ落ちた縁を慎重に右寄りに下って笹藪を抜け、ザラ場を降りれば3・4峰の鞍部に出る。小広い鞍部は風が通り、ひと息入れるに丁度良い。

ここからは背丈を越えるスズタケを漕いでの登りだ。取付は尾根上を行くが、やがて山腹を右寄りに進み、西側からの尾根に乗って、そのまま南北に長い4峰の頂へ向かう。振り返れば、スズタケの上から、わずかに又劔山(またつるぎやま)の頂き付近が見える。4峰の頂きの南の端まで行き、右へ下って薄暗い4・5峰の鞍部から、狭くなった露岩の尾根を登れば、このコースで唯一、展望の良い5峰の頂きに着く。西に大峰山脈、さっき通った3峰、4峰の絶壁の向こうに又劔山、その東側に大台ヶ原の山々が一望される。

展望を楽しんだら頂きの南側、脆い岩尾根を下ってやせ尾根の2つのギャップ、ラクダの背中を越え、狭いキレットへ降りる。短い距離で雑木に視界が遮られるため、高度感は無いが慎重に行動しよう。

キレットの左に緑色の坂本貯水池を垣間見て狭い尾根を登りきると三等三角点標石と山名板が残る**荒谷山**の頂きに着く。残念ながら山頂は樹木に閉ざされ、展望は得られない。

孤高の頂きを辞したら、**来た道を忠実にもどる**としよう。

(写真・文／小島誠孝)

雷峠付近から見る荒谷山

歩行時間：4時間45分
コースタイム
登山口 (10分) 1峰 (10分) 2峰 (30分) 3峰 (25分) 3・4峰の鞍部 (25分) 4峰 (20分) 5峰 (25分) 荒谷山 (20分) 5峰 (20分) 4峰 (55分) 3峰 (30分) 2峰 (15分) 登山口
アクセス
公共交通機関の利用は困難
マイカー情報
近畿自動車道から南阪奈道を橿原市で降り、R169に入り大淀町で左折、上北山温泉から二つ目の橋を渡る。サンギリトンネルを出て左折、登山口へ。路傍に数台の駐車スペースがある。
アドバイス
難しい山ではないが踏跡が定かでない部分もある。初心者の単独行は避けたい。紹介コースの場合、バスの便が少ないので公共交通機関利用の日帰り登山は困難。
地形図：1/25000「河合」
登山適期：10月中旬〜12月上旬、3月下旬〜5月初旬
連絡先：上北山村役場☎07468・2・0001

古き台高の名残をとどめる竜口尾根を歩く

㊽ 又剱山
またつるぎやま △1377.4m

笙ノ峰
しょうのみね △1317.1m

又剱山頂上

　大台ヶ原の大蛇嵓に立ち、西の方を眺めると東ノ川を挟み、鋸歯状の尾根が一大陣幕を張る。大峰山脈の前に立ちはだかる竜口尾根だ。その南端の大きな山が又剱山である。林道橡谷西ノ谷線がサンギリ峠とつながり、上北山村が又剱山ハイキングコースを設けたことでポピュラーな存在となった。又剱山から未だ人影薄い竜口尾根を笙ノ峰へと歩いてみよう。

　上北山村河合から林道サンギリ線へ入り、サンギリ峠経由で、林道橡谷西ノ谷線を東屋が建つすぐ先の**又剱山登山口**まで行く。林道側壁から登山道をつづら折りに登り、季節が初夏なら朴や楓、ブナ、リョウブなどの新緑が美しい稜線鞍部へ出る。鞍部で右折、尾根を行けば、展望が開け、いつしか大峰山脈北部や大台ヶ原が全容を見せる**又剱山**に着く。

　東西に細長い山頂を辞したら東側から斜面を下り、小さなコブを2つ越え、丸塚山へ向かう。狭く小さな**丸塚山**の頂きはブッシュに覆われている。山名板を右に見送り先へ進もう。花期にはミツバツツジやシロヤシオが咲く1206mのコブを過ぎれば、素晴らしいブナ林に**五兵衛平**の山名板を見る。広い尾根を一旦、鞍部へ出て、ゆるやかな斜面を登ると**1320m無名峰**に着く。

　目指す笙ノ峰への尾根や大峰山脈が一望されるこのピークを過ぎると一転して露岩と転石の多いやせた尾根になる。1330mのコブから急坂を下り、右側が切れ落ちた小キレットへ出たら、フイックスロープが残る急登にかかる。この尾根の悪場だ、落石に注意して登りきれば、標高1360mの架線場跡に出る。

　アセビが生える架線場跡からは、再び

山頂から大台ヶ原を望む

穏やかになった尾根をやや左寄りに辿り、木和田・逆峠分岐へ下る尾根を右に見送って崩壊跡を左に見て下れば、明るく開けた好展望の鞍部へ出る。ここからは、踏み越えてきた竜口尾根の全貌が一望のもとだ。

展望に満足したら、シロヤシオの古木が点在する庭園のような尾根を辿る。コブを二つ越えると樹林帯に入り、針葉樹の巨木が立つ**1340m峰**に着く。ここで進路を右の尾根に取り、鞍部へ下ってヒメシャラの二次林の中を登り返せば、**笙ノ峰**の頂きである。残念ながら展望は無い。

山名板と三等三角点がある山頂を辞したら西へ尾根を下ろう。フイックスロープがある山ヌケ跡迂回路に出合ったら、やがて**小処登山道**になって、**林道終点**へ出る。林道をショートカットしながら植林道を下れば、**小処温泉**に辿りつく。

(写真・文／吉田弘志)

稜線より又剱山を望む

歩行時間：6時間
コースタイム
又剱山登山口 (35分) 又剱山 (35分) 丸塚山 (25分) 五兵衛平 (35分) 1320m峰 (1時間) 好展望の鞍部 (30分) 1340m峰 (30分) 笙ノ峰 (15分) 小処登山道出合 (25分) 林道終点 (1時間10分) 小処温泉
アクセス
往路：近鉄吉野線大和上市駅 (奈良交通バス杉乃湯乗換え) 河合下車。タクシー利用で又剱山登山口 (バスの本数が非常に少ない、ダイヤ確認とタクシーの予約が必要)。
復路：小処温泉 (予約タクシー) 河合バス停 (奈良交通バス) 近鉄大和上市駅。
マイカー情報
大阪方面からは阪神高速から南阪奈道路を橿原市へ。R169を大淀経由で南下、上北山村小橡交差点から200メートルの橋を渡り、サンギリ林道からサンギリ峠を経て、又剣山登山口へ。
アドバイス
五兵衛平の先、1320m無名峰からは道標・テープなどは皆無。悪天候の場合、迷いやすいので注意。マイカー利用の場合、河合の車両回送業者に頼めば、小処温泉まで回送してもらえる。
地形図：1/25000 「河合」
登山適期：4月中旬〜11月下旬
連絡先：上北山村役場☎07468・2・0001、奈良交通☎0742・20・3100、車両回送「福嶋モータース」☎07468・2・0093、川上タクシー (上多古) 0746・54・0141

台高山系を歩く楽しみ

先人の熱き心にふれる峰々

正木嶺のトウヒ立ち枯れ林からの展望

　台高山脈は北の高見山にはじまり、1300〜1400m級の山々が南北に峰を連ねて大台ヶ原に続く。近畿の屋根とも称され、おなじ紀伊半島を縦断する大峰山脈（吉野〜熊野150km）が、修験道と熊野信仰にささえられ1200年の伝統を保ってきたのに反して、大台ヶ原山をはじめとする台高山脈は、江戸時代中ごろまで人々の斧鉞を拒んできた。太平洋に湧き立つ雲気が険しい山岳とぶつかり、日本屈指の多雨地帯を作り出した。大杉谷をはじめとして、まれにみる峻険な渓谷を数多く穿ち、切り立った懸崖を作り、ツガやトウヒ、ブナやヒメシャラをはじめとする原始の自然景観と豊かな森と水の源として人々に親しまれ、育まれてきた。

　近年、台高山脈の自然保護と植生回復の努力が叫ばれて久しいが、池木屋山を中心とする縦走路にただよう、桃源郷のような静寂は今なお多くない登山者に深い心の安らぎを与え続ける。明治時代に入り、幕末の探検家・松浦武四郎や山林王・土倉庄三郎翁たちの、大台ヶ原山や尾鷲道開削にかけた熱い心にふれながら歩いてみるのもいい。さらに欲張って、大台ヶ原山から南へ尾鷲古道を歩き、太平洋の波濤を眼下に、雷峠、コブシ峰、一本木、木組峠など、人と自然のぬくもりを感じさせる名の峰々に寄り添って、長い半島に確かな足跡を残したい。

（柏原通昌）

Ⅴ 大峰山系 ㊾〜㊽

夕暮れ近い深仙宿

理源大師ゆかりの古刹がある山

㊾ 百貝岳 ひゃっかいだけ ・863 m

　百貝岳は吉野山・金峯神社の西方、地蔵峠に近い鳳閣寺の裏にある標高863mの山である。鳳閣寺には理源大師聖宝が宇多天皇の命を受け、山中に巣食う大蛇を法螺貝でおびき寄せ、退治したという伝説があり、百貝岳山名の由来と聞く。寺には今も大蛇の頭蓋骨が残る。創建は895年(寛永7)と伝えられ、毎年7月に修験者や信者たちが燃える火の上を歩き、人々の無病息災を祈願する火渡りの神事を行うことでも知られる。

　百貝岳へ公共交通機関利用の場合、近鉄吉野線下市口駅から黒滝案内センターまでしか、バスが行かないため極めて不便だ。マイカーを利用の場合、下市口から岩森まで行き、秋津温泉手前から県道48号線を南下、地蔵トンネルを出てすぐ右の旧道を上ると左に地蔵尊を祀る地蔵峠に出る。峠の右にある林道に入り、終点の**春日神社駐車場**まで行く。

　春日神社駐車場から左の急な車道を登りきると**鳳閣寺**に着く。有名な寺なのに意外と小さい境内に驚く。境内に入って本堂の前から寺務所の方へ行くと左側に「百貝岳・吉野山」の小さな道標があり、山道へと導かれる。黒滝村が設置した「百貝岳山頂ハイキング西コース」と黄色で表示された立派な道標を辿り、よく手入れされた水平道を15分ほど歩けば、国の

青根ヶ峰方面から百貝岳と奥高野の山々

重要文化財に指定されている**理源大師廟塔**〔台座の亀に吉野朝時代の正平24年（1369）の銘がある〕に着く。精巧な石塔だ。ここから、樹林帯の登りが始まる。だらだらした登りだが途中、木々の間から望まれる金剛山・葛城山が美しい。

理源大師廟塔から20分ほどで、全く眺望のない鬱蒼とした森に囲まれた**百貝岳**の頂きに着く。ここは小広い台地になっていて、祠と屋根つきの立派な休憩所がある。ここから吉野山金峯神社までは3.2km、約1時間という近さもあって、吉野山・奥千本や青根ヶ峰と結んでのハイキングコースを地元はアピールしているようだ。

帰路は如意輪観世音菩薩の祠の横から周回コースの一つ、「百貝岳山頂ハイキング東コース」の道標に従えば、出発点の**鳳閣寺**へと自然に導かれる。地元、黒滝村の『黒滝ハイキングガイド』というパンフレットには百貝岳周回コース（西→東コース）と記載されているので、マイカー利用

理源大師の廟塔

なら手軽なファミリー向きのハイキングコースである。

（写真・文／松居秀行）

歩行時間：1時間10分
コースタイム
春日神社駐車場（5分）鳳閣寺（15分）理源大師廟塔（20分）百貝岳（25分）鳳閣寺（5分）春日神社駐車場
アクセス
近鉄吉野線下市口駅（奈良交通バス39分）黒滝案内センターバス停。
マイカー情報
大淀町下市口よりR309を南下し岩森（秋津温泉）で左折。県道48号に入り、地蔵トンネルを出てすぐ右折し旧道を登地蔵峠で右折。林道を5分ほどで林道終点春日神社駐車場（無料）に着く。
アドバイス
桜の頃ならハイキングコースとして奥千本から中千本、如意輪寺をへて近鉄吉野駅へのコースがお薦めだ。足に自信のある方には青根ヶ峰をへて、蜻蛉の滝公園へのコースもある。
地形図：1/25000 「新子」「中戸」「洞川」「吉野山」
登山適期：通年
連絡先：黒滝村役場総務課☎0747・62・2031

俳聖が訪ねた名瀑から吉野古道を辿る

㊿ 青根ヶ峰
あおねがみね △858.0 m

大谷山
おおたにやま △668.5 m

案内 map は㊶と共通です

役行者伝説が残る聖天の窟

　4月上旬、3万本ともいわれる桜が奥千本、上・中・下千本で開花する吉野山には、「吉野山」という名の山は存在しない。一般的には青根ヶ峰が吉野山の主峰とされる。青根ヶ峰は吉野古道の終点にある目立たない山だが多くの歴史秘話を持つ山である。

　近鉄吉野線大和上市駅前からのバスを**西河バス停**で下車。五社トンネル前にある歩道橋の十字路を左折、音無川沿いに**蜻蛉の滝公園**を目指す。音無川の橋を渡り、公園を通って石段道を上がると蜻蛉の滝展望所に出る。松尾芭蕉も訪れたという名瀑「蜻蛉の滝」横から階段道を登り、奥の院を経て**周遊路と白倉山**の分岐に出る。

　道標に従い、白倉山への山道へ入ると岩壁の中ほどに鉄梯子が現れる。積もっている木の葉に足をとられないよう注意して登って行けば、役行者が籠って修行したと伝えられる**聖天の窟**の前に出る。岩屋を離れ、桟橋やハシゴを2つ3つ越えると、道は露岩の小尾根に上がって分岐する。この先、二度分岐するが道標に従って進めば、青根ヶ峰と白倉山を結ぶ**吉野古道**(旧吉野街道)に出合う。道を左へ進めば稜線へ出る少し手前、右山腹に**大谷山への踏み跡**がある。往復10分ほどだ、立ち寄ってみよう。

　三等三角点の頂きから、もとの道へ戻ったら、696m峰まで行く。後は迷いようもない尾根伝いの一本道。**無線反射板**を右に見送り、鉄塔No61を左にし、鞍部を登り返して喜佐谷山を踏み越えれば**鉄塔No60**に出る。ここの東面山腹の伐採跡からは四寸岩山が目の前に見える。更に稜線を先へ進むと音無川からの登山道を左から迎え、ほどなく**青根ヶ峰直下の林道**に出る。林道を横断して鉄梯子を上

中千本から蔵王堂方面を望む

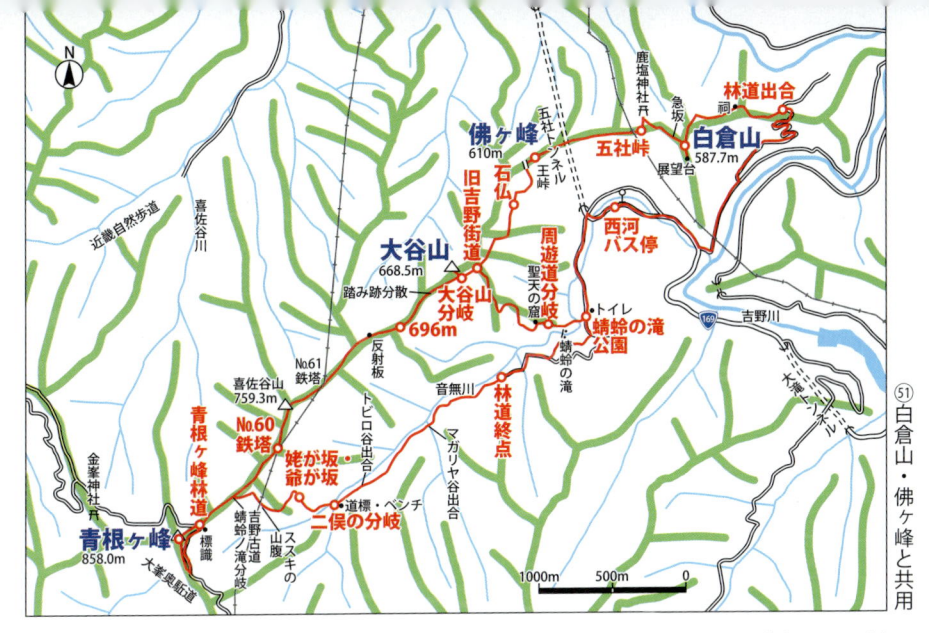

がると青根ヶ峰の頂上に着く。

　山頂からは西の愛染（あいぜん）分岐へ下り、西行庵へも行けるが、起点の西河へ戻るため南へ下るとしよう。先程の林道出合へ戻り、音無川へのコースを選ぶ。道が山腹を大きく絡み、山襞を回り込むと姥が坂・爺（じじ）が坂の名が残る沢沿いの坂道から二俣の分岐へ下る。ここからは、音無川右岸の広い道を林道終点まで行く。

　林道終点から舗装された道を下って行くと左に建物がある。その手前、左の山道に入れば蜻蛉の滝からの周遊路に出合う。左の周遊路を選ぶと吊り橋を経て、白倉山の分岐。直進すれば公園駐車場の上の林道へ直接出られる。蜻蛉の滝公園からは、今朝来た道を西河バス停へ行けばよい。

（写真・文／小嶋美喜代）

歩行時間：4時間15分
コースタイム
奈良交通西河バス停（20分）蜻蛉の滝公園（7分）周遊路・白倉山分岐（48分）旧吉野街道（5分）大谷山分岐（大谷山往復10分）（5分）696m峰（15分）No.60鉄塔（15分）青根ヶ峰林道（青根ヶ峰往復25分）（20分）姥が坂・爺が坂（5分）二俣の分岐（43分）林道終点（17分）蜻蛉の滝公園（20分）西河バス停
アクセス
近鉄吉野線大和上市駅（奈良交通バス21分）西河バス停
マイカー情報
南阪和道から橿原市お房交差点で右折、R169を大淀へ、大淀のT字路を左折、吉野・熊野方面へ。五社トンネルを出て、すぐ右折、木工館前から音無川沿いに蜻蛉の滝公園駐車場（無料）へ。
アドバイス
蜻蛉の滝公園のシダレザクラは例年4月中旬が見頃。桜の時期はR165の渋滞が予測されるのに加え、駐車場が限られているため混雑する。出来ればマイカーでのアプローチは避けた方が無難。
地形図：1/25000　「新子」
登山適期：通年
連絡先：奈良交通☎0742・20・3100、川上村役場産業課☎0746・52・0111

桜の園と名瀑を訪ねて歴史街道の山へ

(51) 白倉山　佛ヶ峰

しらくらやま　△ 587.7 m　ほとけがみね　・610 m

案内 map は㊿と共通です

奈良県には、まだあまり知られていない昔の街道や、低山ながら一味ちがった山歩きを楽しめるところが残っている。白倉山もその一つである。季節が春なら爛漫と咲き匂う桜を愛で、名瀑から人知れず吉野古道を歩くこともできよう。

奈良交通西河バス停から少しもどって、音無川沿いに蜻蛉の滝公園へ向かう。和風建築の小奇麗な桜乃香和家（トイレ）を左に、太鼓橋を渡れば**蜻蛉の滝公園**に入る。鳥居をくぐり、石段を登り、芭蕉の歌碑がある蜻蛉の滝へ行く。

滝から奥の院の祠を右に、階段道を上がり**周遊路と白倉山の分岐**に出たら右の山道を選び、岩場の下を巻く鉄階段を上がって**聖天の窟**の前に出る。窟は役行者が籠った場所と伝えられ、白蛇の窟の別名を持つ。窟を離れ、桟橋や梯子、露岩の小尾根を登り終えると分岐に出る。道標に従い水平に山腹を進むと再び分岐が現れ、急坂となって尾根を登る。途中、更に道は分岐するが道標に導かれ、進めば「青根ヶ峰・白倉山」への道標が立つ**旧吉野街道**に出る。

道を右に選べば山腹の小道が杉林の中に続く。道が高度を下げ、水平になると山ヌケ跡の**堰堤**下を通って西河と王峠

サクラの名所、蜻蛉の滝公園が登山口

名瀑・蜻蛉の滝を覗いてゆく　　　　　　　　白倉山の頂きには小さな展望台がある

　の分岐に着く。「右よしの 左かみいち」と記された古い石仏から少し登ると王峠、狭い鞍部から樫尾へ踏み跡が続いている。

　尾根を右へ登り、南北に細長い頂きを持つ佛ヶ峰に着いたら直進し、支尾根に誘い込まれないよう注意して90度右折、尾根を下って左から林道が入る鞍部を登り返し、550mの顕著なコブを踏む。更に下って、再び左から林道が入る鞍部を通過、更にコブを2つ越え、送電鉄塔の下を通って五社峠へ降り立つ。

　舗装路横の休憩所から鹿塩神社へ行き、社殿の右から尾根を急登し、四等三角点がある白倉山に立つ。狭い山頂を少し先へ行くとNHKの中継アンテナが建つ岩頭に展望台があり、西河や大滝の里、蜻蛉の滝公園、大峰前衛の山々が一望できる。

　展望台から四等三角点まで戻り、尾根を北へ行けば東屋が現れる。その先の分岐を右、波津へ向かい、次の分岐を左にとり、尾根を離れ祠を見送って山腹を右へ下れば、墓地の横から林道に出る。林道を下り県道に合したら右折、国道169号線を右へ行き西河バス停へ。

（写真・文／小島誠孝）

歩行時間：3時間40分
コースタイム
奈良交通西河バス停（20分）蜻蛉の滝公園（7分）周遊路・白倉山分岐（48分）旧吉野街道・青根ヶ峰分岐（20分）石仏（15分）佛ヶ峰（20分）五社峠（20分）白倉山（35分）林道出合（35分）西河バス停
アクセス
近鉄吉野線大和上市駅（奈良交通バス21分）西河バス停
マイカー情報
南阪和道から橿原市お房交差点で右折、R169を大淀へ、大淀のT字路を左折、吉野・熊野方面へ。五社トンネルを出て、すぐ右折、木工館前から音無川沿いに蜻蛉の滝公園を目指す。
アドバイス
王峠からは白倉山まで道標が無く、踏み跡程度、特に佛ヶ峰から五社峠への尾根は特徴がないので迷い込みに注意したい。
地形図：1/25000　「新子」
登山適期：通年
連絡先：奈良交通☎0742・20・3100、川上村役場産業課☎0746・52・0111

51　白倉山・佛ヶ峰

静寂の大峰山脈前衛峰を訪ねる

㊾ 扇形山 おうぎがたやま △ 1053.0 m

　大峰山系の前衛山の一つ、扇形山は山麓の黒滝村方面から眺めると、扇を開いたような形に見えることから、その山名が付いたといわれている。かつて、山上ヶ岳へ向かう大峰参りの道がこの山裾を通り、小南峠へと通じていたため以前は日帰り登山の姿も多く見られたが、唯一の交通手段であったバス路線が廃止されて今は人影も少ない。

　マイカー利用の登山コースとなるので国道309号を線南下、**黒滝小学校**の近くの公共トイレ付近の駐車が起点になる。南東方向に5分程車道を歩くと、コミュニティふれあいバスの川戸バス停を左にし、河分神社前から右へ進む。電柱に「小南峠」の標識を見て民家の間を250mほど進むと、片透集落の分岐に「扇形山」

の標識がある。右の坂道を登って行けば最奥の民家の上で舗装路が終わる。

　ここから右側のフェンスと側壁の間の細道に入る。墓地の中を通り過ぎると標識があり、簡易舗装の急な道が樹林の中へと続く。左に小南峠、高山、小天井岳が望まれると石積跡が現れ、簡易舗装路が90度右折する。ここが**萱小屋跡の分岐**である。

　舗装路を離れ、草むす道を直進して右の樹木に埋もれそうな廃屋の前へ出る。ここからは植林の杣道を登る。三つ目の木橋で10m程の滝に出合い、架線場跡を左にして木橋を四つ渡るが、腐りかけの橋もあるので注意して行こう。

　左下に清流をながめて行けば、七つ目の木橋の先に作業小屋が現れる。その先、標識がある分岐を左へ下り、小沢に架かる梯子木橋を渡ると、落ち葉散り敷く自然林の道に変わる。道が不明瞭になるが、まっすぐ尾根を登れば、左に火の用心の標識がある。ここで左の尾根を乗越し、山腹のしっかり踏まれた道を**鉄塔尾根**まで行く。尾根に出ると、東側が大きく切り払われパッと視界が開ける。

　目指す扇形山から大天井岳、

鉄塔尾根へ出たら目指す扇形山は、すぐ先だ

簡易舗装の道から小南峠・小天井岳が見える

　柏原山、四寸岩山などの山並みを眺め終えたら、尾根を右へ進み、鉄塔下広場から植林境界尾根を登る。朽木や倒木が邪魔する部分もあるが、歩きやすい道である。扇形山への道標が残る中だるみで、右から踏み跡が出合い、しばし急登すれば**扇形山の頂き**に登り着く。杉木立に囲まれた静かな山頂には、二等三角点と丸太の腰掛がある。

　山頂から東、小南峠へ弘法大師の道が続いていて、少し下った鉄塔下から金剛山、葛城山などの展望が得られる。帰路は往路を忠実に下ればよい。

（写真・文／小島誠孝）

弘法大師の道が通る山頂

歩行時間：3時間35分
コースタイム
黒滝小学校（40分）萱小屋跡分岐（55分）鉄塔（40分）扇形山（20分）鉄塔（30分）萱小屋跡分岐（30分）黒滝小学校
アクセス
近鉄吉野線下市口駅（奈良交通バス39分）黒滝案内センターバス停（タクシー要予約）黒滝村小学校
マイカー情報
大阪方面からは阪神高速から南阪奈道路を橿原市へ。R169を大淀経由、下市口からR309を南下して黒滝案内センターから黒滝村役場。

アドバイス
コース中に危険箇所はないが、沢に架けられた木橋には朽ちたものもある。安易に乗らないよう注意しよう。小南峠から洞川温泉方面へ縦走する場合、鞍部の祠から続く道は不明瞭。少し、遠回りになるが林道を降りた方が良いだろう。バスの便数は少なく、ダイヤの変更も多い。出かける前に必ず確認したい。
地形図：1/25000「中戸」「洞川」
登山適期：通年
連絡先：黒滝村役場☎0747・62・2031、黒滝ふれあいバス☎0747・62・2031、奈良交通本社☎0742・20・3150

52 扇形山　121

猿楽発祥の山から梅林を楽しむ峠歩き

㊳ 栃原岳 とちはらだけ ・531m

「吉野三山」のひとつに数えられる栃原岳は銀峰山(ぎんぷざん)、櫃ヶ岳(ひつぎがたけ)と並ぶ大峰前衛の山として古くから登山愛好家に知られている。山頂には猿楽発祥の地と伝えられる波比売(はひめ)神社があり、梅の名所、広橋峠へも道が通じるため人気のハイキングコースとなっている。

近鉄吉野線下市口(しもいちぐち)駅からは、旧上栃原バス停の前までタクシーで行く。ここが栃原岳への登山口となる。鳥居をくぐり、緩やかに登る舗装路を行けば、梅林を左右にみて間もなく、左に大きな椎ノ木と祠が現れる。山頂との中間点である。

やがて、杉林をはずれると視界が開け、コヒガンザクラの向こうに金剛山と五條の街が眺められる。NTT鉄塔の先に展望台があり、その上が**栃原岳山頂の波比売神社**である。梅の咲く頃なら展望台から、まだ雪を頂く大峰山脈や奥高野の山々、五條方面の町並み、和泉葛城山などが眺望される。見飽きぬ展望は名残惜しいが、神社に詣でたら来た道を**旧上栃原バス停**までもどろう。

上栃原から東へ舗装路を進み、**樺の木峠**から祠を右にして山道へ入る。民家を左に見送り、山腹から竜門岳や高見山を眺め、杉林を通りぬけると梅林へ入り民家の前へ出る。南画に描かれた桃源郷のような梨子堂(なしんどう)の山村風景を眺める道は、山腹を絡んで**梨子堂**の十字路へ出る。30mほど直進し、二分する道を右へ登ると、やがて道は平坦になり**椎原峠(しいはら)の林道分岐**に着く。

道標から右へ行き天誅組(てんちゅうぐみ)の案内板を左にすれば広場に建物がある。ここで林道を離れ左の山道へ入る。山腹を絡み、案内板と「右山上・左下市」と記された三角形の石標が残る鞍部から沢へ下る。小沢の丸木橋を二つ通ると石仏を左右にし、三つ目の丸木橋を渡れば広橋梅林に入る。

梅林を過ぎ、墓地を右にして竹林の農道へ出る。天主の森分岐を見送り、簡易トイレがある季節店の前を直進すれば茶店のある**広橋峠展望台**に着く。金剛・葛

栃原岳展望台からは五条方面が一望できる

広橋峠から下りてきた梅林を振り返る

城、高取山などの景色を眺めたら、旧広橋小学校と法泉寺(ほうせんじ)を右にしてバス道を20mほど下った左から散策路へ入る。

梅林の中、右上に立派なトイレを見て先へ進めば休憩所の先で階段道を下り、谷間の橋を渡って桟橋状の遊歩道を通る。更に鉄の階段を上がって左へ行けば舗装林道に出合い、乳屋辻(ちちやつじ)バス停に出る。バス停からバス道を横断し、林道を下れば下市温泉がある**奈良交通岩森バス停**である。　　（写真・文／逢坂幸子）

梅の花の下は憩うに最適

歩行時間：2時間50分
コースタイム
上栃原旧バス停（25分）栃原岳（20分）上栃原旧バス停（5分）樺ノ木峠（30分）梨子堂（30分）椎原峠林道分岐（30分）広橋峠（35分）奈良交通岩森バス停

アクセス
往路：近鉄吉野線下市口駅（タクシー15分1600円）上栃原
復路：岩森バス停（奈良交通バス15分310円）近鉄吉野線下市口駅

マイカー情報
南阪奈道路を橿原神宮へR169を大淀から下市経由R309を広橋峠。峠には無料駐車場（20台駐車）がある。

アドバイス
樺ノ木峠以外の場所には道標が完備し、危険箇所もない散策路だが、梨子堂集落の道、広橋集落の道は複雑に分岐している。道標の見落としに注意しよう。岩森には日帰り入浴ができる秋津温泉明水館がある。広橋峠の散策路では特産品の梅製品や野菜などお土産用に販売している。
地形図：1/25000　「吉野山」「中戸」
登山適期：3月中旬～5月中旬（梅・コヒガンザクラは3月20日～3月下旬、アミガサユリは3月下旬～4月中旬）
連絡先：奈良交通☎0742・20・3100、下市町役場☎0747・52・0001、秋津温泉明水館☎0747・52・2619

53 栃原岳　123

大峰前衛の好展望の山頂へ

㊴ 櫃ヶ岳
ひつがたけ ・781 m

栃ヶ山
とちがやま △809.1 m

　西吉野の一角に位置する櫃ヶ岳と栃ヶ山は1000mに満たない大峰前衛の山であるが、伐採されたこともあり、大峰北部の山々を一望する好展望の山頂を有している。この風変わりな山名の山を訪れるには、近鉄吉野線大和上市駅から奈良交通バスを利用する。

　路線バスは近年開通した広橋トンネルを通らず、昔ながらの道を峠越えして、丹生神社手前の**長谷バス停**へと運んでくれる。春ならバス停付近は、清廉な丹生川の流れに爛漫と咲く桜が美しいだろう。

　バス停から10mほど戻って、十日市道の橋を渡ったら、すぐ左折、下手垣内の集落へ向かう。ふれあい会館、**八幡神社**を左にみて、町道分岐を左に行けば、みごとなシダレザクラの古木がある、古風な屋敷と玉泉寺の間を通って山畑の道へ出る。

　目指す櫃ヶ岳や金剛山・葛城山を眺め、分岐を左にとれば、最奥の民家の前を通って植林帯の山道に転じ、**654m峰**の右山腹を斜上して平坦な尾根道に出合う。尾根道を右折、直進すると道はやがて林道となって、左が植林、右側が雑木林に変わる。再び植林となり6〜7分進むと左からの林道と出合う。この**林道合流点**から左上への踏み跡を10分も登れば**栃ヶ山**に着く。山頂は狭いが切り払われ、大峰北部を眺めることができる。

　山頂からは来た道をもどり、西へ延びる林道を先へ進み、櫃ヶ岳を目指す。広い林道は緩やかにカーブして登り、杉や檜に囲まれ静寂が支配する山頂部へ向かう。**櫃ヶ岳分岐**を左に選べば鳥居の前に出る。附近は平地で吉銅魔王権現が古木の所に祀られている。鳥居から、まっすぐ登って行けば社の前に出る。社の裏側から祠のある高みへ上がれば**櫃ヶ岳**の頂きである。

　伐採跡から大峰山脈を一望したら、山頂を辞し、そのまま西へ尾根の踏み跡を拾って、まっすぐ進む。尾根をどんどん下り、小さな鞍部から少し登り返して623m

津越から見る櫃ヶ岳

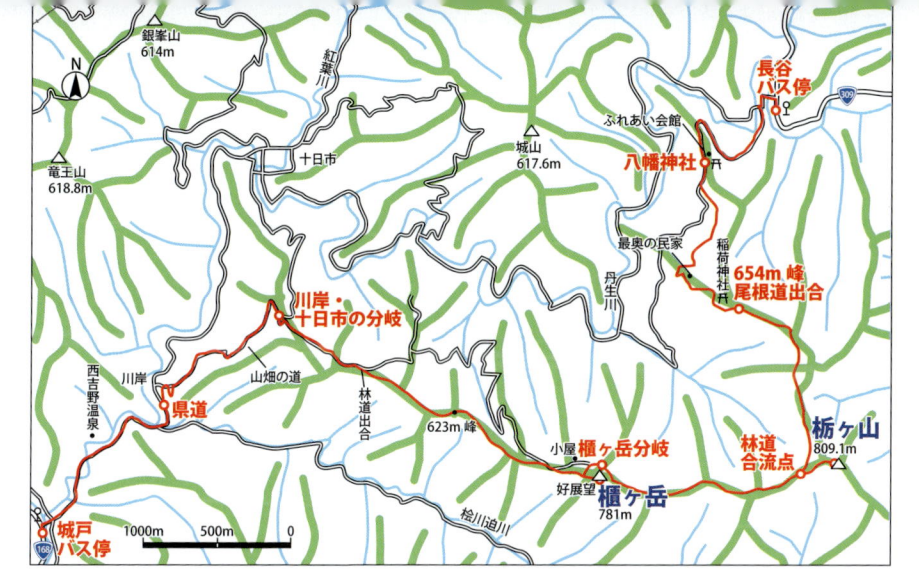

峰へ出る。緩やかになった尾根が平坦になったら、やがて林道に出る。

そのまま西へ進み、地蔵石仏の祠が残る**川岸・十日市の分岐**まで行き左折、川岸を目指す。標高270m辺りまで下ったら道が大きく右にカーブし、丹生川と人家を眼下にする。この先で正林寺の手前から左の山畑の道を伝って、桧川迫川と丹生川の出合う県道へ下る。**県道**をそのまま南へ行けば、西吉野温泉を経て、奈良**交通城戸バス停**まで15分ほどである。

櫃ヶ岳山頂から大峰の山々を望む

（写真・文／宮本明夫）

歩行時間：3時間50分
コースタイム
長谷バス停（30分）八幡神社（35分）654m峰尾根道出合（30分）林道合流点（栃ヶ山往復15分）林道合流点（20分）櫃ヶ岳分岐（10分）櫃ヶ岳（45分）川岸・十日市の分岐（30分）県道（15分）城戸バス停
アクセス
往路：近鉄吉野線下市口駅から奈良交通バス洞川温泉行長谷バス停で下車
復路：奈良交通バス城戸バス停で乗車、JR和歌山線五条駅で下車
マイカー情報
京阪神方面からはR169を広橋トンネル経由、長谷バス停へ。十日市道の橋を渡り左折、下手垣内の集落のふれあい会館前駐車場（無料）。
アドバイス
公共交通機関利用の場合、奈良交通バスの便が減少しているので、必ずダイヤの確認を。623m峰付近から林道へ出るまで、踏跡が一部錯綜する。GPS或いは地図と磁石で確認したい。
地形図：1/25000　「中戸」
登山適期：通年
連絡先：五條市役所西吉野支所☎0747・33・0301、西吉野温泉きすみ館☎0747・33・0194、奈良交通☎0742・20・3150、西吉野タクシー☎0747・33・0336

頂上に神社をいただく吉野三山の名峰

㊿ 銀峯山 ぎんぷざん ・614m

　古来、吉野と呼ばれた地域は現在の五條市西吉野町から吉野郡下市町にかけての地域を指し、この地にある3つの山、「栃原岳、銀峯山、櫃ヶ岳」を吉野三山と呼んでいる。これらの山々は神奈備山といわれ、神が宿る山という意味があるという。また、「栃原岳、銀峯山、櫃ヶ岳」は、別名「金岳、銀岳、銅岳」とも呼ばれている。

　登山の起点は山麓の十日市で、下市町から栃原経由で来た県道20号線と長谷から丹生川沿いに来た県道138号線が交わる地点にある。近年、下市町から十日市へのバス路線が廃止されたため、バス利用の場合はJR和歌山線五条駅からの奈良交通バスしかなく、**城戸バス停**から十日市までは徒歩4kmの道程となる。

　登山口の**十日市交差点**からは長谷から来た県道138号線を行く。この道は銀峯山の山腹を巻き登り、銀峯山の頂きへと続き、更に尾根を越えて五條へと通じている。コースは林道歩きに終始する。左に丹生川の流れを見て登り行けば、柿畑の先に正覚寺が立派な姿を現わす。更に大きくカーブした道が平坦になると、やがて十日町コミュニティセンターからの道が右から出合い、その先の分岐に**木製道標**が立っている。矢型の二段の道標に銀峯山と書かれ、上に延びる林道を示している。この位置から左上に道があり、山頂手前にある駐車場へと通じている。

　道は鬱蒼とした杉林を抜け、山畑へ出て、人家を右にすると分岐する。右の道を選び傾斜の増した坂を登れば、やがて左に視界が開け、櫃ヶ岳や柚野山を目近に、遠く大峰の山々も一望される。展望に癒され、ひと登りすれば朱塗りの**大鳥居が立つ駐車場**に出る。駐車場から西の方を眺めると、柿畑の向こうに賀名生梅林が見渡せる。

　大鳥居をくぐり、急な坂道を行けば、**波宝神社**の広い境内に入り、本殿前の**銀峯山山頂**に着く。

円光寺の境内から竜王山・銀峯山を眺める

銀峯山山頂にある波宝神社

この神社は古田荘12ケ村の氏神で、明治初年まであった神宮寺には神功皇后の念持仏とされる新羅産(しらぎ)の黄金仏が祀られていたという。毎年9月の第2日曜日には、西吉野の最大の秋祭り「岳まつり」で賑わい、荒神輿が繰り出すことで有名である。

神社を辞したら大鳥居を経て、竜王山をピストンするのも良いだろうが、ここは来た道を道標のある分岐まで戻り、十日町コミュニティセンターへの道を登山口の十日市交差点へ下ろう。交差点を右折したら来た道を**城戸バス停**へもどる。

(写真・文／宮本 明夫)

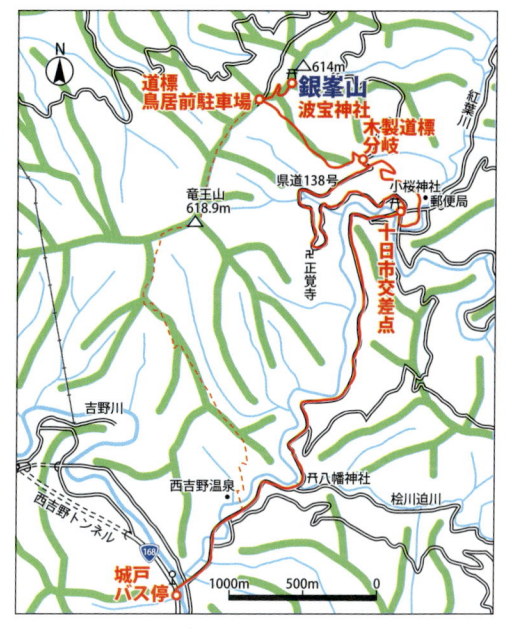

波宝神社の鳥居近くは梅林が綺麗だ

歩行時間：5時間35分
コースタイム
奈良交通城戸バス停（1時間）十日市交差点（1時間）木製道標分岐（1時間）鳥居前駐車場（10分）波宝神社・銀峯山山頂（5分）鳥居前駐車場（40分）木製道標分岐（40分）十日市交差点（1時間）城戸バス停
アクセス
近鉄大阪線大和八木駅、又はJR和歌山線五条駅から奈良交通バス十津川行、又は新宮行で城戸下車
マイカー情報
南阪奈道路を橿原神宮へR169に入り、大淀で右折、R370下市で左折、千石橋を渡って右折、車谷町で左折、堺峠トンネルを抜け、樺ノ木峠からR20を西吉野コミュニティセンター交差点で右折、R138を平沼田で左折、銀峯山波宝神社鳥居前の駐車場へ。
アドバイス
バスは便数が少なく、ダイヤ改訂も多い。出かける前には必ず確認しよう。
地形図：1/25000 「富貴」
登山適期：通年
連絡先：西吉野村産業課☎0747・33・0301、村営西吉野温泉☎0747・33・0194（駐車場あり。休館日は金曜日、営業時間は10:00〜18:00）

55 銀峯山

フクジュソウ咲く山里から古刹を訪ねる

(56) 柚野山 ゆずのやま △849.7 m

奈良県の天然記念物に指定されたフクジュソウの生育地、津越(つこし)の稱名寺(しょうみょうじ)から南東に尾根を辿ると柚野山がある。かつてはクヌギ、コナラなどの豊かな自然林だった。いかにも里山らしい名前の山を訪ねてみよう。

津越のフクジュソウ

柚野山へは**JR和歌山線五条駅**から奈良交通バスで**城戸(じょうど)**下車。桧川迫川の渓流沿いに行くのも良いが、帰りの時間を考えれば**タクシーで稱名寺**まで行くのが良いだろう。

季節が三月上旬なら稱名寺山門付近はロウバイ、ハナモモが咲き、寺の北面はフクジュソウが一面に咲き香る頃だ。フクジュソウ散策コースを覗き、寺に詣でたら、山門の前を北へ登り、舗装の途切れたところから急な山畑の道に入るが、ここは私有地である。持ち主に事前了解を得ておこう。

樹林帯の入口から櫃ヶ岳方面を振り返る

山畑の道は、すぐに**電気柵**に突き当たる。入口・出口の開閉を確認し、植林の道を行けば左右に小さな墓地をみて、支尾根へ出る。やがてモノレール沿いの道を離れると鳥居が現れ**八坂(やさか)神社**に着く。小さい境内に立派な祠が祀られている。

祠の右側から先へ進むと、すぐに**林道**に出合う。林道を左へ進めば、全国植樹祭記念の木柱を左にして、下りに転じ、やがてコナラ、クヌギの自然林になり、木の間越しに櫃ヶ岳(ひつがたけ)や栃ヶ山(とちがやま)が垣間見られると、間もなく**林道が津越方面へ下る分岐**に出る。林道を左へ10mほど行った右側、杉林の中から尾根右側を水平に行く山道へ入る。山道の分岐を左へ登れば尾根に出る。しばらくブッシュ気味だが、やがて左山腹を斜上、柚野山北尾根の鞍部へ出る。鞍部から右へ行けば赤い境界杭が山頂へと導いてくれる。**柚野山**には山名板と三等三角点が残るだけだ。

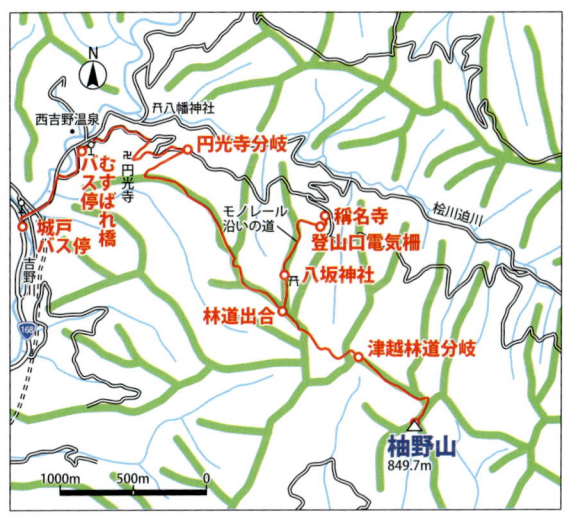

柚野山の頂きは樹木に囲まれている

　西吉野村の最高峰を辞し、来た道を**林道出合**（稱名寺への分岐）までもどり、林道をそのまま辿ればT字路に出る。右折して平坦になった道を進めば、**円光寺方面の道標**がある道に合する。左折して八幡神社への分岐を見送り、直進すると左に案内板がある**円光寺分岐**に出る。後醍醐天皇勅願所と伝えられる古刹で、左の坂を登って立ち寄ろう。本堂の西へ出ると城戸、川岸の町を眼下にし、竜王山・銀峰山（ぎんぷざん）を正面に展望できる。

　古刹の景観に満足したら来た道を分岐へもどり、城戸へ下ろう。山間の眺めを楽しみながら行けば、丹生川（にう）近くの**むすばれ橋バス停**に下り着く。県道をそのまま南へ行けば、西吉野温泉を経て、**城戸バス停**まで10分ほどである。

（写真・文／小島誠孝）

歩行時間：3時間20分
コースタイム
奈良交通城戸バス停（タクシー10分）稱名寺（5分）登山口電気柵（20分）八坂神社（10分）林道出合（20分）津越林道分岐（25分）柚野山（25分）林道出合（45分）円光寺分岐（円光寺往復15分）（15分）むすばれ橋バス停（10分）城戸バス停
アクセス
近鉄大阪線大和八木駅、またはJR和歌山線五条駅から奈良交通バス十津川行、又は新宮行で城戸下車。
マイカー情報
京阪神方面からはR168を城戸で左折、津越の稱名寺を目指す。村道途中、円光寺方面分岐付近のスペースに駐車場（3〜4台）。
アドバイス
公共交通機関利用の場合、奈良交通バスの便が減少しているので、必ず出かける前にダイヤを確認しておきたい。コースの大半は林道歩きだが、人影薄い秋から春先の平日なら静かな山歩きが楽しめる。私有地でもあり、無用のトラブルを避ける意味で、事前に入山許可を得ておきたい。
地形図：1/25000　「中戸」
登山適期：通年
連絡先：五條市役所西吉野支所☎0747・33・0301、西吉野温泉きすみ館☎0747・33・0194、奈良交通☎0742・20・3150、西吉野タクシー☎0747・33・0336

㊗ 天辻峠に対峙する二つの里山

大日山
だいにちやま　△ 897.3 m

乗鞍岳
のりくらだけ　△ 993.5 m

　大日山と乗鞍岳、何れも1000mにも満たない里山であるが、登山口となる天辻峠は幕末に維新の先がけといわれる**天誅組が本陣を構えた場所**で、歴史に興味がある者なら一度は訪れたい場所だろう。

　登山口となる**天辻峠**は口吉野と奥吉野の境にあって、西へ約500m行けば大日山、北東へ1.5kmほど行けば乗鞍岳に登ることができる。

　この二つの山へは**星のくにバス停**で下車。国道168号線を挟み西側に道の駅吉野路大塔を見て、大塔村郷土館の前を通り、「天誅組本陣遺跡」の大きな看板がある舗装された旧道の急坂を上って行く。左右に現れる人家を抜けると右に「天誅組本陣跡」の案内板が立っている。右斜めに100mほど行くと**旧天辻小学校跡に本陣跡**の石碑と土豪鶴屋治兵衛の石碑が並び立っている。立ち寄って行くのも良いだろう。

　更に登って行くと新天辻トンネルの丁度、上辺りで道が平坦になって右へ曲がる。ここが**天辻峠**で**富貴辻**とも呼ばれ、江戸幕末の頃、天川・富貴・五條方面からの物資の集散地として栄えたようだ。左に壊れた小さな小屋があり、その右下に道標がある。ここが大日山の登山口だ。

　ガードレールの奥に目印があり、山道になる。ほどなく**NTTの無線中継所**の白い建物が見え、振り返ると乗鞍岳の山容が木の間越しに見える。建物を迂回し、アカマツ、ヒメシャラ、コナラなどが混じる自然林の尾根南面を斜上するように登ると尾根へ出る。右側に壊れかかったトイレと物置を見送り、階段を登ってお堂が建つ裏から、ひと登りすると**大日山**の頂きに着く。山頂は樹木に囲まれ展望はなく、三等三角点と山名板が残るだけだ。

　頂きを辞したら再び**天辻峠**へ戻る。天辻峠からそのまま舗装林道を直進。右に大塔村簾への分岐を見送り、更に先へ行くと視界が開け、金剛山を望む左側道路脇に**乗鞍岳への標識**がある。標識は小さく注意しないと見逃す恐れがある。

　登山道に入り、尾根の北側をトラバース気味に進み尾根へ出る。尾根を登って

大日山登山口の「弘法大師の道」道標と富貴辻の案内板

大日山から疎林の道を下る

天辻峠から大日山の山容を望む

行くと**コブ**の上で**道が二分**する。左の道に乗鞍岳へあと10～15分の標識がある。小さなコブを過ぎると**乗鞍岳**二等三角点がある頂きに着く。ここも杉植林に閉ざされ展望は望めない。山名の由来は、馬の背に似て小さい起伏があるからという。頂きを辞したら、来た道を**星のくにバス停**へ戻るだけである。

（写真・文／柏原通昌）

歩行時間：4時間50分
コースタイム
奈良交通星のくにバス停（20分）天誅組本陣跡（25分）天辻峠（15分）NTT無線中継所（15分）大日山（25分）天辻峠（1時間）乗鞍岳登山口（15分）コブの分岐（10分）乗鞍岳（20分）乗鞍岳登山口（50分）天辻峠（20分）天誅組本陣跡（15分）星のくにバス停
アクセス
近鉄大阪線大和八木駅、またはJR和歌山線五条駅から奈良交通バス十津川行、または新宮行で天辻バス停または星のくにバス停下車。
マイカー情報
大阪方面からは西名阪道路香芝ICからR168大和高田市長尾からR166経由R24へ。北宇智の手前で右折、京奈和道路（無料）五條北ICへ入り、五條ICで降りて、再びR168を天辻峠へ。天辻峠に3～4台の駐車スペースがある。
アドバイス
ここに紹介する二つの山は何れも危険箇所などは無く、中高年ハイカーやファミリー向き。道の駅には星のくにが併設され、天然温泉がある（但し、営業は土日祝のみ）。近鉄八木駅からバス利用での日帰り登山も可能な数少ないコースである（但し、便数が少ないので注意したい）。
地形図：1/25000　「富貴」「中戸」
登山適期：通年
連絡先：五條市役所☎0747・22・4001

⑱ 天狗倉山　高城山　武士ヶ峯

大峰北部の大パノラマが開ける

てんぐくらやま・1061 m　たかぎやま △1111.2 m　ぶしがみね・1014 m

　大峰山脈の西に位置する前衛の山、武士ヶ峯、高城山、天狗倉山の三山は標高1000mを少し越した地味な山である。しかし、天狗倉山付近から望む大峰の山々の雄姿は訪れた者に感動を与えてくれる。

　登山口となる奈良交通沢原バス停周辺に道標の類はない。バス道を南へ進み、最初に右へ分岐する道、五色谷林道に入る。御稚児橋を渡って右岸を行く道は緩い勾配で続き、白石谷出合の橋を渡る647m付近で二分する。更に五色本谷沿いに行くと、右俣・左俣の分岐に出る。左俣を選び浅くなった谷を左にみて行けば木材集積場を兼ねた林道終点に着く。

　更に先へ作業道がつづら折りになって、広大な伐採跡の山肌に続いている。この作業道を辿り、天川村と西吉野村の境界でもある稜線を目指す。車は上がれるのだろうか? と思うほどの急坂である。道が山腹から尾根へ出ると東側が皆伐され、稲村ヶ岳をはじめ、弥山方面まで大展望を堪能できる。西を眺めると今は踏み跡も定かでない捻草峠がすぐそこに見え、目を転じれば黒い針葉樹林の天狗倉山も望まれ、作業道が稜線直下で平坦になって天狗倉山を巻いているのがわかる。

　稜線直下で作業道を離れ右の赤テープから山道に入る。稜線を通っている道を登れば山頂へと通じている。天狗倉山の頂きには山名板と「弘法大師の道」の道標が残るだけで樹木に囲まれ展望はない。

　登ってきた林道を遥か下に見て、木の間に大峰山脈の姿を見納めたら稜線を南へ進み、高城山を目指す。山頂からは踏み跡が明瞭になってタカノ巣山の西側を巻き、九尾谷上流、池ノ谷からの道を左から迎え、狼越の鞍部に出る。緩やかな起伏を三つ越えると二等三角点と山名板がある高城山の山頂に至る。残念ながらここも展望は得られない。

　高城山から更に南へ延びる尾根は杉木立が展望を遮り、森林歩きとなる。前方が明るく開けると西ノ谷林道が中庵住から西吉野へと横断する武士ヶ峯との鞍

天狗倉山から稲村ヶ岳

部に着く。武士ヶ峯の登山口は、峠の西側へ3〜40mほどのところ（西吉野側）にあり、左斜面に赤テープの目印がある。尾根へ出て、右にフェンスが続く植林境界尾根を登れば、難なく**武士ヶ峯山頂**に達し、北峰・南峰を踏む。展望は北峰の北西、木の間越しにとどまる。

帰路は来た道を**鞍部**まで戻り、西ノ谷林道を東へ下って、**天川村庵住**へ行く。長い西ノ谷林道から国道168号線に出る。道を左にとれば、すぐに西ノ谷ふれあいの森キャンプ場前にある**天川西ノ谷口バス停**に着く。

（写真・文／宮本明夫）

歩行時間：6時間
コースタイム
奈良交通沢原バス停（55分）林道終点（45分）作業道別れ（15分）天狗倉山山頂（1時間10分）高城山（50分）武士ヶ峯鞍部（15分）武士ヶ峯（南峰往復10分）（10分）武士ヶ峯鞍部（1時間30分）奈良交通天川西ノ谷口バス停

アクセス
公共交通機関利用の場合、バスの便数が少ないため日帰り登山は困難。
往路：近鉄吉野線下市口駅（奈良交通バス59分）沢原バス停
復路：天川西ノ谷口バス停（奈良交通バス1時間29分）近鉄下市口駅

マイカー情報
大阪方面から南阪奈道を橿原市で降りてR169を大淀へ。R370に入り下市で左折、千石橋を渡りR309を天川川合の交差点で右折、五色谷林道終点へ（付近に3〜4台の駐車スペース）。

アドバイス
紹介コースは天川川合、または中庵住に前泊し、早朝出発すれば最終バスに乗車できる。危険箇所などは無いがアプローチが長く、途中のエスケープルートも無い。五色谷林道終点から作業道を使っての入山は2014年5月5日現在、山主の許可が必要。

地形図：1/25000 「南日裏」
登山適期：4月上旬〜12月上旬
連絡先：奈良交通吉野営業所☎0747・52・4101、天川村総合案内所☎0747・63・0999、天川タクシー☎0747・63・0015、大峯タクシー☎0747・64・0157

山容が美しい大峰支脈の隠れ名山

(59) 唐笠山　行者山

とがさやま　△1118.2 m　　ぎょうじゃやま　約1025 m

天誅組本陣跡が残る天辻峠から眺める唐笠山・行者山の姿は実に美しい山容で聳え、一度は登ってみたくなる。かつては不遇の山であったが、高野辻に展望台ができてから、人影も見られるようになった。

奈良交通大塔支所前バス停から役場の前を通って、宮谷川沿いに進むと「世界遺産」の看板の横に龍神の水場がある。ここから左へ上る道を行けば殿野集落に入る。蛇行する舗装路をショートカットして西教寺から最奥の民家の前まで行く。舗装路は地道に変わるが、そのまま林道を直進、左に分岐する林道を見送れば、林道終点の**簡易水源施設**の前へ出る。

登山口となる施設前の青い鉄小橋を渡ると転石の多い歩きにくい山道となり、細々と続いている。固定ロープの急坂を過ぎると、自然林に変わり視界が開けて**第1鉄塔**の台地に出る。振り返れば、対岸の尾根に白六山が黒く影を落としている。

鉄塔の下から、すぐ上を左の尾根へ向かい、自然林の山腹を水平に進む。少し足元の悪い小沢を3つ横切ると第2鉄塔の下へ出る。東に開ける眺望を後に、つづら折りの尾根道をひと登りして、小尾根を乗り越すと**高野辻方面からの縦走路に出合う**。

道を左へ進めば伐採跡地へ出る。東南に展望が開け、大峰山脈が一望される。伐採跡地の手前にある巡視路標識で道は左右に分岐するが、いずれも唐笠山鞍部へ出る。鞍部で南側山腹を絡む

天辻峠から眺める唐笠山と行者山

行者山と唐笠山の尾根は自然林でほっとする

巡視路を見送り、尾根を直上して**唐笠山**の頂きへ出る。残念ながら眺望は得られない。

山頂を辞したら尾根を西へ進む。木の間に行者山と高野の山並みを見て、唐笠山西側鞍部へ下れば踏み跡が三分する。左は関電巡視路、正面は尾根道、右は杣道である。正面の尾根道を選び、まっすぐ1062m峰を越えれば、秋には降り積もった落ち葉の中、美しい尾根歩きが3つ目のコブまで続く。ここから北面を巻くように行き、露岩の尾根を登れば中継アンテナの立つ**行者山**に着く。ここも展望はない、鉄塔の横を下ると左に役行者祠跡への枝道がある。興味があれば立ち寄るがいい。

二つ目の鉄塔で分岐する道は左を選ぶ。更に下って行けば761mの台地状で再び道が分岐する。直進してもよいが、左を選び100mほど先で直進する道と別れ、右下へ山腹を下る。廃屋の裏から旧街道に出合ったら右の小代集落へ向かう。幾つかの屋敷跡を左にして村道に出合ったら、舗装路が左に急カーブするところで右の枝道へ入り、墓地を抜けて急坂を下に見える**坂本バス停**目指して行けばよい。

(写真・文／小島誠孝)

歩行時間：4時間20分
コースタイム
奈良交通大塔支所前バス停(1時間)簡易水道施設(30分)第1鉄塔(40分)稜線出合(30分)唐笠山(50分)行者山(50分)奈良交通坂本バス停
アクセス
近鉄大阪線大和八木駅(奈良交通バス2時間11分)坂本。公共交通機関利用の場合、京阪神からは1泊2日行程になる。
マイカー情報
大阪方面からは西名阪道を柏原ICで降りてR165経由で山麓道を南下、R42に入り北宇智から京奈和道路に乗り、五條で降りてR168を坂本へ。坂本トンネルを出口で右折、村道を小代集落の集会所前、または村道終点付近の駐車スペースへ。殿野では西教寺付近、および林道分岐付近に1〜2台の駐車スペース。
アドバイス
唐笠山西側鞍部で踏み跡が三分するが、右の杣道は途中で2ヶ所、山ヌケがあり、危険。冬季は稜線を忠実に行くのが無難。付近には日本一といわれる谷瀬の吊り橋や日帰り温泉夢乃湯があるほか、殿野の民宿「とのの兵衛」がある。
地形図：1/25000 「猿谷貯水池」
登山適期：11月上旬〜翌年5月初旬(5月上旬〜10月下旬を除く)
連絡先：五條市大塔支所☎0747・36・0311、奈良交通☎0742・20・3100、民宿とのの兵衛☎07473・6・0336

⑥⓪ 新雪の大峰山脈を望む山頂

天和山 てんなさん △1284.8 m　　滝山 たきやま △1140.5 m

　天和山・滝山といえば大峰山脈前衛の山で、大峰山脈を展望する山であるが、厳冬期が登山適期であることを知る者は少ない。コースも選び方によって坪ノ内、あるいは庵住へとラウンドできるほか、高野辻からも縦走可能という、ちょっとした藪山オタク好みの山である。

　登山口となる**奈良交通和田バス停**からは、**和田発電所**への橋を渡り、右の作業道へ入る。人工林のシグザグ道が傾斜を増し、3つ目の鉄塔まで来ると部分的に視界が得られるようになる。振り返れば高城山、武士ヶ峯、天狗倉山などが眺められ、一息つける。道は、その先で山腹を絡む旧道と尾根を直登する新道の分岐に出る。ここは歩きよい右を選び、急坂ではあるが展望の良い直登コースを行こう。

　植林境界の道は右に白六山、唐笠山、その下に庵住の集落を眺め、真っ直ぐ上の第4鉄塔へ向かう。天気が良ければ左に霧氷をまとった天和山の輝く姿を眺めることができる。もうひと頑張りすれば**1183m峰**に登り着く。ここからは水平になった稜線の道を左へ進む。左に物置小屋を見て、第5鉄塔を過ぎれば左から旧道と出合い、**川瀬峠**に着く。

　峠をそのまま尾根沿いに直進して小さなコブを3つ踏み越えれば、白銀に輝く弥山・八経ヶ岳から釈迦ヶ岳に至る山並みを望むコブにでる。ここから狭い鞍部へ降りて登り返せば**天和山**の頂きに着く。山頂から少し東に下れば展望が開け、稲村ヶ岳・大日山の雄姿も眺められる。

　来た道を戻り、**1183m峰**を踏み越え、その先の鞍部へ下る。更に登り返してコブ上に出たら、西側、皆伐された尾根の先に滝山を見定め、尾根上の植林境界線のネット沿いに下って行く。樹林の鞍部に出たら、急な露岩のやせ尾根を一気に登り返して**滝山**の頂きに立つ。振り返れば、ほぼ360度遮るものない大展望が展開する。唐笠山を目近に大峰前衛の山々、

滝山と奥高野の山々

天和山付近からは稲村ヶ岳が良く見える

さっき登った天和山、弥山から釈迦ヶ岳への山々など見飽きない。

山頂を辞して西側斜面の作業道を一直線に下る。モノレールに出合ったら、これに沿って進み、モノレールの分岐点で左の線路を選ぶ。モノレールが途切れたところで、その左の杣道を行けば、奈良県知事植樹祭記念碑の前へ出る。記念碑からは山腹を水平に絡む杣道を右側へ進めば、作業道に出合う。

歩きやすくなった尾根道は692.7mピークを経て、傾斜の緩んだ尾根末端の近くで左折し、庵住集落の民家裏へ出る。民家の軒先を通って、国道に出たら右へ行く。橋を渡れば、後は**和田バス停**へもどるだけだ。

滝山から眺める唐笠山

（写真・文／藤原節子）

歩行時間：6時間30分
コースタイム
和田発電所（1時間45分）1183m峰（10分）川瀬峠（40分）天和山（30分）川瀬峠（1時間10分）滝山（1時間30分）庵住（45分）和田バス停
アクセス
近鉄吉野線下市口駅（奈良交通バス1時間25分1360円）天川和田
マイカー情報
大阪方面からは西名阪道を柏原ICで降りてR165　大阪方面からの場合、南阪和道を橿原市で降りてR169を大淀へ。右折してR370に入り下市で左折、千石橋を渡りR309を天川川合へ出て右折、県道高野天川線を和田発電所へ。郵便局付近に駐車可。

アドバイス
コースタイムは天候・積雪状態、パーティの実力で大きく変わる。また、滝山からの下山路はGPS、または地図・磁石必携。滝山のモノレール分岐には右の方に赤テープが残るが、終点から和田発電所への杣道が不明瞭、加えて途中の丸木橋も朽ちているので、こちらへ下山する場合、要注意。山麓の坪ノ内には天の川温泉センターがある☎0747・63・0333。
地形図：1/25000　「南日裏」
登山適期：通年（特に4月中旬、新緑の頃と1～2月の積雪期、景観が良い）。
連絡先：天川村役所企画観光課☎0747・63・0321

霧氷が美しい積雪期入門の山

㉞ 四寸岩山　大天井岳　岩屋峰
しすんいわやま　△1235.6m　おおてんじょうがたけ　△1438.7m　いわやみね　・1334m

大天井岳の山頂

　大天井岳は大峰奥駈道逆峰コースで最初の難関として現れる山で、四寸岩山付近から眺めれば、三角錐の美しい山容を季節ごとに化粧直しして楽しませてくれる。特に厳冬期は四輪駆動車でも毛又谷林道上部、吉野・大峰林道の青根ヶ峰北西面で吹き溜まりの雪が邪魔をして入れなくなる。それ故、訪れる人も少なく、本格的な冬山登山の登竜門として最適な山になる。

　近鉄吉野線吉野駅からタクシーで**奥千本バス停**へと入る。鳥居をくぐり**金峯神社**境内から奥駈道へ入れば、行動時間10時間の長丁場が始まる。**青根ヶ峰**の横駈道を使って吉野大峰林道へ出る。**心見茶屋跡**まで行き道標から吉野古道へ入る。樹林の急坂は積雪の少ないときでも消耗させられる。尾根の傾斜が緩くなったら右からの黒滝道と出合い、ほどなく**四寸岩山**に着く。南から西に展望が開け、目指す大天井岳や山上ヶ岳が白銀の勇姿をみせる。

　四寸岩山を離れ、一気呵成に**足摺宿小屋**へ下り、余勢をかって**吉野大峰林道**を横断して**二蔵小屋**まで行く。小屋前の祠がある道標から右の尾根に上がり、大天井茶屋跡の祠まで来ればぐんと雪が多くなる。スノーシューを使いモノレール沿いの急坂を登り切れば**大天井岳**に着く。霧氷に囲まれた小さな広場状の山頂からは、北西の方向に金剛山・大和葛城山を望むにとどまるが、霧氷林が風をさえぎり、しばし憩うによい。

　山頂からは先行者のトレースが無い場合、吹き溜まりで膝ぐらいまで、もぐる事もある西尾根へ進み、岩屋峰へ向かう。下り調子の道は1328m峰付近で一旦傾斜を緩めて1300mのコブを踏み越え、ほぼ水平に尾根上を一直線に行く。小さく登り返すと**岩屋峰**に着く。視界を閉ざされた頂には「山想遊行」の古びた名札と

大天井岳から山上ヶ岳を望む

山名板が残るだけである。

　山頂からの広い尾根は、やや右に向かって下り、小さく登り返す。ここから一旦、南へ距離にして50mほど進めば尾根が左右に分かれる。ここは右側、真西へ延びる尾根を選んで急坂を下る。標高差50m下ったところで再び尾根は二分するが、左の尾根を行けば傾斜が緩み、尾根も顕著になる。やがて平坦になると**大原山**に建つ休憩所に着く。休憩所からは散策路をまっすぐ行き、雁鐘吊り橋を渡れば龍泉寺の境内に下り着く。**龍泉寺**からは**洞川温泉バス停**へ行けばよい。

（写真・文／小島誠孝）

歩行時間：6時間35分
コースタイム
奥千本口（30分）青根ヶ峰（40分）心見茶屋跡（1時間）四寸岩山（20分）足摺宿小屋（35分）吉野大峰林道・百丁茶屋口（15分）二蔵小屋（1時間20分）大天井岳（45分）岩屋峰（45分）大原山（25分）洞川温泉バス停
アクセス
往路：近鉄吉野線吉野駅（タクシー）奥千本口
復路：近鉄吉野線下市口駅（奈良交通バス1時間18分1250円）洞川温泉バス停
マイカー情報
大阪方面から南阪奈道を橿原市で降りてR169を大淀経由で吉野山奥千本バス停へ。吉野大峰林道を青根ヶ峰東側まで行く。駐車スペースあり（4〜5台）冬季はスタッドレス＋チエーン必携。積雪状態によっては変わるので注意。
アドバイス
コースタイムは積雪量や天候、パーティーの体力・技量で大きく異なってくる。紹介コースは大天井岳から先、岩屋峰から大原山休憩所まで道標は無い。地形もやや複雑、厳冬期に歩く場合、少なくとも一度は無雪期に歩いておきたい。山行に際しては経験者の同行が望ましい。岩屋峰から大原山まで、尾根が分岐するポイントでは必ずGPSか地図・磁石で方位を確認しよう。特に降雪、霧の場合は慎重な行動が肝要。
地形図：1/25000　「吉野山」「新子」「洞川」
登山適期：通年
連絡先：吉野町役場観光課☎0746・32・3081、天川村企画観光課☎0747・63・0321、洞川温泉観光協会☎0747・64・0333、奈良交通バス☎0742・20・3150

古道を辿ってブナ林の山へ

62 百合ヶ岳 ゆりがたけ、別名・大所山　△ 1346.0 m

　百合ヶ岳（大所山）は、五番関から古今宿跡へ向かう奥駈道の途中、鍋冠行者の祠の先から北に派生する支脈上にあり、『日本の山1000』にも掲載された静かな隠れ名山だったが、最近ではツアー登山で訪れる人も多いようである。

　奈良交通下多古バス停からは下多古谷沿いの道を行く。一汗かく頃、ヘリポートがある水汲場に着く。ひと息入れて更に傾斜の緩んだ林道を進み、弁天岩を右にすると、間もなく林道が下多古谷を渡る橋のところで、琵琶滝への山道と物置小屋の前に、**百合ヶ岳登山口**がある。

　小屋の前から山道へ入ったら分岐を右に選び、言い伝えで貴人の墓があったという台地を右に、小尾根を行く。やがて道は**モジケ谷左岸**へ向かい、上流の岩塊下から右岸へ移って、再び尾根を絡んで行く。勝負塚山を右の木立に垣間見て山腹を行けば、やがてカラ谷右俣の上流部を右岸へ渡る。水量の少ない**二段5mの斜瀑**を右にして、昼なお薄暗い人工林の中、急坂をジグザグに登って大岩の下で右折する。

　若木の植栽地を過ぎ、更に登りつめると、右手に突き出た展望岩が現れる。岩の上に立つと**白鬚岳**を間近にし、勝負塚山や山上ヶ岳が一望でき、このコース一番の展望が楽しめる。振り返れば百合ヶ岳の頂きが目前に迫る。展望岩を後にすれば程なく、尼ノエと百合ヶ岳の中間にある**1270m峰の西側鞍部**に着く。架線場の名残だろうか、錆びたウインチやワイヤーが放置されている。

　鞍部からは植林境界尾根を西へ向かう。高原側の美しい自然林をみてコブを一つ踏み越えると、ブナの林の中に三等三角点と山名板のある**百合ヶ岳**に着く。山頂の展

足摺小屋付近から百合ヶ岳

望は木の間越しに得られるだけだが、静寂のブナ林が訪れた者に一時の憩いを与えてくれる。

　山頂からは400m南へ行った**コブで尾根が二分**する。直進すればコブを三つ踏み越え、奥駈道へ出ることもできるが、ここは左の尾根を選ぶ。尾根は疎林を過ぎると、シャクナゲ茂る狭い露岩の尾根に転じ、崖を左に見る急坂となる。フイックスロープが設置され、以前に比べ、歩きやすくなってはいるが、踏み跡が一部錯綜している部分もあるので注意したい。

　傾斜が緩み林内に雑木が増えると、やがて**琵琶滝からの遊歩道**と合する。左へ下って登山口に着いたら、来た道を**下多古バス停**へ行けばいい。

(写真・文／藤原節子)

百合ヶ岳直下の展望岩頭に立つ

歩行時間：5時間2分
コースタイム
奈良交通下多古谷バス停（1時間10分）百合ヶ岳登山口（15分）モジケ谷岩塊（35分）カラ谷の滝（50分）1270m峰鞍部（20分）百合ヶ岳（7分）コブの尾根分岐（35分）琵琶滝道出合（10分）百合ヶ岳登山口（1時間）下多古谷バス停
アクセス
近鉄吉野線大和上市駅（奈良交通バス樫尾経由50分）下多古谷バス停（バスの便が少ないので事前の確認が必要）。
マイカー情報
大阪方面からは南阪和自動車道を橿原市で降り、R169を大淀経由、大台ヶ原・熊野方面へ進み、下多古谷で右折、谷沿いの道を下多古集落から登山口へ。百合ヶ岳登山口付近に数台の駐車スペースがある。
アドバイス
紹介コースは百合ヶ岳から琵琶滝道出合いまでの間、狭い尾根の急坂が連続する。踏み跡は薄く獣道が錯綜する。悪天候の登山は避けた方がよい。自信がない場合、山頂から来た道を忠実にもどる方がよい。この場合グレードは初級程度。
地形図：1/25000 「洞川」
登山適期：4月〜11月下旬
連絡先：奈良交通本社☎0742・20・3150、川上村役場産業課☎07465・2・0111、川上タクシー（上多古）☎07465・4・0141

大峰奥駈道支脈にある不遇の孤峰

(63) 勝負塚山 しょうぶづかやま △1245.9 m

上多古集落から西の方を見ると、梅林の向こうに山上ヶ岳が望まれ、すぐ右に天を突く鋭鋒が立つ、伝説を秘めた不遇の隠れ名山、勝負塚山である。この山は公共の交通機関を使う場合、前夜、柏木に泊まり、早朝出発、五番関経由で洞川温泉へ下山するのが良いだろう。

柏木から**伊壷谷出合**までタクシーで入る。伊壷谷の橋を渡り、右岸の道を**簡易水源施設**まで行く。昔の木馬道が崩落し、使えないため左の植林山腹を迂回する。古いワイヤーの張られた**小滝を横断**して旧木馬道へ出たら**掛小屋跡**（旧木馬道終点）まで行き「山想遊行」の名札が残る左の山道へ入る。

植林の中、つづら折に登れば**「五合目」**の名板が現れる。山腹の踏み跡は更に傾斜を増し、木の根、岩角、心許ないフイックスロープを掴んでの登りが続く。やがて雑木林となり、傾斜がゆるんで**勝負塚山東稜**へ出る。

上多古村から勝負塚山を望む

アセビが茂る狭い尾根を絡み登れば「七合目」の名板を見る。目の前に勝負塚山が黒く聳え立ち、木の間に阿弥陀の森から竜ヶ岳方面への尾根が見られる。更に尾根を登りつめれば、三等三角点と山名板がある**勝負塚山**に着く。灌木茂る山頂からは、西南方向に山上ヶ岳が望まれるだけである。

山頂を辞して西へ尾根上を伝い、岩頭に出たら左側へ木の根・岩角を掴んで下り、小さなコブを踏み越えて**最低鞍部**に出る。ここから狭い植林尾根の急坂が1354m峰分岐まで続く。一気に登って植林帯を抜ければ、南に大きく展望が開ける通称・**神童尾展望台**に登り着く。山上ヶ岳から竜ヶ岳への尾根や台高山脈の山々が一望される。展望台から疎林の尾根を登って行けば、石標が残る**蛇腹**・洞辻茶屋方面と五番関方面への分岐、**今宿跡**に着く。

ここからは世界遺産・大峰奥駈道である。稜線の道を右、五番関方面へ進めば、美しいブナ巨木の中、稜線漫歩が**鍋冠行者**まで続く。大きな中華鍋が残る鍋冠

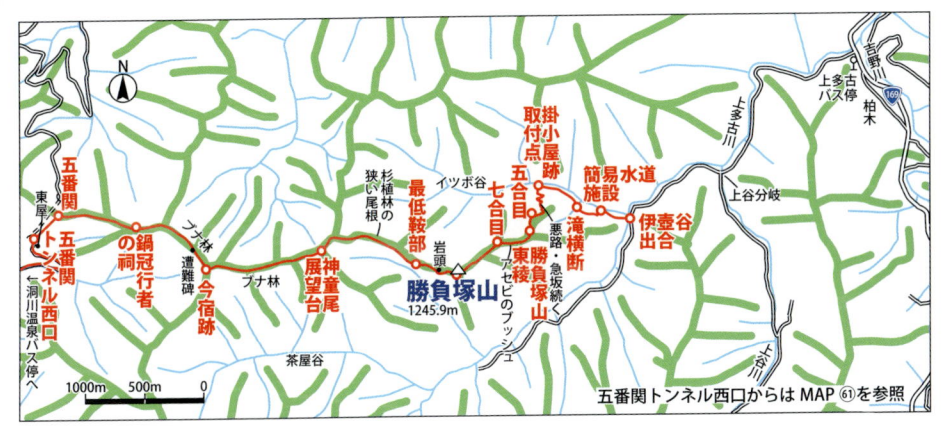

行者の祠から植林境界尾根を緩やかに登り下れば、女人結界門が立つ**五番関広場**に着く。

洞川温泉へは左へフイックスロープ伝いに下れば、東屋（あずまや）がある**五番関トンネル西口**に着く。ここからは毛又谷林道を左へ行き、毛又橋を渡って右折。山上川沿いの一本道を洞川温泉へ向かう。**奈良交通洞川温泉バス停**は温泉街を通り抜け、橋を渡ったところにある。

（写真・文／小島誠孝）

勝負塚山山頂には山名板が残る

奥駈道から勝負塚山への尾根と台高山脈

歩行時間：7時間15分
コースタイム
伊壺谷出合（20分）簡易水道施設（10分）滝横断（25分）掛小屋跡・取付点（55分）五合目（20分）勝負塚山東稜（40分）七合目（45分）勝負塚山（15分）最低鞍部（50分）神童尾展望台（35分）今宿跡（15分）鍋冠行者の祠（30分）五番関（10分）五番関トンネル西口（1時間5分）奈良交通洞川温泉バス停

アクセス
往路：近鉄吉野線大和上市駅（奈良交通バス）柏木バス停（柏木泊、翌朝タクシー利用で伊壺谷出合へ）
復路：洞川温泉バス停（奈良交通バス）近鉄吉野線下市口駅

マイカー情報
名阪国道郡山ICまたは南阪和道路からR169を上多古へ。バス停先の橋を渡り右折、林道を上谷分岐手前まで行く（分岐から先は通行禁止のため、手前の駐車スペースを利用）。

アドバイス
5月中旬〜10月下旬までヤマヒルが多い。積雪期、残雪期は上級者向コースになり、アイゼン、ザイル必携。軽い気持ちでの入山は禁物。

地形図：1/25000 「洞川」
登山適期：4月下旬〜5月上旬と10月下旬〜12月上旬
連絡先：川上村役場産業課☎0746・52・0111、川上タクシー（上多古）☎0746・54・0141、奈良交通本社☎0742・20・3150、洞川温泉観光協会☎0747・64・0333

女人禁制の修験道の霊山

⑥ 山上ヶ岳
さんじょうがたけ △1119.3 m

竜ヶ岳
りゅうがたけ ・1725 m

清浄大橋から洞川温泉バス停までは案内mapは⑥を参照

　大峰山は1300年ほど前、わが国で初めて信仰の山として開かれた。古来より大和の神奈備や水の源、聖地とされていた大峰の山々では、様々な修行が行われており、それら全てが混然一体となってつくり上げられたのが、わが国独自の宗教である修験道・深山密教である。大峰山は、その修験道発祥の地である。修験道の修行は、とても厳しく、命懸けのものであり、当時から男性のみ行うものとされる。その伝統は今に受け継がれ、現在でも世界でも唯一、女人禁制の山となっている。山上ヶ岳に通じる登山道には、宗教上の理由により、女人禁制である旨を伝える女人結界門がある。

　登山口の洞川温泉バス停からは迷うことない一本道。シーズン中は多くの参拝者、登山者が利用する参道を清浄大橋まで行く。ここには有料の駐車場もある。清浄大橋を渡ると、すぐに女人結界の石標と門が現れる。参道（登山道）はよく整備され、最初は杉木立の間を縫い、橋から1時間ほどでお助け水という水場に着くが、湧き水はほとんど流れていない。ここを離れ、しばらく登ると、吉野からの奥駈道と出合う洞辻茶屋に着く。

　洞辻茶屋からは稜線の道になり、いくつかの茶屋を通る。鎖と急な階段の油こぼしを登り、鐘掛の行場を巻き登ると、道の両脇に修験者の登拝記念塔が現れる。更に、お亀石、鷹の巣岩・西覗岩を通れば、宿坊群を左右にする。浄心門をくぐり、石段を登りつめると大峰山寺山上蔵王堂が建つ山上ヶ岳山頂広場に着く。風雨に耐えた立派な本堂で歴史を感じる。山頂は本堂前から右へ少し登った木立の中にあり、一等三角点がある。

洞川温泉から冬の山上ヶ岳

厳冬の西覗岩に立つ

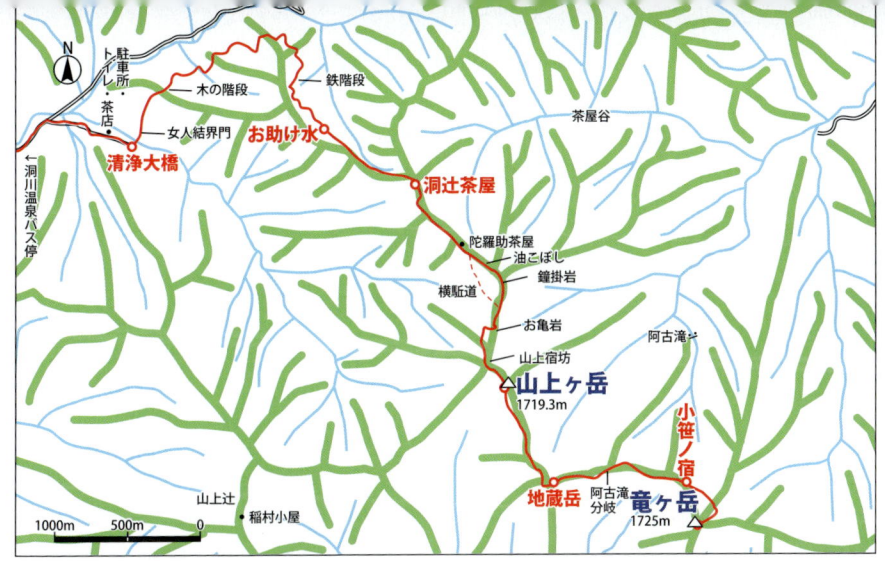

分かりにくい竜ヶ岳の山頂には山名板が多数残る

　山頂を辞し、竜ヶ岳へ向かう。本堂前南面にある、柏木(かしわぎ)方面という道標から、**奥駈道**に入り進む。今までの参道（登山道）と違い、笹の葉におおわれた山道で、本来の登山道という感じだ。たいしたアップダウンも無く、20分ほどで**地蔵岳**、さらに20分ほどで**小笹ノ宿(おざさ)**に着く。ここは水場もあり、稜線上のオアシスという感じでキャンプ適地だ。ここから、少し沢沿いに登り、右側の小さいピークをめざして、踏み跡を辿ると木立の中に**竜ヶ岳**という木製のプレートが残る山頂に出る。

　視界が良くないと見落としそうな頂きからは、踵を返し、山上ヶ岳へ戻ったら来た道を**清浄大橋**から**洞川温泉バス停**へ帰る。

（写真・文／松居秀行）

歩行時間：7時間15分
コースタイム
奈良交通洞川温泉バス停（1時間）清浄大橋（1時間）お助け水（25分）洞辻茶屋（55分）山上ヶ岳（20分）地蔵岳（20分）小笹ノ宿（5分）竜ヶ岳（40分）山上ヶ岳（40分）洞辻茶屋（1時間）清浄大橋（50分）洞川温泉バス停
アクセス
近鉄吉野線下市口駅（奈良交通バス1時間18分）洞川温泉バス停
マイカー情報
大阪方面から南阪奈道を橿原市で降りてR169を大淀へ。R370に入り下市で左折、千石橋を渡りR309を天川川合の交差点で左折、温泉街を通りぬけ、母子堂を経て、清浄大橋の有料駐車場へ。
アドバイス
公共交通機関利用の日帰り登山は困難。洞川温泉に泊り、早朝、出発し往復がベター。日程に余裕があれば、山上ヶ岳宿坊に泊って話しを聞くのも楽しい。コース中に危険箇所は無い。
地形図：1/25000　「洞川」「弥山」
登山適期：4月上旬〜12月上旬
連絡先：天川村役場企画観光課☎0747・63・0321、奈良交通☎0742・20・3150、日帰り温泉洞川温泉☎0747・64・0800

㊻ 女人大峰の尾根の岩峰に登る

稲村ヶ岳　バリゴヤノ頭
いなむらがだけ　△1726.1m　　ばりごやのかしら　・1580m

大日山
だいにちやま　・1689m

稲村ヶ岳とバリゴヤノ頭

　今なお女人禁制を守る山上ヶ岳、その南西方向2kmに稲村ヶ岳はある。女人大峰として昔から女性が目指す山として知られるが、困難度が高く、その標高がわずかに山上ヶ岳より高いことを知る者は少ないようだ。

　洞川の温泉街を通り抜け、**清浄大橋**で左に朱塗りの橋と女人結界門を見て、林道終点から樹林の山道に入り、**覗谷出合**の休憩小屋跡を経て蓮華坂谷を右岸に渡る。階段混じりの急坂を登ると左に女人結界門のある蓮華辻に着く。

　尾根道を右にとり、山腹をからんで**山上辻**へ向かう。稲村小屋の前からブナ林の尾根を辿り、大日山東面を巻いてキレットへ出る。右のやせ尾根を鎖や梯子伝いに登れば**大日山**の頂上に着く。樹木で覆われているが西側の視界は開けてお

り、祠が祀られている。

　キレットに戻って先へ進む。周囲がシャクナゲに覆われた御殿屋敷を右に30mも行けば**稲村ヶ岳**の山頂展望台に着く。稲村ヶ岳の展望台から南に延びる尾根の入口に道標は無いが、踏み跡らしき跡を拾って行くと、バリゴヤ谷ノ頭と書かれた矢印が掛っている。ルートは殆どが稜線上を辿っており、巻き道も少しはあるが稜線から大きく外れる事は無い。

　1710mのピークを過ぎ、二つ目のピーク1559mから最低鞍部**ドンブリ辻**までは笹の斜面が続き、このコース中唯一、緊張せずに歩ける所。ここから先はやせ尾根と倒木、立ち枯れ木の連続で緊張した登下降が続く。三つ目のピーク1500mから鞍部に降り立つ所が岩場になり、フィックスロープはあるが三点確保で確実に降りる。四つ目のピークを下れば最後の大斜面に出る。斜面左側の踏み跡を登って行けば頂上直下で更に傾斜がきつくなる。

バリゴヤノ頭、前衛ピークの岩場を登る

木の根、岩角を摑んで攀じ登れば**バリゴヤノ頭**頂上に着く。頂きは木立に囲まれ、視界は望めないが、少し下ると稲村ヶ岳が大日山を従え、鋭く聳えて見える。

帰路は**山上辻**まで往路を戻り、山上辻から左の**法力峠**への道を行こう。いくつもの桟橋を通り、石地蔵を右にしてドアミから振り返ると、稲叢の形をした大日山が見送ってくれる。水場をすぎ、**法力峠**まで来ると植生は人工林になり、道は蛇谷の先で分岐する。直進すれば五代松鍾乳洞経由で洞川温泉、右は母公堂経由で洞川温泉に向かう。何れを選んでも大差なく**奈良交通洞川温泉バス停**へ行ける。

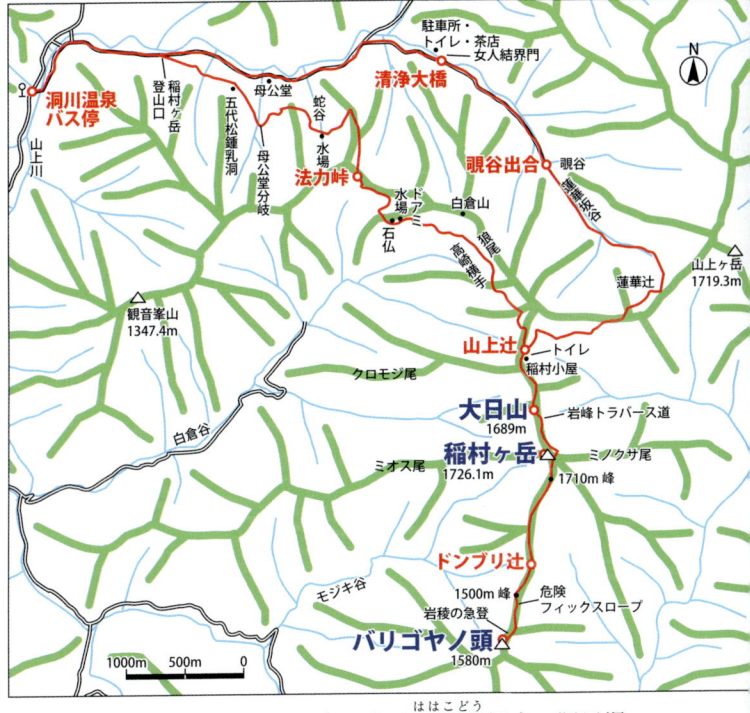

（写真・文／岩田邦彦）

歩行時間：12時間40分
コースタイム
奈良交通洞川温泉バス停（1時間）清浄大橋（1時間）覗谷出合（2時間）山上辻（50分）大日山（30分）稲村ヶ岳（1時間）ドンブリ辻（1時間10分）バリゴヤノ頭（1時間10分）ドンブリ辻（1時間10分）稲村ヶ岳（40分）山上辻（50分）法力峠（1時間20分）洞川温泉バス停

アクセス
近鉄吉野線下市口駅から洞川温泉行（奈良交通バス約1時間18分、1,280円）バスの便数が少ないので予め調べておくこと。

マイカー情報
京阪神方面からは南阪奈道路、大和高田バイパス経由、橿原市からR169で大淀町へ、土田交差点を右折しR370を西進、岡崎交差点を左折してR309を天川村方向に向かう。天川村川合で

R309を離れ、洞川温泉方向に左折。洞川温泉の旅館街を抜け母公堂で駐車。（橿原市から所要1時間30分）。

アドバイス
このコースは所要時間が長いため、公共交通機関を利用しての日帰り山行は難しく洞川温泉での前泊が必要。バリゴヤノ頭へのルートは目印のテープ、ペナント、赤ペンキのマークが随所にあり迷う事は無いが、浮石、倒木、立枯れ木、急坂、やせ尾根・露岩が連続する。経験豊かなリーダーと脚に自信のあるメンバーで挑むこと。ハイカーが気軽に入れるコースではない。

地形図：1/25000 「洞川」「弥山」
登山適期：4月中旬～11月下旬
連絡先：天川村総合案内所☎0747・63・0999、洞川温泉観光協会☎0747・64・0333、奈良交通お客様サービスセンター☎0742・20・3100

名花が咲く大峰北部の展望台

⑥⑥ 観音峰（峯山） かんのんみね △1347.4 m
（かんのんみねやま）

　観音峰は大峰山系の一つ、稲村ヶ岳から延びる側脈の末端に位置する里山である。以前は村人や一部の登山愛好家しか訪れることのない、隠れ名山であったが、立派な観音峰展望台の石塔が建ち、希少種のベニバナヤマシャクヤクの存在が知られるようになって、花を目当ての登山者が急増した。

　観音峰へは**近鉄吉野線下市口駅**から洞川温泉行のバスに乗り、**観音峰（峯山）登山口**で下車。蟻トンネルの傍らにある駐車場まで戻り、駐車場東側の登山口から、御手洗渓谷に架かる吊り橋を渡り、杉植林帯の中を登って行く。やがて**観音の水**（この山唯一の水場）が現れ、傍らには天川村と南朝の歴史を記した案内板がある。このレリーフは、観音峰頂上までの登山道を南朝ロマンの小径と称して、数箇所に設置されていて興味深い。

　ここからは単調なジグザグ道の登りが続く。左に展望台への小道を見送り、道なりに進むと、やがて山襞を回り込むような登りになり、小尾根に出る。左右に昔の住居跡が見られるようになると、辺りは自然林と変わり、緩やかな登りの先に鳥居が見え、南朝ゆかりの神社跡に建てられた休憩所に着く。ここが**観音平**。木々に囲まれた広場は憩うに良い所だ。

　休憩所の横から石段を登ると、後醍醐天皇のお歌石があり、その先で**岩屋**（十一面観音を祀る祠）と**展望台への分岐点**に出る。道を左にとって、岩壁の下を巻くように進むと、丸太の階段道を登り尾根へ出る。ススキの茂る斜面を登りきると、視界が開け、巨大な石塔が立つ**観音峰展望台**に着く。展望台からは、稲村ヶ岳、バリゴヤノ頭が指呼の間に、その後方には**八経ヶ岳**、**弥山**、**頂仙岳**などのパノラマが開ける。

　360度の眺望を楽しんだ後は、花期には華麗な色彩を見

目指す観音峰へはススキの草原を越えて行く

せるベニバナヤマシャクヤクの存続を願って、ススキの小道を北へ向かう。道が少し北寄りになり、植林境界沿いになると、間もなく三等三角点のある**観音峰**に着く。周囲は樹木で覆われ、展望は得られない。山頂からは、北東方向に植林境界の尾根を進み、小さなアップダウンを繰り返すと**三ツ塚**に出る。

右手樹間に、大日山と稲村ヶ岳の山容を眺めながら、いくつかの起伏を越え、最後の急坂を下りきると**法力峠**に着く。右の登山道は稲村ヶ岳・山上ヶ岳方面へと通じ、左方向に下れば、**五代松鍾乳洞**、あるいは**母公堂**を経て、**洞川温泉街**を通り**奈良交通洞川温泉バス停**へ行ける。

（写真・文／松本雅年・美根子）

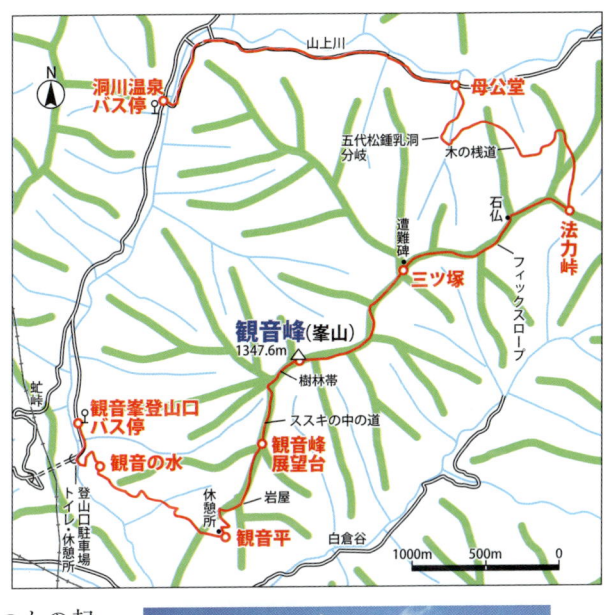

観音平展望台の向こうに観音峰が望まれる

歩行時間：4時間20分
コースタイム
奈良交通観音峰登山口（10分）観音の水（40分）観音平（25分）観音峰展望台（30分）観音峰（30分）三ツ塚（45分）法力峠（50分）母公堂（30分）洞川温泉バス停
アクセス
往路：近鉄吉野線下市口駅（奈良交通バス1時間2分）観音峰登山口バス停
復路：洞川温泉バス停（奈良交通バス1時間18分）近鉄吉野線下市口駅
マイカー情報
大阪方面からは阪神高速、又は近畿自動車道から南阪和道へ。橿原市でR169へ入り、大淀経由下市口から洞川温泉を目指す。駐車場は観音峰登山口駐車場（無料）と洞川温泉村営駐車場（有料）。
アドバイス
みたらい渓谷もみじ祭り開催中は、道路混雑が予想される。電車・バスの利用がお薦め（但し、便数が少ないので、事前に確認が必要）。洞川温泉には日帰り温泉（洞川温泉センター）がある。温泉街の旅館でも日帰り入浴はできる。
地形図：1/25000　「南日裏」「弥山」「洞川」
登山適期：通年
連絡先：天川村役場観光課☎0747・63・0321、洞川温泉観光協会☎0747・64・0333、奈良交通本社☎0742・20・3150

大展望を楽しみ、修験の道を歩く

(67)

大普賢岳
だいふげんだけ △1780.1 m

国見岳
くにみだけ ・1655 m

七曜岳
しちようだけ ・1584 m

　大普賢岳は奈良県南部を走る大峰山脈の縦走路（奥駈道）にある峻峰である。その南には国見岳、七曜岳が連なり、無双洞（そうどう）から和佐又山（わさまたやま）への周回コースがとれる。このコースを歩くには和佐又ヒュッテに泊り、翌早朝出発するのが良いだろう。

　和佐又ヒュッテからは、広場の右端から左へ、ススキの階段道を登って林道を進めば見返り台地を経て、**和佐又のコル**に出る。無双洞分岐を左にし、ブナ、ヒメシャラの尾根を登る。やがて岩壁の裾を絡む鎖伝いの登山道になると、指弾窟（しだんくつ）・朝日窟・笙ノ窟（しょうのいわや）・鷲窟（わしのいわや）、と窟が続く。

　一番大きな**笙ノ窟**の中央には不動明王が祀られ、岩清水がある。

　鷲の窟を過ぎ、左に岩本新道を見送ると、ルンゼを絡む鎖場、露岩の急登になり、笹の急斜面を登り詰めると**日本岳のコル**に着く。コルからは左の尾根を登る。狭い尾根の鉄梯子（てっぱしご）を数回通り過ぎると**石の鼻**に着く。岩頭に立てば、近くに日本岳、遠くに台高山脈が見渡せる。ここからは小普賢岳山腹の連続する梯子を攀じ登り、小普賢岳の肩に出る。肩から露岩の急坂を**小普賢岳鞍部**へ下り、水平道を東壁上部の梯子まで行く。連続する桟橋、梯子を巻き気味に登って、フイックスロープを伝えば大普賢東斜面を登り詰め、大峰奥駈道（おくがけみち）と出合う。**大普賢岳**頂上へは左へ数分で着く。

　大峰北部の大展望を満喫したら南へ急斜面を下り、水太覗（みずふとのぞき）まで行く。更に弥勒岳（みろくだけ）から薩摩転び、**国見岳**から屏風の横駈けと呼ばれる鎖場をへつって稚児泊（ちごどまり）へ出る。稚児泊を後に、大普賢岳展望台から七つ池を通り、再び

大普賢岳の頂きからは奥駈道が一望できる

露岩尾根のアップダウンを繰り返せば**七曜岳**の頂きを踏む。山頂は狭い岩峰だが八経ヶ岳を始め、西側の眺望が楽しめる。

ひと息入れたら無双洞に向かう。道標のある分岐点で主稜線を離れ、七曜岳東尾根に入って、木の根、梯子、岩場がある長い尾根を下る。二重山稜で右への誘い込みに注意し、滑りやすい山腹から小尾根の鞍部へ出たら、左下の沢を目指してジグザグに下りて**無双洞**に至る。水簾滝頭を左岸に渡って、山腹を巻き進めば涸れ沢に出る。沢から岩壁に付けられた鎖・アングルを登り、**底なし井戸**を経て山腹の水平道に出たら、**和佐又のコル**を目指す。

和佐又のコルから右の尾根道を**和佐又山頂**に向かう。頂上に立ち、今日踏み越えてきた奥駈道の山々を望めば、感慨もひとしおだ。帰路は東側の道を**和佐又ヒュッテ**へ下れば良い。

（写真・文／松本雅年・美根子）

屏風の横駈から見る大普賢岳

歩行時間：7時間20分
コースタイム
和佐又ヒュッテ（25分）和佐又のコル（25分）伯母峰分岐（15分）笙ノ窟（20分）日本岳鞍部（15分）石の鼻（20分）小普賢鞍部（45分）大普賢岳（1時間30分）七曜岳（1時間）無双洞（40分）底なし井戸（50分）和佐又のコル（15分）和佐又山（20分）和佐又ヒュッテ

アクセス
近鉄吉野線大和上市駅（奈良交通バス和佐又口バス停）。ヒュッテまで徒歩約1時間15分

マイカー情報
大阪方面からは阪神高速から阪奈道路を橿原市へ、R169を大淀経由で南下、伯母峰トンネル南口で右折、和佐又山ヒュッテ前駐車場へ（有料）。

アドバイス
クサリ、鉄梯子、桟橋が整備され、道標も完備しているが、悪天候や残雪のときは入山を避けたい。紹介コースはマイカー利用の日帰り登山も可能だが、ロングコースでアップダウンも大きい。安全を期すなら和佐又ヒュッテに宿泊し、早朝の出発が望ましい。公共交通機関を使う場合、大普賢岳の登山口は、伯母峰トンネル南側の和佐又口バス停になる。マイカー利用の場合、上北山温泉・入之波温泉で入浴可。和佐又山ヒュッテは宿泊可能。

地形図：1/25000 「弥山」
登山適期：4月中旬～12月上旬（特に5月から7月はシャクナゲ、オオヤマレンゲ、ヤマユリなどが咲き、10月中旬には紅葉が美しい）
連絡先：和佐又山ヒュッテ☎07466・3・0027、奈良交通本社☎0742・20・3150

大普賢岳東尾根の修験の行場を登る

⑥⑧ 日本岳 にほんだけ ・1505 m

　大峰山脈奥駈道にあって、鋭くアルペンムードを漂わせる大普賢岳から東へ延びる笙ノ窟尾根は、切り立った岩壁の南西基部に笙ノ窟をはじめとする修験の行場として知られる四つの自然洞窟を持っている。その山稜はゴジラの背のような鋸歯状の岩峰群をなして、その特異な風貌も、大峰山脈の山座同定に格好の目印となっている。

　めざす日本岳へは、**和佐又ヒュッテ**から大普賢岳への一般ルートを**日本岳のコル**へ登りつめ、そこを起点とする。

　左に石の鼻への道を見送り、右へわずかに小笹を踏み分けると急な草付きの岩稜が立ちはだかる。ここからは正規の道は無いに等しく、両端するどく切れ落ちた尾根を忠実に辿るしかない。取付地点の壁は、強引に突破するか、岩壁の右から慎重に斜上する。とくに凍てついた冬場は要注意だ。わずかに立ち木を伝いながら上りきると、そこはもう**日本岳**（別称：孫普賢岳）の山頂だ。木の間越しに迫る大普賢岳に圧倒され、峨々たる岩稜の一角に立ったという達成感は小さくない。

　日本岳からは、細い尾根にシャクナゲのブッシュをかいくぐりつつ10分も行くと、岩稜の先がほぼ垂直に切れ落ちたところに出る。左の急斜面を巻くこともできるが、枯れた立ち木と倒木が多く、ここは5～6mの懸垂下降でこなす方が安全だ。さらにやせた尾根を行き、最低鞍部に出てひと息つく。

　ここから笙の窟尾根の南面を緩やかにトラバースして、和佐又のコルへと続く踏み跡をみる。この鞍部のすぐ先は、わずか15m程ながらちょっとした**ナイフリッジ**、奥穂高岳の馬の背にも似たスリリングな岩稜登攀を味わう。振り向けば眼前に日本岳の巨体が覆いかぶさるように迫り、遠く、行者還岳、弥山、八経ガ岳の、重畳とした大峰靡の峰がまぶしく光る。上りきった狭い岩上が**ひ孫普賢岳**。ここでも深い山襞から雲気のように立ち上る静謐の気韻のみ

懸垂岩の先端に立つと和佐又ヒュッテが箱庭のようだ

懸垂岩を下って鞍部へ

が支配する。

　徐々に傾斜の緩くなった自然林の木立を下って行けば、やがて笙ノ窟尾根の基部だ。そのまま大台ヶ原山と大峰山脈を結ぶ七窪尾根を伯母峰峠へと進むも良し、途中、右へ和佐又ヒュッテへ回遊する**和佐又山遊歩道**を辿るのも楽しい。この遊歩道は、春秋、石灰岩と蘚苔を配した日本庭園のような雅なたたずまいが、とりわけ美しい。

（写真・文／柏原通昌）

最後の岩稜を登る

歩行時間：5時間25分
コースタイム
奈良交通和佐又口バス停（1時間）和佐又ヒュッテ（25分）和佐又のコル（40分）日本岳コル（15分）日本岳（30分）ナイフリッジ取付（15分）ひ孫普賢岳（30分）和佐又遊歩道分岐（50分）和佐又ヒュッテ（1時間）和佐又口バス停
アクセス
近鉄吉野線大和上市駅（奈良交通バス和佐又口バス停1時間40分）ヒュッテまで徒歩約1時間15分
マイカー情報
大阪方面からは阪神高速から南阪奈道路を橿原市へ。R169を大淀経由で南下、伯母峰トンネル南口で右折、和佐又山ヒュッテ前駐車場へ（有料）。
アドバイス
日本岳のコルから笙ノ窟尾根の基部まで、やせ尾根と岩場が多い。念のため補助ザイル20～30m、シュリンゲ、カラビナ、ディッセンダー（下降器）、ヘルメットを持参したい。
地形図：1/25000　「弥山」
登山適期：4月中旬～11月下旬（無雪期がベター）
連絡先：和佐又山ヒュッテ☎07468・3・0027、奈良交通本社☎0742・20・3150

大峰山系屈指の鋭鋒に登る

㊻ 行者還岳 ぎょうじゃがえりだけ △1546.5 m

避難小屋と行者還岳南壁

　行者還岳は山上ヶ岳と大峰山脈の最高峰八経ヶ岳のほぼ中間に位置し、特徴ある形の山ゆえ、どこから眺めても目立ち、大峰山脈の概要把握の目印となる山である。登山コースは弥山方面、あるいは山上ヶ岳からの奥駈道コース、布引谷出合からの古道コース、行者還トンネル(西口・東口)コース等があるが、ここでは登りも緩やかで、自然林の雰囲気を味わえるトンネル東口から往復することにする。

　近鉄吉野線下市口駅から洞川温泉行バスに乗り、**天川川合**で下車。待たせておいたタクシーで**行者還トンネル東口**へ行く。西口からトンネルを抜け、すぐの林道入口で降りる。右の林道へ入ると、すぐ左に駐車場跡(平成23年台風12号により崩落)を見て、下り気味に進むと、右に登山口がある。大きく山襞を絡むように続く道は部分的に急坂をまじえるが、概して緩やかである。大峰山脈に多いブナ・ヒメシャラなどの自然林の中、季節が春なら芽吹きが美しく爽快なことだろう。

　登山口から奥駈道の**合流点**(一ノ垰)まで踏み跡もしっかりしていて迷うことはない。奥駈道に出合ったら右折、一層しっかりした登山道になる。行者還トンネルの真上を通って、初夏ならシロヤシオの花回廊を稜線漫歩、五月初旬ならヤマシャクヤク、六月中旬にはクサタチバナの大群落が見られる。

　石灰岩の露出した無名峰を踏み越え、小さなコブを2つ過ぎ、ひと汗かく頃、天川辻の石仏に出会う。大正の初め頃行われた、奥駈踏査時代の雰囲気が感じられる石仏である。ここは小坪谷・布引谷出合と天ヶ瀬への峠でもあり、**行者還小屋**はすぐそこである。世界遺産に認定された2004年(平成16)より2年前に建て

鉄山方面から見た行者還岳

直された。小屋には炊事用の水も毛布も備えられ、見違えるほど快適になった。これで古き良き時代の雰囲気を感じさせる小屋は、もう大峰山脈では持経宿だけになったと思えば、ちょっと寂しい気もする。

　小屋から行者還岳へは、40分もあれば往復できる。小屋に不要な荷物をデポして、貴重品と必要装備だけを持って出掛けるとしよう。小屋の前から北へ続く縦走路をトラバース気味に進み、水源になっているルンゼを左に見て、急な梯子を登って肩へ出る。奥駈道から左に外れる踏み跡に沿って行けば、シャクナゲの茂る**行者還岳山頂**に着く。山頂には三等三角点と大きな錫杖のレプリカがある。三角点から東へ20mほど行けば絶壁となっており、弥山・八経ヶ岳と聖宝八丁の稜線を一望することができる。下山は**来た道を忠実に引き返す**だけである。

（写真・文／西口守男）

天川辻では古い石仏が道を教えてくれる

歩行時間：5時間
コースタイム
行者還トンネル東口（1時間20分）一ノ垰（1時間）行者還小屋（25分）行者還岳（15分）行者還小屋（1時間）一ノ垰（1時間）行者還トンネル東口
アクセス
近鉄吉野線下市口駅（奈良交通バス1時間5分）天川川合（タクシー40分）トンネル東口
マイカー情報
大阪方面からは阪神高速、阪奈道路を橿原市へ、R169を大淀経由で南下、伯母峰トンネルを経て、天ヶ瀬で右折、行者還トンネル東口へ。トンネル入り口すぐ手前を左折したところに駐車場があるが、2011年台風12号により崩落、2012年4月現在、使用不可。トンネル西口に駐車場がある。
アドバイス
距離は短いが急な岩場の梯子がある。慎重に行動しよう。紹介コースは4月中旬～7月下旬、ヤマシャクヤク、シロヤシオ、クサタチバナ、キレンゲショウマが次々に咲く。中でもシロヤシオの花回廊は圧巻である。エスケープルートとして一ノ垰から西へ下れば行者還トンネル西口への道がある。
地形図：1/25000　「弥山」
登山適期：4月～11月下旬
連絡先：奈良交通本社☎0742・20・3150、上北山村役場☎07468・2・0001、天川タクシー☎0747・63・0015

大峰奥駈道の支脈にある静寂の山

㊆ **大栂山** おおつがやま △ 1076.8 m

高塚山 たかつかやま △ 1363.6 m

　高塚山・三本栂・大栂山、この三つの山は大峰奥駈道の一ノ垰から派生する尾根に静かに聳えている。訪れる者とて稀な不遇の山である。

　国道169号線を南下、新伯母峰トンネルを抜け、小谷林道を目指す。林道入口の西山観音の案内板から**小谷川沿いにゲート**まで進む。ゲート脇の駐車スペース（2〜3台止められる）に駐車する。

　ゲートから舗装林道を歩き、道なりに進めば30分ほどで「左、西山観音1km」と記された林道分岐に出る。表示に導かれ左折、更に進むと大栂山登山道入口の道標があり、右上に**西山観音**が見える。時間が許せば立ち寄って行くがいい。

　登山道の道標から杉木立の山道に入る。昼なお暗いつづら折りの急坂をぐんぐん登れば、地道の林道に合流する。ここにも標識があり、しばらくは、この林道を進むこととなる。

　大栂山の標識があり、「一ノ垰、三本栂」「西山観音、上北山村バス停」両方向とも林道を歩行して下さい、という注意書きがある。林道は大栂山の西側を巻いて尾根道に合流する。ここから戻るように山道を少し登ると錆びた木材運搬器材がある。先へ登って行くと木立に囲まれた**大栂山**の三等三角点に着く。

　大栂山から林道へ戻り、木の間越しに孔雀岳、仏生ヶ岳を眺め北上する。30分ほどで林道は右手に下って「一ノ垰、三本栂」の道標に出合う。ここから山道に転じ、1219m峰の次のピークは西側ブナ林を巻く。広いなだらかな稜線を北上すれば**三本栂**の頂きである。

　三本栂の頂きは、東西南北に4本の支尾根が出ているが北の尾根を下る。ここからは迷いやすいので注意が必要。いったん下って、ブナに覆われた尾根をゆっくり登りきると**一ノ垰分岐**に出る。このコースの最高標高点1418mで、奥駈道へも遠くない。ここには小谷林道への標識があるだけだが、北か

狭い岩尾根の高塚山の頂き

ら西に展望が開け、大普賢岳、行者還岳、弥山も眺められる。

　高塚山へは分岐を右折、テープを拾い、大峰らしい岩尾根や眺望を楽しんで行けば、ブナ・ヒメシャラ林の尾根を下って登り返した先が**高塚山**三等三角点がある狭い頂きだ。頂きから踏み越えて来た大栂山から続く尾根を正面に、展望を楽しんだら、**往路を忠実に辿って帰途につく**。

（写真・文／松居秀行）

西山観音への途中、高塚方面を望む

四方に尾根を張る三本栂

歩行時間：6時間30分
コースタイム
小谷林道ゲート（55分）西山観音（1時間）大栂山（1時間）三本栂（30分）一ノ垰分岐（30分）高塚山（45分）三本栂（40分）大栂山（1時間10分）小谷林道ゲート

アクセス
近鉄吉野線上市駅（奈良交通バス1時間52分 1800円）上北山村中学校前から徒歩40分小谷林道ゲート。

マイカー情報
京阪神からは西名阪道経由、南阪奈道路を橿原市まで行きR169を熊野方面へ。伯母峰トンネルを経て、小谷林道（西山観音入口案内版）を小谷林道ゲート（2〜3台の駐車スペース）へ。

アドバイス
公共交通機関を利用の場合、日帰りは困難。幕営山行となる。三本栂から一ノ垰までのルートは踏み跡も定かでない。悪天候の場合、慎重な行動が求められる。下山路に植林作業道を使っても時間的に大差は無い（大栂山から約1時間で小谷林道ゲートに着く）。携帯電話の電波がとどかない場所でもあり、単独行は避けること。

地形図：1/25000 「弥山」「釈迦ヶ岳」
登山適期：4月上旬〜12月上旬
連絡先：北山村役場☎07468・2・0001

天を突く弥山のジャンダルム

(71) 鉄山 てっせん ・1563 m

聖宝八丁の途中から北を眺めると、弥山の山頂から北へ延びる尾根が1846m修復山で東へ曲がり、川迫川に没するあたりに槍の穂先のような尖峰が望まれる。それが鉄山である。

登山口は川迫川が神童子谷と名前を変える大川口に架かる橋を渡り、すぐ右、神童子水位雨量観測所への鉄製歩道橋の途中、左側にある。以前登山口は、橋を渡った少し先の行者還岳登山口のほぼ真向いにあったが、今は廃道である。

登山口から、いきなりの急登になる。

鉄山平から眺める鉄山

登山道は忠実に尾根を辿るため、急登は肩の伐採跡まで続く。「社有林 立入禁止」の看板を過ぎると、自然林へと変化していく。露岩まじりの登りを登山口から30分も行くと、次第に木々の間から大峰の山々が顔を覗かせるようになる。後方に見えるピークはバリゴヤノ頭で、その右奥の尾根は山上ヶ岳から竜ヶ岳に至る大峰主稜線である。

ブナ林の急登をなおも行くと、さらに視界が開けるようになり、東方に弥山から続く稜線が見えるようになる。振り返れば、鋭角に聳える行者還岳が一際目を引き、その左には大普賢岳も望まれる。尾根が広くなってくると、一旦傾斜が緩やかになり、イタヤカエデの樹林帯となる。紅葉の頃は、極彩色に埋め尽くされるところだ。周囲の稜線と肩を並べるようになると、突然樹林を抜け出し、開けた草の斜面、伐採跡に出る。大きく視界が開け、右眼下に川迫ダムを俯瞰し、正面にピークを仰ぐが、これは鉄山ではない。先へ進むと**ザンゲ平**に着く。周囲の展望が開け、弥山の大きな山容も視界に飛び込んでくる。

ここからは、さらに厳しい急登である。正面のピークを超えると、さして下ることもなく鉄山への急登となる。一気に上れば樹林に囲まれた狭い**鉄山山頂**に着く。西

鉄山山頂は山名板がにぎやかだ

方から北方にかけ、木の間越しに展望が得られる。

　踏み跡は鉄山の先、香精山（こうしょうやま）を越え、登り返した草付きの斜面まで通じている。展望のいい場所でもあり、ここまで足を伸ばすのもよい。その先、尾根伝いに修復山から弥山へは地図上に破線の記載があっても登山道はない。ヤブ山に熟達し読図ができる者でないと、樹林と倒木帯に阻まれ難渋するだろう。また、ここからは**天川弁才天の神域**で私有地。**入山禁止**になっている。安易に踏み込まないようにしたい。

（写真・文／倉原　宰）

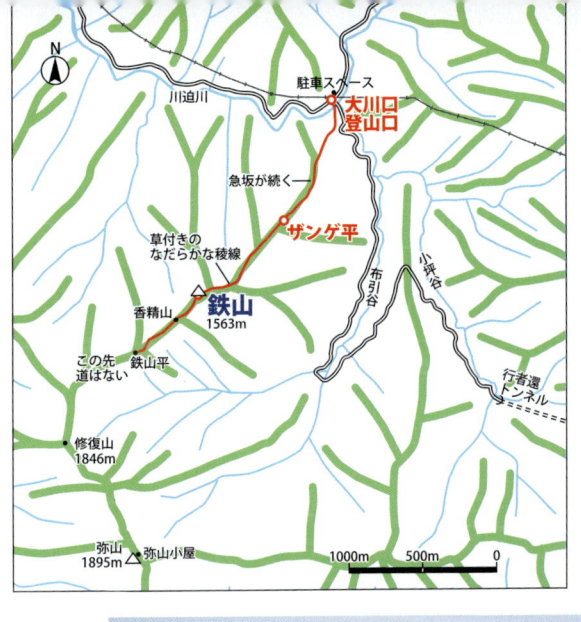

稜線に出ると西北に視界が開け川迫川が眼下に見える

歩行時間：3時間20分
コースタイム
　大川口登山口（1時間20分）ザンゲ平（30分）鉄山（30分）ザンゲ平（1時間）登山口
アクセス
　近鉄吉野線下市口駅から奈良交通バス洞川温泉行で天川川合下車（54分、1110円）。天川川合から大川口へはタクシー利用（往復・要予約）。
マイカー情報
　大阪方面から南阪奈道を橿原市で降りてR169を大淀へ。R370に入り下市で左折、千石橋を渡りR309を天川川合から行者還トンネル手前の大川口へ（神童子谷側に駐車スペース6台分程度）がある。
アドバイス
　高度差700mを越える直登・急登のやせ尾根コースで、健脚向きである。水場はない。安易に鉄山から弥山を、また弥山から鉄山を目指さないこと。毎年のように遭難騒ぎを起こしている。
地形図：1/25000「弥山」「南日裏」
登山適期：4月～12月上旬
連絡先：奈良交通吉野営業所☎0747・52・4101、天川村役場☎0747・63・0321、洞川温泉観光協会☎0747・64・0333、天川タクシー☎0747・63・0015

弥山四山を巡る周遊コース

(72)

弥山 みせん ・1895 m
頂仙岳 ちょうせんだけ △1717.6 m
日裏山 ひうらやま ・1725 m
明星ヶ岳 みょうじょうがたけ ・1894 m
八経ヶ岳 はっきょうがたけ △1915.1 m

　弥山・八経ヶ岳を知る人は多いが他の三山を知る人は少ない。因みに明星ヶ岳の標高は1894mで奈良県三番目の高峰である。近年、弥山小屋に一泊し、翌日これらの山々を回遊するコースができたので訪れてみた。

　第1日目　登山口の**行者還トンネル西**口からシャクナゲ樹林の中、急坂を一気に登る。**奥駈道**まで登ってしまえば風が通り、傾斜も緩むので歩行はぐんと楽になる。**聖宝ノ宿跡**を過ぎてから階段道が続く聖宝八丁を登れば**弥山小屋**に着く。落ち着いたら弥山山頂を訪れ、**天川弁才天奥宮**に登山の安全を願ってお参りし、奥高野に沈む夕日を眺めよう。

日裏山付近から弥山

　第2日目　翌朝、小屋前の鳥居をくぐり西に下って行けば、大黒岩を経て木の階段道が**狼平避難小屋**まで続く。小屋前を弥山川が小気味よい水音を立てている。すぐ先に見える吊り橋を渡って、樹林の中を少し登れば**高崎横手**で、新旧2つのコース説明板が立っている。

　この高崎横手からさらに進むと、稜線が盛り上がってきて、登山道は西側山腹へ回り込む。ここが頂仙岳の取付点になる。一寸分かりにくいが、よく見ると昔のテープが残っている。樹林帯に踏み込めばわずかだが踏み跡もある。奥へと続くテープを辿れば、ブッシュの急登しばし、**頂仙岳**の頂きに出る。頂上は北東に伐採されていて、大普賢岳・稲村ガ岳・観音峰等の眺望が間近に楽しめる。

　ひと休みしたら、来た道を**高崎横手**まで戻り、案内板が示す八経ヶ岳方向へ南進しよう。しばらくは広い樹林の中で視界は無いが、**日裏山**に出ると立ち枯林になっていて真正面に明星ヶ岳、八経ヶ岳が高く望まれる。何の表示も無いが、ここが日裏山である(新しいコース説明板に日裏山と記されている)。

　日裏山からは樹林の中を下り、明星ヶ

岳に向かって登り返す。やがてオオヤマレンゲの保護ネットを回り込み、**弥山辻**に着く。弥山辻の天理大学WV部の黄色の案内板から道を外れ、高みに向かえば立ち枯林に**明星ヶ岳山頂**がある。

弥山辻へ戻ったら**八経ヶ岳**へ向かおう。八経ヶ岳に立てば、360度の大展望が広がり、さっき登ってきた日裏山の稜線が目を引く。大展望に満足したら、弥山との鞍部へ下る。花期ならオオヤマレンゲが咲く保護ネットの内側を通り抜け弥山へ登り返す。

小屋で荷物を回収したら、昨日来た道を**行者還トンネル西口**まで下山する。季節が6月上旬ならシロヤシオの花回廊を一ノ垰(たお)の先まで行き、トンネル西口への新しい標石に従って下るのも良い。

(写真・文／金子雅昭)

歩行時間：8時間40分（第1日目：2時間40分、第2日：6時間）
コースタイム
第1日：行者還トンネル西口（55分）奥駈道出合（60分）聖宝ノ宿跡（45分）弥山小屋
第2日：弥山小屋（50分）狼平（20分）高崎横手（25分）頂仙岳（20分）高崎横手（20分）日裏山（50分）弥山辻（明星ヶ岳往復10分）（20分）八経ヶ岳（25分）弥山小屋（30分）聖宝ノ宿跡（45分）奥駈道出合（45分）行者還トンネル西口
アクセス
近鉄吉野線下市口駅から奈良交通バス洞川温泉行に乗車、天川川合で下車。タクシーで行者還トンネル西口へ。但し、洞川・天川のタクシーは少ない。予約不可なら下市口駅からタクシーで直行となる。
マイカー情報
大阪方面からは阪神高速、阪奈道路を橿原市へ、R169を大淀経由で南下、伯母峰トンネルを経て、天が瀬で右折、行者還トンネル西口へ。行者還トンネル西口に有料駐車場（1日1000円、1回ではないので注意）30台。
アドバイス
このコースに危険箇所などは無いが、悪天候の場合、無理は禁物。紹介コースは行者還トンネル西口を基点にしたマイカー登山を念頭にしているが、バス・タクシー利用の場合、弥山・八経ヶ岳、明星ヶ岳、日裏山、頂仙岳から天川川合への縦走コースも良いだろう。
地形図：1/25000 「弥山」「南日裏」
登山適期：4月下旬〜12月上旬
連絡先：天川村観光課☎0747・63・0321、奈良交通お客様サービスセンター☎0742・20・3100、天川タクシー☎0747・63・0015

大岩壁を擁する大峰山脈の秘峰

(73) 七面山 しちめんざん ・1624 m（東峰） ・1619 m（西峰）

　大峰山脈最奥の側脈に位置する七面山は、訪れる人も少なく、自然林が残る静かな山である。山頂は二峰からなり、東峰が標高1624m、西峰が標高1619mとなっており、標高は東峰がわずかに高く、南面には垂直700mの壁を擁し、屹立している。

　七面山は交通の便が悪く、**マイカーでの入山が便利**。**林道終点**には数台の駐車スペースがあり、ここが歩行開始点。ゲートがあり、登山口まで約3.8km、連続する**ヘアピンカーブの急坂**を歩く。途中、落石や倒木が道をふさぎ、車は通れない。いいかげん、林道歩きに飽きたころ、ようやく立派な道標がある**登山口**に着く。

　道標に従って雑木林の中へ進むと、すぐ樹林帯の急登に転じ、ジグザグ道が何時しか直登になる。ようやく、辿り着いた**七面尾の鞍部**は見事なブナ林、眼下に七面谷上流の地獄谷も垣間見られほっとする。それもつかの間、稜線はすぐに露岩混じりのやせ尾根となる。倒木まじりの露出した木の根道や急登の連続で気が抜けない。踏み跡は、はっきりしているので見失うことはない。

　1397m峰からシャクナゲの密生するコブを越えて下れば、西峰直下の笹原がひろがる鞍部に着く。「西峰まであと少し」というペナントがあるイノシシのヌタ場からブナ、ヒメシャラの急な山腹をひと頑張りすると**西峰**に着く。

　西峰は東西に長く、10人程が座れる広さだが展望は望めない。西峰から東峰はピストンしよう。直線距離にしたら300m程だがクサリやフイックスロープが連続する木の根が絡むやせ尾根

アケボノ平から眺める七面山南壁と仏生ヶ岳

だ。**東峰と西峰の鞍部**は奥駈道への分岐になっていて標識がある。鞍部を直進すれば、わずかで**東峰**の頂きに着く。山頂は樹林帯に囲まれ、視界は得られない。南面と西面は大嵓と呼ばれる垂壁でクライマーには七面山南壁として知られている。

西峰へ戻ったら西へ尾根を下り、**アケボノ平**へ出る。さっき登った七面山東峰の南壁や仏生ヶ岳から釈迦ヶ岳への岩壁が宇無ノ川を挟み、屏風の如く広がり、壮観だ。

目の前のシャクナゲ茂る**槍ノ尾の頭**を往復したら、帰路は再び**西峰**へ戻り、**往路を忠実に戻る**だけである。新緑の頃ならシャクナゲやアケボノツツジが咲き、秋なら三段染めの紅葉が素晴らしいコースだが、週末でも人に出会う事とてなく、たまに鹿と遭遇するくらいで、静寂で奥深い大峰の本来の姿をとどめている。大峰ファンなら一度は訪れたい。

（写真・文／松居秀行）

立派な山名板が立つ七面山東峰

歩行時間：6時間25分
コースタイム
林道ゲート（1時間）登山口（45分）七面尾の鞍部（1時間）七面山西峰（東峰往復25分）（15分）アケボノ平（槍ノ尾の頭往復25分）（25分）西峰（50分）七面尾の鞍部（30分）登山口（50分）林道ゲート
アクセス
近鉄大阪線大和八木駅（奈良交通バス2時間23分）大塔支所。京阪神からの公共交通機関利用の日帰り山行は困難。
マイカー情報
大阪方面からは五條市からR168を南下、奈良交通大塔支所バス停の信号を左折、舗装林道を高野辻を経て、篠原集落の橋を渡り、湯ノ又分岐に着く。道を右に選び林道終点へ（3~4台の駐車スペース）。五條市大塔支所のホームページ（http://www.city.gojo.lg.jp/）大塔地区の情報「七面山登山口までのアクセス」で詳しく案内されている。
アドバイス
紹介コースは危険箇所にはクサリやフィックスロープが設置され、安全を期した整備はされているが、体力、山行経験が必要、悪天候時の安易な入山は危険。単独行も避けたい。
地形図：1/25000 「辻堂」「釈迦ヶ岳」
登山適期：4月上旬~12月上旬
連絡先：五條市役所大塔支所☎0747・36・0311、立寄りの湯 大塔温泉夢乃湯☎0747・36・0058

不動七重ノ大滝を擁する隠れた名山

⑭ 小峠山 ことうげやま △1099.9 m

　小峠山は、大峰山脈中部に位置する釈迦ヶ岳のひとつ北に位置するピークで、孔雀岳から南東へと延びる支尾根の末端にある。下北山村の前鬼口から前鬼川沿いに釈迦ヶ岳登山口の小仲坊に至る前鬼林道を行くと、前鬼川の渓谷越しに、長い尾根が渓谷沿いに続いているのを見ることができる。この尾根が小峠山から孔雀岳、十郎山へと続く尾根で、小峠山が不動七重ノ滝の真上にあることがわかる。不動七重ノ滝は名瀑100選の一つで、大瀑布は近寄り難い峡谷を印象づけている。

　小峠山への登山口は水尻トンネルの手前、**奈良交通水尻バス停**である。マイカー利用の場合、上北山村水尻の白川トンネルまで行く。トンネル入口の左側、バス停の横に4〜5台分の駐車スペースがある。バス停からは集落へ向かう道の右側、駐車スペースの奥にある階段を登る。左に墓地を見送ると、尾根道になり急登が始まる。樹木を掴み登る直登の傾斜が緩むと、**675m峰**に着く。明確な道標は無いが、山頂まで稜線伝いの一本道で迷うことはない。

　しばらくは右側が杉植林、左側は自然林の緩やかな境界尾根だが、ひたすら稜線の道が続く。時折、木々の切れ目から台高山脈の一端や大峰主稜線を望み、コブを三つ越えると再び急坂に転じ、**926m峰**へ登り着く。926m峰は南東に展望が開け、眼下の池原貯水池と波打つ峰々の眺めは峰巒重畳として映るの感がある。

　926m峰を後に、鞍部へ下り、転石混じりの歩きにくい斜面を登り返すと、右側がガレた小さなキレットに出る。極力、ガレから距離をとって登ろう。特に下りのとき、登山道からこのガレが見えないので注意を要する。この小キレットからは両側とも自然林の狭い尾根、緩やかに登って行けば、前鬼口から

小峠山展望丘から釈迦ヶ岳

小峠山の展望丘から釈迦ヶ岳

の登山道を迎える**小峠山頂**に着く。

　三等三角点と山名板のある頂きからは、残念ながら展望はきかないが、稜線伝いに続く踏み跡を西へ5〜6分行けば、展望のピークに出る。高野槙とシャクナゲが多いこのコブからは孔雀岳以南の大峰山脈が一望でき、特に釈迦ヶ岳の眺めが素晴らしい。釈迦ヶ岳の山腹には修験道の法脈を今に伝える宿坊、小仲坊が鎮座するのが見える。なお踏み跡は、さらに孔雀岳の方へと細々と続く。見飽きぬ眺めは名残惜しいが、**来た道を忠実に戻る**としよう。

（写真・文／倉原　宰）

無名峰926mから池原ダムを眼下に見る

歩行時間：3時間20分
コースタイム
奈良交通水尻バス停（35分）675m峰（45分）926m峰（30分）小峠山（展望のピーク、往復10分）（15分）926m峰（35分）675m峰（30分）水尻バス停

アクセス
近鉄大阪線大和八木駅〈奈良交通バス湯盛温泉・杉の湯行に乗車。杉の湯で下桑原または池原行に乗り換え〉水尻バス停。

マイカー情報
阪神方面からは松原IC経由、南阪奈道路を橿原市で降りてR169を下北山村の水尻へ。白川トンネル入口の手前左側に（水尻バス停）6〜7台分の駐車スペース。

アドバイス
小峠山へのコースは926m峰まで、木の根や幹を掴んでの急坂である。下山時には注意が必要。小峠山から西へ5〜6分に小高い丘があり、孔雀岳以南の大峰山脈が一望できるが、年々雑木やシャクナゲの成長と共に視界が奪われつつある。

地形図：1/25000　「釈迦ヶ岳」
登山適期：通年（5月中旬〜10月下旬は快適な登山は期待できない）
連絡先：奈良交通吉野営業所☎0747・52・4101、下北山村役場☎07468・2・0001

大峰屈指の秀峰群に登る

釈迦ヶ岳　大日岳　孔雀岳
しゃかがたけ △1800.0m　だいにちだけ ・1568m　くじゃくだけ ・1779m

仏生ヶ岳
ぶっしょうがたけ △1805.1m

孔雀岳の倒木帯から釈迦ヶ岳

　釈迦ヶ岳は近代的な測量技術が導入される明治時代まで、大峰山脈の最高峰とされ、修験者憧れの霊山であった。釈迦ヶ岳への登山コースは大きく分けて、前鬼からの修験道の道と旭口からの登山コースの2つがある。ここでは旭口からのルートを選び、幕営山行とした。

　第1日目　標高1300m地点にある**太尾の新登山口**（峠の登山口）駐車場から笹茂る尾根筋を登る。露岩混じりの急坂を登ると、開けた丘陵状のコブに出る。目指す大日岳が姿を見せ、見通しの良い稜線歩きとなる。イタヤカエデの巨木が多い森を過ぎると、**不動木屋谷登山口からの旧登山道**を左から迎え、軽く登り返して露岩のコブに出る。

　正面に釈迦ヶ岳の山容を楽しむうちに、**古田の森**に着く。森の中を下り、鞍部から夏場はバイケイソウが茂る湿原へ上がれば幕営地**千丈平**である。テントを設営したら大日岳と釈迦ヶ岳を訪れよう。

　行者の隠し水の下から東へ続く山腹の水平道を**深仙宿**へ出たら、避難小屋を左にし、五角仙から**大日岳鞍部**へ向かう。鞍部から正面の三十三尋（約10m）の一枚岩南側、灌木の中を登る。大日如来像がおわす**大日岳**頂きは狭く、視界も北側に限られるが、釈迦ヶ岳・孔雀岳の稜線が望まれる。

　頂きから**深仙宿**へ戻ったら、釈迦ヶ岳への笹の急坂を登る。左の千丈平からの登山道を迎えれば、程なく一等三角点がある**釈迦ヶ岳**に着く。釈迦如来像が安置される頂きは、四方遮るもの無い大展望で、北に弥山、八経ヶ岳、南は南**奥駈道**が一望の下だ。展望を満喫したら千丈平分岐から、**千丈平幕営地**へ下る。

　第2日目　**千丈平**から奥駈道へ出たら**釈迦ヶ岳**へ登る。釈迦如来像北側から、杖捨ての急坂を降りて鉄鉢岩を回り込み、狭い岩稜を辿って、前鬼川源頭の五百羅漢を見下ろす**孔雀覗**へ出る。

　ここから一転してトウヒの林となって**孔**

雀岳に至り、鳥の水と呼ばれる水場を通過すると、シコクダケカンバ疎林の小広い台地に出る。正面に仏生ヶ岳原生林を望み、倒木帯を通り抜ける。道は宇無ノ川源流部を左に俯瞰しつつ、一旦鞍部へ下りて稜線の西面山腹から登り返す。

仏生ヶ岳への取付点には、孔雀岳の場合と同じように山側に小さなケルンがあり、その上の木の枝にも「仏生ヶ岳」のペナントがある。登り着いた笹原の上が仏生ヶ岳で、視界の無い頂には二枚の山名板が残るだけである。帰路は来た道を釈迦ヶ岳へ戻り、テントを撤収したら峠の新登山口へと戻ろう。

（写真・文／金子雅昭）

歩行時間：10時間（第1日目：4時間30分　第2日目：5時間30分）

コースタイム
第1日目：新登山口（30分）1434mの稜線（1時間）古田の森（30分）千丈平（45分）深仙宿（30分）大日岳（20分）深仙宿（35分）釈迦ヶ岳（20分）千丈平
第2日目：千丈平（25分）釈迦ヶ岳（60分）孔雀岳（40分）仏生ヶ岳（40分）孔雀岳（70分）釈迦ヶ岳（35分）古田の森（25分）不動木屋道分岐（35分）新登山口

アクセス
近鉄大阪線大和八木駅（奈良交通バス2時間44分2400円）旭橋（登山口へはタクシー、要予約）

マイカー情報
大阪方面からは西名阪道を柏原ICで降りてR165経由で南下、R42に入り北宇智から京奈和道路に乗り、五條で降りてR168を新旭橋で右折、旧旭橋を渡り、旭貯水池経由、木屋谷林道を太尾の新登山口駐車場（無料14～15台、駐車可能）。

アドバイス
釈迦ヶ岳から仏生ヶ岳の往復は岩稜、やせ尾根、急坂が続く。天候を見極めて行こう。太尾の新登山口には立派なトイレが建っている。水場は深仙宿に香精水、孔雀岳の山頂直下の道沿いに鳥の水がある（近年、秋に枯れることもある）、千丈平の幕営地には行者の隠し水がある。12月中旬～4月上旬の積雪、残雪期は冬山熟達者向き。

地形図：1/25000　「辻堂」「釈迦ヶ岳」
登山適期：4月下旬～12月上旬（アケボノツツジの花期は5月中旬）
連絡先：十津川村役場観光課☎0746・62・0001、三光タクシー☎0746・64・0231、奈良交通お客様サービスセンター☎0742・20・3100

㊻ 釈迦ヶ岳・大日岳・孔雀岳・仏生ヶ岳

⑯ 大峰南部奥駈道を行く

天狗山
てんぐやま △1537.1 m

地蔵岳
じぞうだけ ・1464 m

涅槃岳
ねはんだけ △1376.2 m

証誠無漏岳
しょうじょうむろうだけ ・1301 m

阿須迦利岳
あすかりだけ ・1251 m

　大峰山脈の最深部、持経宿から太古の辻までの奥駈道に峰を連ねる山々を歩くには、下北山村のタクシーが廃業した今、**登山口と下山口まで昔ながらの歩行**が不可欠となった。長いアプローチのため、一層人影薄くなった峰々を訪れてみよう。

　早朝、下北山スポーツ公園の宿舎を出て、池原橋を渡り、右折、Y字路を左にとり、**林道小又池之郷線を終点ゲート**まで行く。対岸に林立する石ヤ塔の大石柱群や渓谷を眺め、更に林道を進めば奥駈道との十字路へ出る。

　右折して**持経宿**へ着いたら、小屋前から尾根伝いの登山道へ入る。30分ほどで、**阿須迦利岳山頂**に着く。シャクナゲ茂る頂きから北へ下り、小さなコブを登り返し、鎖がある急坂を下れば、笹茂る鎖場、トサカ尾の岩場である。登り返した**証誠無漏岳**の頂きも眺望に恵まれない。

　西に奥八人山への道を見送り北へ下ると、ブナ林と笹の草原へと景観が一変。春ともなればミツバツツジが咲き、シロヤシ

般若岳から奥守岳へミヤコザサの尾根を行く

地図中の主な地名・ポイント:

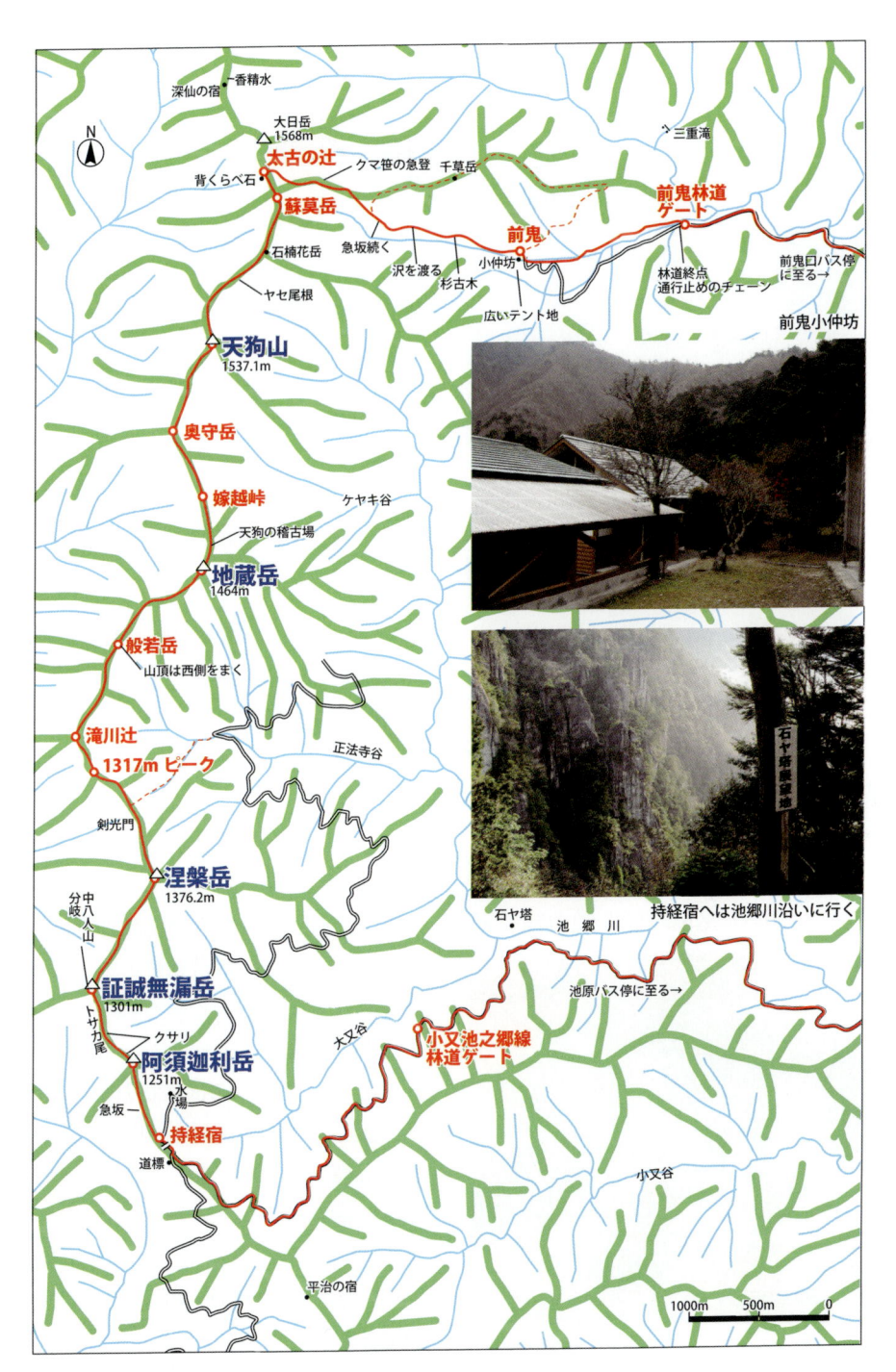

- 香精水
- 深仙の宿
- 大日岳 1568m
- 太古の辻
- 背くらべ石
- クマ笹の急登
- 千草岳
- 三重滝
- 蘇莫岳
- 石楠花旅
- 急坂続く
- 沢を渡る
- 杉古木
- 前鬼
- 前鬼林道ゲート
- 小仲坊
- 広いテント地
- 林道終点 通行止めのチェーン
- 前鬼口バス停に至る→
- 前鬼小仲坊
- ヤセ尾根
- 天狗山 1537.1m
- 奥守岳
- 嫁越峠
- ケヤキ谷
- 天狗の稽古場
- 地蔵岳 1464m
- 般若岳
- 山頂は西側をまく
- 正法寺谷
- 滝川辻
- 1317mピーク
- 剣光門
- 涅槃岳 1376.2m
- 中八人山分岐
- 証誠無漏岳 1301m
- トサカ尾
- クサリ
- 阿須迦利岳 1251m
- 水場
- 急坂
- 持経宿
- 道標
- 石ヤ塔
- 池郷川
- 小又池之郷線林道ゲート
- 池原バス停に至る→
- 持経宿へは池郷川沿いに行く
- 大又谷
- 小又谷
- 平治の宿

石ヤ塔展望地

1000m 500m 0

⓻⓺ 天狗山・地蔵岳・涅槃岳・証誠無漏岳・阿須迦利岳

涅槃岳から天狗岳へは幾つもの峰が連なる

オの純白とバイケイソウの緑が目に沁みることだろう。主稜線を遠望しつつ、正面に見えるピークを越え、高原状稜線から**涅槃岳**に登る。涅槃岳山頂からの眺めは雄大。360度の展望を楽しもう。涅槃岳から北側を望むと、地蔵岳の長い尾根が見てとれる。尾根の左端が1317mピーク、その右奥が地蔵岳である。

　頂きを後に、斜面を下ったところが剣光門（乾光門）である。登りに転じ尾根に出て**1317mピーク**を越え、大峰大渓谷の一つ池郷川から正法寺谷を遡行してくるコースが通じる滝川辻（たきごう）を通り、小さなコブを幾つか越えると、巨岩が現れ**般若岳**（はんにゃだけ）を回り込む。この先、地蔵岳まで草原状の道が続く。

　地蔵岳頂上から北へ少し下ると、天狗の稽古場と呼ばれる高原状の台地となる。急坂を下り、嫁越峠（よめこし）から笹原の急登を行き、針葉樹が繁茂するコブを過ぎれば**奥守岳**（おくもりだけ）である。なだらかな起伏を上り、ガレを過ぎると**天狗山**の頂きだ。狭い頂上は鋭鋒大日岳と釈迦ヶ岳の絶好の展望台である。

持経宿から阿須迦利岳へ

石楠花岳付近から釈迦ヶ岳方面　　　　　　　　　　前鬼川不動七重ノ滝

　露岩まじりの笹原を下り、やせ尾根を登り返すと**石楠花岳**（しゃくなげだけ）に着く。一帯はシャクナゲに覆われ展望はない。**蘇莫岳**（そばくだけ）の登りは、巨岩が点在する広々とした草原へと一変する。頂上付近はシャクナゲ混じる樹林帯。仙人の舞台石を過ぎると下りになり、**太古の辻**に着く。

　背くらべ石の前から右折、両童子岩を経て、**前鬼の小仲坊**（ぜんきのおなかぼう）へ向かって下山する。小仲坊から舗装林道をゲートまで下り、更に不動七重ノ滝展望台を経て**前鬼口バス停へ**。

（写真・文／倉原　宰）

歩行時間：13時間10分
コースタイム
池原バス停（2時間30分）小又池之郷線林道ゲート（1時間10分）持経宿（35分）阿須迦利岳（35分）証誠無漏岳（35分）涅槃岳（35分）1317mピーク（15分）滝川辻（20分）般若岳（30分）地蔵岳（15分）嫁越峠（25分）奥守岳（20分）天狗山（25分）蘇莫岳（10分）太古の辻（1時間30分）前鬼（30分）前鬼林道ゲート（2時間30分）前鬼口
アクセス
近鉄吉野線大和上市駅から奈良交通バス湯盛温泉杉の湯行きで終点の杉の湯下車、下桑原または池原行き奈良交通バスに乗り換え、池原下車。下山口の前鬼口も同じ。
マイカー情報
阪神方面からは松原IC経由、南阪奈道路を橿原市で降りてR169を下北山村池原へ。音枝峠（トンネル）を出て最初の信号で右折、小橋を渡って右折、小又池之郷線林道ゲートへ。
注意：平成26年2月12日現在、小又池之郷線林道は崩落により通行止。要事前確認。
アドバイス
公共交通機関利用の場合、入山前夜に下北山泊、下山日は前鬼小仲坊泊の2泊3日の日程になる。宿泊施設は下北山スポーツ公園「宿舎やすらぎ、くすのき」、前鬼「小仲坊」の他、持経宿（無人）がある。日帰り温泉施設は下北山温泉「きなりの湯」がある。
地形図：1/25000　「池原」「釈迦ヶ岳」
登山適期：4月上旬〜12月上旬
連絡先：奈良交通吉野営業所☎0747・52・4101、下北山村役場☎07468・2・0001、下北山スポーツ公園☎07468・5・2711、下北山温泉きなりの湯☎07468・5・2001、小仲坊（五鬼助義之氏）☎07468・5・2210（但し、無雪期の土日祝祭日のみ、これ以外の時期は☎0728・34・1074へ）

大峰山系最奥のユニークな峰々

(77) 石仏山　中八人山

いしぶつやま　・1158 m　　なかはちにんやま　△ 1396.9 m

大峰山脈南部、証誠無漏岳（しょうじょうむろうだけ）から西に派生する尾根上にどっしりと構える奥八人山（おくはちにんやま）、中八人山はさらに石仏山へと続き、その西端は十津川本流の風屋（かざや）付近に至る。山中深くアプローチは困難を極める。明るい樹間広がる芽吹きの頃が歩きやすい。コブシ,タムシバ、ミツバツツジ、シロヤシオが咲きそろう旬も捨てがたい。

国道168号線の風屋トンネルを抜けて、日本の滝百選の笹の滝の標識から、滝川（たきごう）に沿って走る村道を行く。滝谷にかかる**滝谷橋が登山口**で保安林のプレートとモノレール小屋を目印に、石仏山への急登が始まる。

滝谷側の伐採地に出、檜の美林帯を見て進む。美しい天竺山（てんじくやま）の稜線を背に、**744mの独標**からシャクナゲ混じりの厄介な根株を漕いで高度を稼ぐ。**モノレールの終点**からふたたび急登となり、1000m付近の尾根の分れで**「見行谷」「滝谷橋」のプレート**を見る。スズタケの途切れた自然林に出、左手に釈迦ヶ岳や弥山（みせん）の稜線を望む頃、石仏山の由来とされる**大岩**に出合う。5分ほどで**石仏山山頂**。隣り合う**南峰**に点在する大小10個以上の自然石が羅漢にも見て取れる。

中八人山への稜線は、大塚の森、宮（みや）の谷（たに）の頭（かしら）、西八人山と大きな起伏を描いて連なる。大峰特有の明るい尾根は、淡く漂う疎林のトンネルで、芽吹き前のブナ、ミズナラ、ヒメシャラの木の間越しに七面山（しちめんざん）、孔雀岳（くじゃくだけ）から続く靡（なびき）の道を望む贅沢なプロムナードだ。立ち枯れのスズタケのブッシュも以前と比べてほとんど苦にならず、大塚の森から**宮の谷の頭**へ登り返す。指呼に迫った**西八人山、中八人山**めがけて小さな鞍部へ下り、スズタケの密生地を駆け上り、庭園のように広やかな肩に出る。

直進して**西八人山**を踏み、踵を返してさらに緩やかな草付きの広い斜面を**中八人山**へと登る。山頂手前で、奥八人山からの踏み跡が出合う。大峰縦走路の証誠無漏岳（しょうじょうむろうだけ）へと連なる道だ。静まりかえった中八人山から僅かに南下して、優しい南八人山の風貌に接するもいい。1時間も

奥八人山から南八人山へ

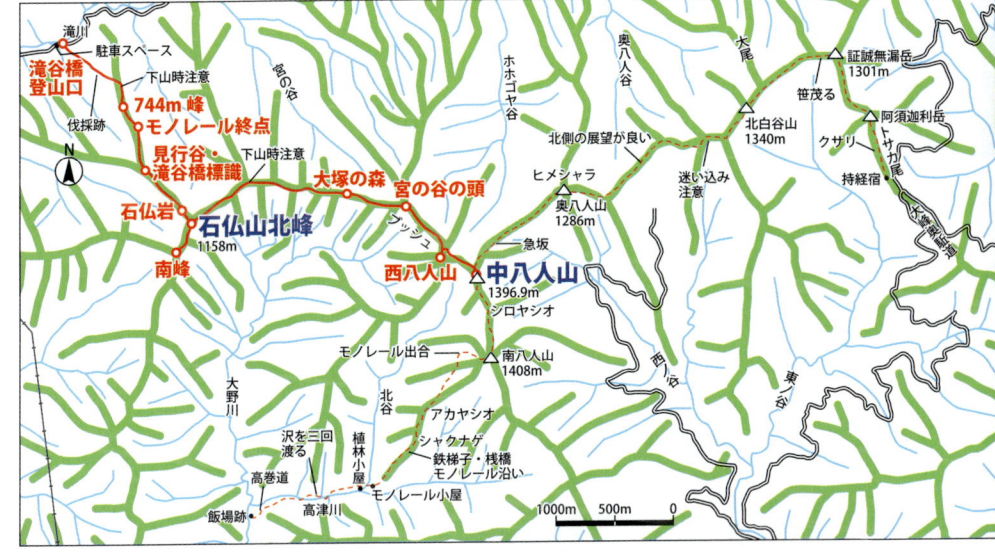

みれば**南八人山**のピストンも可能だ。

　いくつものユニークな八人山に囲まれ、見飽きることのないはるかな修験の峰々を望みながら、帰路は単調ながら**忠実に往路**を辿ろう。十津川村の黄色の山林境界杭が導いてくれる。石仏山から滝川への急な下りには慎重を期したい。

（写真・文／柏原通昌）

奥八人山の方から見る中八人山は意外と端正な山容

歩行時間：6時間50分
コースタイム
滝谷橋（40分）744m峰（30分）モノレール終点（20分）見行谷・滝谷橋標識（25分）石仏岩（5分）石仏山北峰（5分）南峰（40分）大塚の森（20分）宮の谷の頭（35分）西八人山（15分）中八人山（20分）宮の谷の頭（10分）大塚の森（50分）石仏山北峰（45分）744m峰（50分）滝谷橋
アクセス
登山口までのアプローチが不便なため、マイカーでの登山としている。
マイカー情報
大阪方面からは西名阪柏原ICで降り、山麓道から京奈和道へ、五條で降り、R168を風屋トンネル経由、滝川口「笹の滝」標識で左折、村道を滝谷橋まで行く。駐車スペース4〜5台。

アドバイス
紹介コースに危険箇所は無いが体力、登山の基礎知識（天気図作成・読図など）および地図・磁石、またはGPS必携。悪天候時の安易な入山は危険。単独行は避けたい。
サブコースとして大峰奥駈道の証誠無漏岳から西に派生する奥八人山、中八人山、南八人山、西八人山をピストンするコースも考えられる。持経宿で一泊して、往復9時間10分の歩行時間となる。魅力あるコースだが、読図力が求められるコースである。また中八人山から南八人山を経て、高津川へのルートも考えられる。
地形図：1/25000　「風屋」
登山適期：4月上旬〜12月上旬
連絡先：五條市役所大塔支所☎0747・36・0311、大塔温泉夢乃湯☎0747・36・0058

❼ 石仏山・中八人山　173

㉘ 隠れ里を結ぶ峠から山頂へ

ブナ山
ぶなやま　△ 1119.5 m

高時山
たかときやま　・1055 m

　風屋貯水池の東に位置するブナ山と高時山は高津と風屋の集落を結ぶ三里越の山で知られる大峰前衛の里山である。春の芽吹きの頃や秋深まる頃、高津と風屋、二つの隠れ里をむすぶ二つの峠を訪ね、一日のんびり歩くには丁度よい山だ。

　この山へは**マイカー利用が便利**だ。国道168号線を高尾谷の手前にある**高津バス停**まで行き、橋を渡って、すぐ左の村道に入る。回転半径の狭い車でも、一度では曲がりきれないヘアーピンカーブを4回曲がって、昔も今も変わらないのどかな村の中へ入る。最初の分岐を直進し、二つ目の分岐を左折してまっすぐ進む。途中、道は幾つか分岐するが、最奥の民家まで行き、**林道入口の駐車スペース**に置かせてもらう。

　林道入口から20mほど進むと、誰が設置したのか「三里山」への道標がある。ここから山道、鹿除けネットを潜って、よく踏まれた道を烏峠へ向かう。この道は三里越と呼ばれ、高津と風屋をむすぶ街道だったと聞く。小滝のある小沢を2つ過ぎ、春なら苔むすガラ場をサクラ吹雪が迎えてくれよう。

　つづら折りに登って行けば**烏峠**（今は「高津峠」の道標がある）に着く。右へ行けば10分ほどで**三里山**へ行ける。時間が許せば往復するのも良いだろう。

　目指すブナ山・高時山へは左の尾根を行く。二次林の中を登って行けば、**無線反射板**が建つ967m地点へ出る。フェンスに沿って左側から回り込み、再び尾根道を登る。振り返れば風屋ダムが木の間に垣間見られ、やがて二等三角点がある**ブナ山**に着く。かつては測量櫓に登って展望を楽しんだが、今は朽ちてなく、成長した二次林に囲まれ展望はない。

　高時山へは南へ下り、**釈迦ヶ岳**、**七面山**を木の間にする鞍部へ下って、急坂を登り返せば、アセビが茂る平坦な**高時山**に至る。ブナ山から1時間あれば、ゆっくり往復できる距離である。

　ブナ山からは、**北西尾根分岐**から**北西尾根**を下る。植林境界のこの尾根は

法主尾山付近からブナ山と高時山

明るい雑木に囲まれたブナ山の頂上

踏み跡が薄く急坂もまじる。左の枝尾根に入らないよう注意して下れば、**滝川からの道**を右から迎え、しっかりした赤松の古木が並ぶ道になる。

やがて階段道となり672m付近で**高津への道**が左に分岐する。道標は無いが、この道を選び階段道を下って行けば、小沢を三本横切り、水源地へ出る。左に石垣が残る道を選び、民家が現れたら庭先を抜け、**高津の村**を一望する駐車場へ出る。舗装路を30mほど下って、左の民家の裏を通れば、今朝、車を置いた**林道入口の駐車スペース**に着く。

(写真・文／小島誠孝)

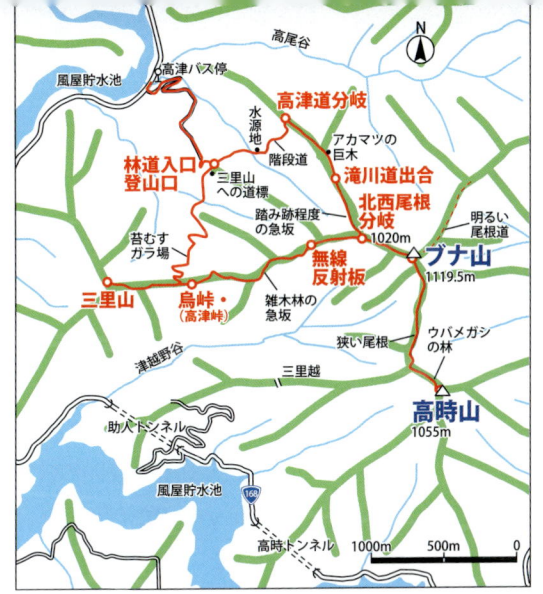

高時山への途中から釈迦ヶ岳を垣間見る

歩行時間：4時間10分
コースタイム
林道入口(35分)烏峠・高津峠(三里山往復25分)(50分)無線反射板(20分)ブナ山(25分)高時山(30分)ブナ山(10分)北西尾根分岐(20分)滝川道出合(10分)高津道分岐(25分)林道入口

アクセス
近鉄大阪線大和八木駅(奈良交通バス3時間17分2550円)高津

マイカー情報
大阪方面からは五條からR168を南下、天辻峠経由、高津バス停を目指す。高津バス停の先で高尾谷の橋を渡り、すぐ左の村道を林道入口まで行く(2台程度の駐車スペース)。

アドバイス
公共交通機関利用の日帰り登山は困難。駐車に際しては、邪魔にならないよう注意が必要。R168沿いの天辻峠に天体観測ができる星の里、天誅組本陣跡、大塔村には日帰り温泉夢乃湯や、日本一長い谷瀬ノ吊り橋などがある。
地形図：1/25000　「風屋」
登山適期：3月下旬〜12月上旬
連絡先：五條市役所大塔支所☎0747・36・0311、大塔温泉夢乃湯☎0747・36・0058

❼⑧ ブナ山・高時山　175

山村を結ぶ古道が残る里山を歩く

㉷ 天竺山 てんじくやま △1024.8m

　中八人山への登路、744m独標付近から北の方を振り返ると、大きく形の良い山が滝川渓谷を挟んだ対岸に望まれる。天竺山である。全山緑に覆われ、展望は望むべくもなさそうだ。何やら曰くありげな山名についても由来は定かでなく、大峰に興味がある向きには登ってみたくなる山でもある。

　公共の交通機関を利用しての天竺山へのアプローチは極めて不便である。大阪方面から訪れる場合、国道168号線を津越瀬で左折、笹の滝への道を内原バス停まで行く。

　滝川の向こうに内原の集落を眺め、100mほど進むと、左側にトイレが建つ**広場（駐車場）**がある。ここに車を止める。トイレの後にある廃トンネルを反対側へ回り込むと吊り橋が現れる。これを渡ると小道が二分する。右の滝川右岸の道を行く。山裾を絡み進む途中、左の尾根に顕著な踏み跡を見るが先へ進み、右に墓地がある奥里集落入口まで行く。ここの左の尾根が取付である。

　枯れ枝と転石が多く歩きにくい急登がしばらく続き、やがて、684m峰へ尾根通しに登る踏み跡と西側山腹を絡み斜上する道に分岐する。左の西側山腹を絡む道を選び登って行けば、先ほど奥里集落へ向かう道の途中で見送った尾根からの旧杣道を左から迎え、右へ斜上して**684m無名峰と天竺山の鞍部**に出る。

　鞍部から先は尾根幅が狭くなり、左側が大きく削られたガレの上へ出る。このコースで唯一、眺望が得られる場所だが視界は西に限定される。ここから尾根の東側を登るようになるが、降り積もった落ち葉で歩きにくい。834mのコブ付近までくると尾根幅が広がり、傾斜も緩んで三等三角点と山名板がある**天竺山**の頂きに着く。頂きから展望は得られない。

　山頂を辞したら北東へ50mほど進み、左のカールへ下ってから前方の尾根に乗る。だだっ広い尾根は、やや左寄りに西へ下る。最初は尾根が広く踏み跡も薄い

ガレの上部へ出ると西に展望が得られる

が、すぐに顕著な道になって、左に赤松の大木が残る**栗平の分岐**に出る。左の道を下れば再び赤松の巨木を左にして、TVの協調アンテナが立つ場所に着く。

更に先へ進むと**鞍部の十字路**に出る。ここで左折して山腹を下れば足場の悪いザレ場をトラバースすることになる。鞍部から少し先で左に**新しい小道**が分かれる。これを行けばザレ場を通らずにすむ。標高500m付近で両方の道は合流する。転石の多い坂道を足元に注意して下れば視界が開け、**内原**に着く。あとは**貯水槽**の横から対岸の広場を目指して行けばよい。

（写真・文／小島誠孝）

天竺山の頂きは平坦だが展望は得られない

内原からは天竺山の頂きがわずかに覗く

歩行時間：4時間15分
コースタイム
駐車場（5分）才谷・奥里分岐（20分）奥里入口（20分）旧杣道出合（10分）684m無名峰鞍部（1時間）天竺山（25分）栗平分岐（30分）鞍部十字路（25分）新道出合（30分）貯水槽（30分）駐車場

アクセス
公共交通機関の場合、奈良交通五條バスターミナル（JR和歌山線五条駅）から十津川方面行きに乗車、上野地発または十津川温泉発の村営バス、風屋花園で乗り換えになるが、便数が極端に少ない。利用に際しては事前確認が必要。

マイカー情報
マイカー利用の場合、京阪神方面からは五條か

らR168を新宮方面へ、風屋隧道を出てすぐの津越瀬で笹の滝への道を選び内原の広場（駐車場10～15台駐車可能）へ。

アドバイス
大ガレの上部から834mコブへ向かう斜面の道は、落ち葉が降り積もり、滑りやすい。滑落の恐れもあり、慎重に行動したい。天竺山からの帰路、山頂北東のカール付近で踏み跡が乱れる。GPS或いは地形図と磁石で確認してから行動しよう。

地形図：1/25000 「風屋」
登山適期：3月下旬～月上旬、及び10月下旬～12月中旬以外、快適な登山は望めない。
連絡先：十津川村観光協会☎0746・63・0200、奈良交通本社☎0742・20・3150、夢乃湯☎0747・36・0058

大峰南部奥駈道の最深部を歩く

転法輪岳
てんぼうりんだけ △1281.5 m

倶利迦羅岳
くりからだけ ・1252 m

行仙岳
ぎょうせんだけ △1227.3 m

　大峰奥駈道（おくがけみち）の最深部に位置する転法輪岳・倶利迦羅岳・行仙岳は、持経宿（じきょうのしゅく）から佐田辻（さだのつじ）の行仙宿（ぎょうせんのしゅく）山小屋までの間にあり、この山々だけを登るのは極めて困難であったが、池郷林道と奥地川林道が通じ、今では比較的簡単に登れるようになった。

　下北山スポーツ公園の宿泊施設からはタクシーで池郷林道を行く。右に深く切れ込む谷に奇岩怪石が林立する石ヤ塔を眺め行けば**林道ゲート**に着く。ゲートから緩やかに続く林道を50分ほど行けば稜線の峠に着く。**白谷林道分岐**（しらたに）である。直進する白谷林道の左側、石の道標から尾根上の奥駈道へ上がる。

　道はすぐに不動明王の祠と「森の巨人たち百選」に選ばれた樹齢800年といわれる檜のある第22靡（なびき）へ出る。ヤシオツツジの古木やブナの茂る道は小さなコブを3つ越え、新宮やまびこぐるーぷの標識を見て**平治宿避難小屋**（へいじのしゅく）に着く。広場を挟んで左にトイレがあり、水場も尾根の左側へ7〜8分の場所にある。西行の歌碑や今西錦司の植樹が残る小屋前からは、遠く大日岳・釈迦ヶ岳が望まれる。

　小屋を後にし、前方の急坂を登る。五月上旬ならアケボノツツジの花を眺め行けば、何時しか**転法輪岳**二等三角点の頂きに着く。頂きから木の間越しに大日岳や釈迦ヶ岳、台高山脈が望まれる。山頂の釈迦の説法岩から植林境界を行き、西側山腹を絡めば倶利伽羅岳の側壁下に出る。左の小さなガレ状の鎖場を登り、鞍部へ出て右へ行けば**倶利迦羅岳**である。

　展望の得られない枯れ木の山頂から植林境界尾根を行く。正面に急坂が現れたら西側の山腹の怒田宿跡（ぬたのしゅく）への横駈道を行く。笹の茂る稜線へ出て奥駈道に合したら**怒田宿跡**に着く。石の道標がある広い鞍部の西側に金剛童子の像を見て、NTTパラボラアンテナが立つ行仙岳へ直登する。急登しばし、枯古木の下に三角点と石の道標が立つ**行仙岳**に登り着く。山頂から振り返れば、左に中八人山、中

下山路から転法輪岳と倶利迦羅岳を振り返る

行仙岳の頂きには無線中継局の建物もある

央に釈迦ヶ岳、仏生ヶ岳などが望まれる。

　行仙岳からは奥駈道を5分ほど下れば行仙岳登山口への道が分岐する。この道はNTT巡視路で、少し下ると最初の鉄梯子(てっぱしご)が現れる。ここから転法輪岳や倶利迦羅岳がよく見える。最後の展望を楽しんだら、**白谷トンネル東口**(登山口)まで下ろう。

（写真・文／小島誠孝）

歩行時間：7時間35分
コースタイム
池原バス停（2時間30分）池郷林道ゲート（1時間10分）奥駈道・白谷林道分岐（45分）平治宿（25分）転法輪岳（35分）倶利迦羅岳（1時間）怒田宿跡（10分）行仙岳（太峰山）（5分）行仙岳登山口分岐（35分）白谷トンネル東口（下山口）
アクセス
往路：下北山スポーツ公園（泊）
復路：白谷トンネル東口（登山口）に回送しておく
マイカー情報
大阪方面からは西名阪道・南阪奈道路を橿原市でR169に入り下北山村を目指す。音枝峠（トンネル）を出て最初の信号で右折、小橋を渡って右折、池郷林道ゲートへ（ゲート前の駐車スペースに3〜4台駐車可能）。
池郷林道は平成25年3月1日現在、崩落のため通行禁止。復旧予定は平成26年頃。
アドバイス
危険箇所は無いが、公共交通機関の利用は困難。マイカー利用登山になる。下山口の白谷トンネル東口に車を回送しておく。
注意：平成26年2月12日現在、小又池之郷線林道は崩落により通行止。要確認。
地形図：1/25000 「大沼」「池原」「十津川」「釈迦ヶ岳」
登山適期：3月下旬〜5月上旬と10月下旬〜12月上旬
連絡先：下北山村役場地域振興課☎0746・82・0001 下北山スポーツ公園☎0746・85・2711 福嶋モータース（車回送業）☎07468・2・0039

❽⓿ 転法輪岳・倶利迦羅岳・行仙岳

大峰奥駈道の難所を踏破

(81) 香精山　東屋岳　地蔵岳

こうしょうやま　△1121.9 m　　あずまやだけ　・1230 m　　じぞうだけ　・1250 m

案内 map は(82)と共通です

十津川の支流、百間嵓（ひゃっけんぐら）を擁する芦廼（あしの）瀬（せ）川と北山川の支流、葛川（くずかわ）に挟まれた山峡に位置する山々は急峻な岩稜が多く、大峰奥駈道（おくがけみち）の中でも険しい場所の一つとなっている。京阪神からの日帰りは困難であり、山中泊か登山口となる。十津川村の民宿を利用するのがよい。

十津川村営バス（瀞八丁行）を**上葛川口**（かみくずかわぐち）で下車。バス停は三叉路にあり、左は上葛川の集落、右は瀞峡（どろきょう）へと通じる。150mほど戻り右の林道に入る。ここが登山口で標識が設置されている。

登山口から数分で林道を離れ登山道に入る。左下に墓地を見て登る。山腹を左右に絡み登る道は、枝道も見るが迷うことなく主稜線（奥駈道）の峠に出る。立派な道標が立ち、21世紀の森・森林植物公園への道が通じる。北に稜線を行けば、すぐ上が**古屋宿跡**（ふるやのしゅく）である。

塔ノ谷峠の手前で左へ分岐する横駈道は廃道になっている。直進し急な階段道を登り切ると、なだらかなコブに出る。少し下ると、右から塔ノ谷道が出合い、金剛童子の石柱が立つ鞍部に着く。

鞍部からは階段の急登である。大きな岩がある**貝吹野**（かいぶきの）を通過し、登り切ると1023m無名峰に出る。さらにコブを越え、尾根が再び傾斜を増し自然林に変わると、ほどなく**香精山**に着く。香精山は双耳峰で山頂は展望に恵まれないが、春にはアケボノツツジが目を楽しませてくれる。

香精山から北へ下ると送電鉄塔が現れる。一帯は伐採され展望が広がる。このコースでは数少ない展望ポイントである。コブを一つ越えると**四阿宿跡**（あずまやのしゅく）に着く。更に直進すると**東屋岳**だ。**地蔵岳**へは右折する。

地蔵岳から槍ヶ岳の間は岩場とやせ尾根

槍ヶ岳を越えるまで、やせ尾根の岩峰が続く南部奥駈道最大の難所だ。アケボノツツジ、シャクナゲ、イワカガミの群落に慰められ、間断なく続く鎖とフイックスロープを伝

う。槍ヶ岳もいつしか通過して急峻なやせ尾根を下り、送電鉄塔から振り返ればアケボノツツジ、シャクナゲが新緑に映える槍ヶ岳が眩しく聳える。

葛川辻からは右の巻道を下る。不動滝、枝又滝と眺めて行けば上葛川の村道終点に至る。道なりに行けば**上葛川口バス停**に出る。

（写真・文／倉原　宰）

木の間越しに地蔵岳が見える

葛川辻への鞍部から槍ヶ岳を振り返る

82 笠捨山・蛇崩山と共用

歩行時間：7時間5分

コースタイム
上葛川口バス停（40分）古屋宿跡（45分）貝吹金剛（45分）香精山（50分）四阿宿跡（30分）水場分岐（15分）地蔵岳（20分）槍ヶ岳（30分）葛川辻（2時間30分）上葛川口バス停

アクセス
五條バスセンター（JR和歌山線五条駅）から十津川温泉行き奈良交通バスで十津川村役場前下車、十津川村営バス（瀞八丁行き）に乗り換えて上葛川口下車。

マイカー情報
国道168号線で十津川村へ、滝から国道425号線に入り、分岐を林道笠捨瀞線（瀞峡に向かう）にとって、葛川遂道の手前まで行く（4〜5台分の駐車スペース）。ここから上葛川バス停まで徒歩で20分。

アドバイス
地蔵岳手前に水場がある。南へ10分も下れば着くことができるが、晴天続きだと涸れることがある。当該コースは公共交通機関利用の場合、最低1泊2日は必要。マイカー利用の場合も京阪神方面から訪れるなら、前夜発としたい。

地形図：1/25000　「十津川温泉」「大沼」

登山適期：3月中旬〜5月上旬と10月下旬〜12月上旬

連絡先：奈良交通お客様サービスセンター☎0742・20・3100、十津川村役場（村営バス）☎0746・62・0001、十津川村観光協会☎0746・63・0200

81 香精山・東屋岳・地蔵岳　　181

大峰山脈南部の人知れぬピーク

⑧² 笠捨山
かさすてやま △ 1352.7 m

蛇崩山
だぐえやま ・1172 m

案内 map は⑧¹と共通です

　笠捨山は、十津川の支流、百間嵓を擁する芦廼瀬川と瀞八丁で有名な北山川に挟まれた山域に位置する。蛇崩山は、笠捨山の南へと続く枝尾根から東に派生した尾根上のピークである。

　上葛川口で下車。バス停は三叉路にあり、上葛川の集落へは左の道をとる。今では珍味となった感のあるゼンマイ畑を見ながら上葛川の集落を通り抜けると林道終点になる。ここからは、葛川右岸の関電巡視路を、ひたすら葛川辻を目指す。

　葛川辻は人工林の静かな峠である。西の地蔵岳からの奥駈道に出合う。東へと進むと、すぐに分岐となる。左は笠捨山の巻き道だが今は廃道になっている。直進して尾根を登る。尾根が狭まり傾斜を増せば、シャクナゲが目立つようになり、**笠捨山**（西峰）に着く。

　蛇崩山へは、東へすぐの反射板が設置されている**笠捨山東峰**山頂から行く。山頂の展望はよく、南北に続く大峰奥駈道を一望できる。南側土手に向かって左端から笹茂りの道に入り、すぐの分岐を直進すると茶臼山に至る。右折して自然林の明るい急坂を下り、平坦な踏み跡程度の尾根道を行く。

　露岩が現れるようになると尾根は二つに分かれる。この露岩で左の尾根を下る。少し下れば平坦な尾根道となる。登りに

花折塚付近から笠捨山の朝焼け

登山者でにぎわう笠捨山山頂

を下る。

　明日平を過ぎると863.4m峰を踏むことなく左へ下り、尾根を離れる。左に鹿よけフェンスが見える分岐は左折。直進する道は旧道（廃道）だ。左折し、しばらく下るとフェンスが現れる。フェンス沿いに左へ下り、ゲートを通り抜け、道なりに下れば、水源地を経て葛川に架かる橋に出る。橋を渡れば、元民宿浦島前の道に出る。左折すれば10分ほどで**上葛川口バス停**に着く。

（写真・文／倉原　宰）

なると、わずかで**蛇崩山への分岐**1168mとなる。直進し25分ほどで蛇崩山に着く。展望はないが、美しいブナ林が包み込んでくれる。

　奇名ピークに足跡を残し分岐に戻る。左折して尾根を下って行くと、尾根は途切れ急斜面になる。わかりづらいが見下ろすと、左右に尾根らしきものが見てとれる。右の尾根を下り、鞍部の廃屋跡から登り返し、尾根の東側を巻くように進む。シダが茂る斜面を過ぎると登山道も明瞭になって尾根を乗り越し、西側の植林帯

蛇崩山の下山路から見る上葛川の村は箱庭のようだ

歩行時間：9時間
コースタイム
上葛川口バス停（4時間）葛川辻（30分）笠捨山（1時間20分）蛇崩山分岐（25分）蛇崩山（25分）蛇崩山分岐（1時間10分）明日平（1時間）上葛川（10分）上葛川口バス停
アクセス
五條バスセンター（JR和歌山線五条駅）から十津川温泉行き奈良交通バスで十津川村役場前下車して、ここで十津川村営バス（瀞八丁行き）に乗り換えて下葛川口下車。
マイカー情報
国道168号線で十津川村へ、滝から国道425号線に入り、途中国道を離れ林道笠捨線に向かう（瀞峡方向）。葛川遂道まで行くと、その手前に4〜5台分の駐車スペースがある。この先に駐車

スペースはない。ここから上葛川バス停まで徒歩で20分である。
アドバイス
葛川辻から笠捨山までは、世界遺産大峰奥駈道である。京阪神からだと最低でも一泊二日を要する。公共交通機関利用の場合、ダイヤ確認が必要。笠捨山から蛇崩山、上葛川のコースに道標は無い。道迷いに注意。蛇崩山分岐の先、急斜面を下りきったところで、尾根の北側1〜2分のところに水場がある。
地形図：1/25000　「十津川温泉」「大沼」
登山適期：3月中旬〜12月上旬
連絡先：奈良交通お客様サービスセンター☎0742・20・3100、十津川村役場（村営バス）☎0746・62・0001、十津川村観光協会☎0746・63・0200

干支の山から太平洋が望める山頂へ

⑧³ 卯月山　斧山　玉置山
うづきやま △943.1 m　よきやま ・829 m　たまきやま △1076.8 m

斧山へは露岩のやせ尾根が混在する登り

　二津野ダム湖畔の集落から斧山、卯月山という大峰山脈の支尾根にあり、ともすれば忘れられそうな里山を訪れ、南北朝時代の歴史秘話が残る花折塚に立ち寄ってから玉置山の頂きへ行くという、ちょっと欲張りな世界遺産大峰奥駈道の名所・旧跡巡りをしてみよう。

　折立橋の手前、南都銀行前から左の林道へ入り、**八大龍王社前**の駐車スペースに駐車。来た道を戻り、**折立バス停**の先、郵便局前から右の枝道へ入る。折立中学の横を通り、広域農道を横断し、モノレールと交錯して斜上する**足立神社**への道を行く。境内にあるモノレール終点の右側から山道へ入る。

　100mほど先で左の尾根へ上がり、ア

花折塚付近から卯月山（手前）と斧山

ンテナケーブル沿いに尾根を登って行く。狭い尾根に露岩が現れると更に傾斜を増す。木の根、岩角を摑み登って**四等三角点**がある478.7m地点に出る。尾根はやや左から右へ振り、岩稜に出る。ここは直登しても左へ巻いても大差はない。岩稜を過ぎると傾斜が緩み、斧山・卯月山の鞍部への踏み跡（廃道）が右に分かれる。

　ここから薄暗い樹林をひと登りすれば廃小屋跡がある狭い**斧山山頂**に着く。腰も下ろせない頂きを後に、露岩のコブを踏み越えれば鞍部の先は広々とした稜線である。やがて道は899mのコブを越え、植林に囲まれた卯月山（別名：王走り山）の山名板がある**卯月山**に着く。

　卯月山から尾根を南へ下って**高滝分岐**へ出る。分岐を左へ進み、玉置山分岐も左を選び花折塚方面へ向かう。落葉広葉樹林の道を登って舗装林道に出

184　Ⅴ 大峰山系

たら左へ進み、右の道標から花折塚まで行く。静寂な森に囲まれ南朝伝説に思いを馳せたら、先ほどの舗装林道へ戻って、そのまま展望台を経て**かつえ坂展望台**まで進み、左の山腹を絡み行けば勧業山碑の十字路に出る。時間が許せば宝冠ノ森を往復するのもよいが、右上へ続く細道を登ろう。10分ほどでシャクナゲに覆われた**玉置山**の頂きに着く。

晴れた日は熊野灘を行き交う船も望まれると聞く山頂には、石地蔵が祀られ**一等三角点**がある。花期にはシャクナゲの花で飾られる頂きからの展望で爽快感にひたったら頂きを辞し、南へ杉の原生林を下って、崇神天皇の頃に創建されたという**玉置神社**に詣で、神代杉や枕状溶岩流の跡などを訪ね巡ったら、**玉置神社駐車場**のトイレ裏側から林道を横断。手すりのある坂を上って、道標を右折し、玉置神社参詣道に入る。

樹林の道に十三丁を見送れば、やがて林道を横断し、**玉置山登山口**へ下り着く。**八大龍王社**は林道を右へすぐである。

（写真・文／小島誠孝）

歩行時間：6時間5分
コースタイム
八大龍王社（10分）折立バス停（35分）足立神社（30分）四等三角点（1時間15分）斧山（40分）卯月山（10分）高滝分岐（25分）林道出合・卯月山登山口（10分）花折塚（15分）かつえ坂展望台（25分）玉置山（10分）玉置神社（20分）玉置神社駐車場（1時間）八大龍王社

アクセス
近鉄大阪線大和八木駅（奈良交通バス新宮行に乗車、4時間5分）折立で下車

マイカー情報
京阪神方面からはR168を南下、休日なら折立中学にお願いして駐車できるが、南都銀行前で右折、林道を200メートル先の八大竜王社駐車場スペース（4〜5台）がある。

アドバイス
公共交通機関利用の場合、大阪方面からの日帰り登山は困難。足立神社から斧山へのコースは短いが露岩の多い急坂が続く、慎重に行動したい。高度差のあるロングコースとなる。日照時間の短い秋から冬季は時間に余裕を持たせたい。

地形図：1/25000 「十津川温泉」「伏拝」
登山適期：通年
連絡先：十津川観光協会☎0746・63・0200、十津川温泉昴☎0746・64・1111、奈良交通☎0742・20・3150、サンコータクシー☎0746・64・0231

大峰南奥駈道の最南端の峰へ

(84) 大森山 おおもりやま ・1078 m **五大尊岳** ごだいそんだけ ・825 m **大黒天神岳** だいこくてんじんだけ △573.9 m

　南奥駈道の起点、玉置神社の南、旧篠尾辻から行く先を眺めると篠尾の集落を眼下に、目指す五大尊岳が目の前に聳える。振り返れば、玉置山を中心に宝冠ノ森、卯月山の山々が横一列に展開する。逆峰奥駈をすれば、良くぞここまで歩き通せたと、感慨深い。

　奥駈道の起着点になる**玉置神社宿坊**を出て、創建は崇神天皇の時代という本殿に山行の無事を祈願したら石段を下った右にある奥駈道の道標に従い、杉古木の犬吠え坂を**玉置辻**(本宮辻)へ下る。舗装林道を左方向へ横断、林道を**林道終点**まで行き山道へ入る。すぐに石柱道標があり「玉置神社へ3km　熊野本宮へ12.7km」を示す。

　杉植林の急登しばし、**大平多山・甲森と大森山への道が分岐**する稜線に出る。分岐を右にとれば旧篠尾辻手前左側の山抜け跡から篠尾の集落や熊野の山々を望まれ、道は再び植林の登りに転じ、**大森山**に着く。

　山頂で90度左折、**大森山南峰**(大水の森)三等三角点を踏み越え、**切畑**への分岐、**篠尾辻**へ出る。薄暗い樹林の尾根は急坂となる。露岩、木の根道の狭い尾根を登り返せば**五大尊岳**の頂に着く。木の間に果無山脈を垣間見て不動明王像に暇を告げたら、鞍部へ下って**南峰**へ登り返し609m峰へ出て90度右折、尾根を下ってコブ上で二分する道の右を選ぶ。急峻な尾根道に転じ蟻の戸渡、貝ずりの難所を通り、狭い鞍部を経て小さなコブを踏み越えれば、雑木林を通って**金剛多和宿跡**(六道ノ辻)に着く。

　右は切畑、左は篠尾、右前方は水場を経る横駈道だ。ここは正面を直登して**大黒天神岳**へ登る。二等三角点の頂を辞したら、右から横駈道を迎え、送電鉄塔を経て、宝篋印塔がある**山在峠**へ出て林道を横断。左に吹越権現と行者堂を見て再び林道を横断し、吹越峠へ向かう。

　小さな起伏を二つ三つ過ぎれば**吹越峠**に着く。峠からしばらく行くと鉄塔下に**展望広場**が現れる。大斎原の鳥居を眼下

展望広場から眺める大斎原と熊野の山々

に七越峯・備崎方面と**熊野川**のパノラマだ。展望広場から七越峯は目と鼻の先、公園の奥から階段を登れば、奥駈道最南端の赤い鳥居と小さな祠がある**七越峯**に着く。

　西行法師に思いを馳せたら、舗装路を西へ下って「紅葉谷」への道標から舗装路を離れ、右の山道へ入る。山腹を絡み、堰堤の上から熊野川の河原へ降りたら浅瀬を渡渉、対岸の**本宮大社前バス停**へ行けばよい。

（写真・文／小島誠孝）

歩行時間：7時間50分
コースタイム
玉置神社（25分）玉置辻（本宮辻）（15分）林道終点（40分）大平多山・甲森分岐（25分）大森山（5分）大森山南峰・大水の森（30分）篠尾辻（30分）五大尊岳（1時間20分）金剛多和宿跡（25分）大黒天神岳（1時間）山在峠（20分）吹越峠（35分）展望広場（10分）七越峯（40分）備崎・熊野川（30分）熊野本宮大社

アクセス
往路：近鉄大阪線大和八木駅（奈良交通新宮行特急バス4時間5分3300円）折立（タクシー30分約4000円）玉置神社駐車場
復路：熊野本宮大社バス停（奈良交通八木駅行特急バス5時間21分3950円）近鉄大阪線大和八木駅

マイカー情報
大阪方面から松原JCTを経て美原JCTで南阪奈道路へ。葛城ICで降り、山麓線からR24へ出て、北宇智交差点を右折。京奈和・五條道路に入り、五條ICで降りてR310経由・R168を南下、折立で左折、玉置神社駐車場へ。

アドバイス
金剛多和宿跡から大黒天神岳の横駈道を5分ほどに水場がある。折立から玉置神社へのタクシーの予約が取れない場合、折立バス停から玉置神社まで2時間50分の行程（休憩含まず）。玉置神社は早めに予約すれば大峰奥駈の行者と登山者にのみ、宿泊の便宜を図ってくれる。

地形図：1/25000　「十津川温泉」「大沼」「瀞八丁」「伏拝」
登山適期：通年
連絡先：十津川村役場観光課☎0746・63・0200、奈良交通本社☎0742・20・3150、熊野交通本社☎0735・22・5101、サンコータクシー（十津川）☎0746・64・0231、玉置神社☎0746・64・0500。熊野タクシー☎0735・42・0051

大峰山系を歩く楽しみ

多様な山貌をもつ深山密教の聖地

ナメリ坂の先は美しい樹林の道

　大峰山脈とは、吉野から熊野に及ぶ山脈を指す。近畿最高峰の八経ヶ岳をはじめ、1600m以上の近畿の高峰は、全て大峰山脈に鎮座する。近畿の屋根の異名をとる所以である。主稜線は、世界遺産、熊野古道のひとつ大峰奥駈道(おくがけみち)でもある。空海が仏教の深奥全ての伝授を受け帰国する100年以上も前、役行者(えんのぎょうじゃ)はブッタの教えの真実義を求め各地で修行、ついに大峰山中で悟りを開いたとされる。後に、空海から教えを受け継ぎ醍醐寺(だいごじ)を建立する聖宝理源(しょうぼうりげん)大師は、大峰に役行者の悟りを感得し、この地を修行の場として整備、今に至る。役行者の足跡は、空海が継いだ密教の教えに摂受される形で、大峰奥駈道とともに脈々と今に伝えられている。大峰山脈は仏教の伝播とも密接で、かけがえのない自然とともに、その魅力は語るに尽くせない。

　大峰は標高が高く、危険と隣り合わせである。北部は大普賢岳(だいふげんだけ)を筆頭に峻厳な場所が多い。弥山(みせん)から釈迦ヶ岳にかけての中部は、釈迦ヶ岳の北側を除き緩やかな稜線が続く。南部は、標高が低く多様な自然を楽しめるが奥が深く、より不便となる。入山には慎重であるべきだが、四季折々多様な自然を経験や体力・技量に応じた計画で、存分に楽しんでいきたい。

（倉原　宰）

VI 奥高野・果無山系

85〜92

伯母子岳への登山道を行けば真新しい萱小屋に着く

大峰と高野山をつなぐ修験の山々

⑧⑤ 陣ヶ峰
じんがみね △1106.2 m

荒神岳
こうじんだけ △1260.1 m

荒神社への参詣道

陣ヶ峰は高野山の東、奈良県と和歌山県境にある一等三角点の山である。その昔、高野山と大峰山をつなぐ大峰街道は陣ヶ峰を通って天川村阪本、洞川、山上ヶ岳へと通じており、修験行者が盛んに行き来した場所でもある。

一方、荒神岳は陣ヶ峰の南方向6kmにあり、弘法大師の時代から、三宝荒神（火、かまどの神様）を祀った荒神社（立里荒神）が鎮座する山伏参籠、信仰の山として古くから名が知れている。

公共交通機関の利用が困難な陣ヶ峰と荒神岳を歩くには**マイカー利用**がよい。先ず、高野山経由、**陣ヶ峰**に向かい、**天狗木峠の三叉路**に駐車する。三叉路から野迫川村方向へ数十m歩いた先の右側に**登山口**があり「金毘羅宮参道」と書かれた立て札が立っている。ここから尾根道を登る。いきなりの急登である。黙々と登ると鳥居が見えてくる。登りきっ

龍神スカイラインから陣ヶ峰

たところに朽ちかけたお堂が建っており、ここから左（南）へ数十m進めば一等三角点のある**陣ヶ峰の頂き**に着く。ピークの東側は木立で視界が遮られているが、南には荒神岳や奥高野の山々が望め、西側は楊柳山をはじめ、高野山を取り巻く八葉蓮華の山々を目近に見ることができる。

帰りは、陣ヶ峰の頂きを通り抜け、南東方向に下って県道に出るコースもあるが、来た道を引き返すことにする。

荒神岳へは天狗木峠から林道を南下し、**立里荒神社の駐車場**まで行く。駐車場前から左の道をホテル開雲荘の方へ向かう。広い道を5分程歩くと、右側にアンテナが見え、作業用モノレールの線路が降りてきている所がある。そこに「荒神岳」と書いた小さな道標が掛かっている。ここが**登山口**になる。

ここから山道に入る。荒神岳へ行く人

は少ないのか、踏み跡は残っているが道は細く、左側が崖になっている場所もあるので油断ならない。5分ほど登ると、右から**荒神社西側の肩から来る道**を迎える小さな鞍部に出る。鞍部を直進し、鞍部から標高差にして50mほどの登りで**荒神岳の頂上**に着く。三等三角点と山名板はあるが、木立に囲まれ展望は得られない。

頂上は荒神社の創祀の所（古荒神）といわれ、「元荒神社」の木札も立てられているが、周囲には社があったことを示すような跡はなにもない。

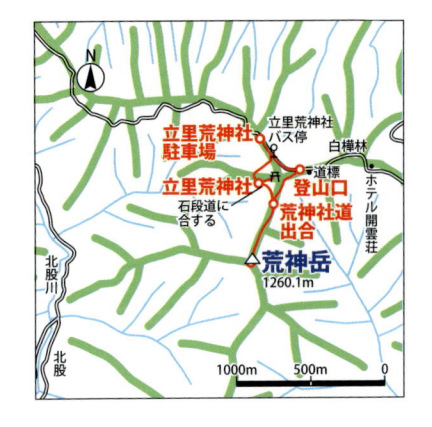

帰路は小さな鞍部で左の**荒神社西側の肩へ向かう道**を選ぶ。道は荒神社の下、山腹を斜上して**参詣道に出合う**。右へ石段を登ると大樹の茂る本殿前に出る。参拝したら階段道を**駐車場**へ戻るとしよう。

（写真・文／北浦泰介）

歩行時間：陣ケ峰：30分　荒神岳：55分
コースタイム
陣ケ峰：天狗木峠（15分）陣ケ峰頂上（15分）天狗木峠
荒神岳：立里荒神社駐車場（5分）登山口（5分）荒神社道出合（15分）荒神岳頂上（10分）荒神社道出合（10分）立里荒神社（10分）立里荒神社駐車場
アクセス
陣ケ峰：南海高野線高野山駅前から立里行き（南海りんかんバス約1時間）立里荒神前。1日2便運行されている（但し、冬季は1便）。
荒神岳：陣ケ峰は利用できる最寄りの公共交通機関はない。南海高野線高野山駅前（南海りんかんバス20分）奥の院前。あとはマイカールートを天狗木峠まで徒歩（約6km）。
マイカー情報
陣ケ峰：京阪神方面からは南阪奈当麻ICから山麓道経由、京奈和自動車道を高野口で降りR380、R480で高野山へ。奥の院前からR371を橋本方向へ、摩尼トンネル手前を右折して県道高野天川線を天狗木峠へ。（橋本市内から所要1時間30分）。
荒神岳：高野山までは陣ケ峰と同じ。高野山から高野龍神竜神スカイラインに入り、途中で野迫川村方向へ右折、野迫川村役場前を左折して荒神口から立里荒神社駐車場へ。
アドバイス
荒神岳への道は短い距離だが狭く、一部だが崖の上を通る。油断は禁物である。
陣ケ峰への紹介コースはドライブの立ち寄り程度。ファミリーハイクのコースとしては高野山奥の院から桜峠経由がある。
地形図：1/25000「猿谷貯水池」、「上垣内」
登山適期：通年
連絡先：南海りんかんバス高野山営業所☎0736・56・2250、野迫川村役場地域振興課電話☎0747・37・2101、高野龍神スカイライン日本道路交通情報センター和歌山センター☎050・3369・6630、ホテルのせ川☎0120・112・679（年中無休）、ホテル開雲荘☎07473・7・2721

熊野古道・小辺路の秀峰を登る

⑧⑥ 伯母子岳
おばこだけ ・1344 m

赤谷峰
あかたにみね △1336.2 m

伯母子岳山頂から夏虫山を望む

　熊野古道の一つである小辺路は、高野山から伯母子峠、三浦峠、果無峠と1000m級の三つの峠を越えて熊野本宮を結ぶ参詣道である。伯母子岳はその小辺路伯母子峠の直ぐ西側に位置し、美しい曲線を持つ秀峰である。

　伯母子岳へは野迫川村大股の伯母子岳登山口から入山する。野迫川村営バス大股バス停前の橋を渡り、民家の間の狭い道はいきなり急登で始まる。集落を抜けると少し緩くなり、約1時間の登りで萱小屋に着く。小屋は木々の中にあり、稜線はまだ見えない。

　気を取り直して登り続けると雑木林が現れるようになり、雰囲気が明るくなる。やがて道は山腹を巻くようになり、登りはやや緩くなってくる。木の間越し、前方上方

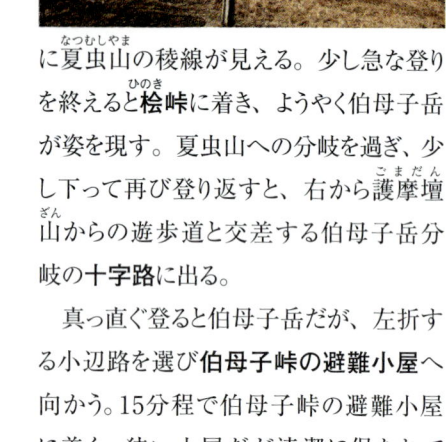

伯母子岳への登路から赤谷峰を望む

に夏虫山の稜線が見える。少し急な登りを終えると桧峠に着き、ようやく伯母子岳が姿を現す。夏虫山への分岐を過ぎ、少し下って再び登り返すと、右から護摩壇山からの遊歩道と交差する伯母子岳分岐の十字路に出る。

　真っ直ぐ登ると伯母子岳だが、左折する小辺路を選び伯母子峠の避難小屋へ向かう。15分程で伯母子峠の避難小屋に着く。狭い小屋だが清潔に保たれており、特に冬季は頼りになる小屋である。冬季は閉鎖されるがトイレも併設されていて助かる。小辺路はこの伯母子峠から十津川村三田谷へ向かって南へ下って行く。

　伯母子峠から赤谷峰に向かう。小屋の西側から広い道へ出て、すぐに尾根道に入る。踏み跡がはっきりせず、なだらかな広い尾根なのでGPSあるいは地図とコンパスで位置確認をしてから進もう。尾根が南東方向に曲がり、少し登ると赤谷

峰の頂上に着く。山名板は見当たらず、二等三角点と木柱で赤谷峰であることを確認する。

帰路は、もと来た道を伯母子峠へ引き返し、**小屋前の道標**から伯母子岳へ向かう。伯母子岳の登路で振り返ると赤谷峰がおだやかな山容を見せてくれる。低木帯の緩い登りは難なく伯母子岳の頂稜へといざなう。初夏なら、レンゲツツジが咲き競う**伯母子岳**の頂きは、360度さえぎるもののない大展望が広がる。北は夏虫山を間近に高野の山々、東は赤谷峰の背後に大峰山脈、南に鉾尖岳、西には護摩壇山の稜線がよく見える。

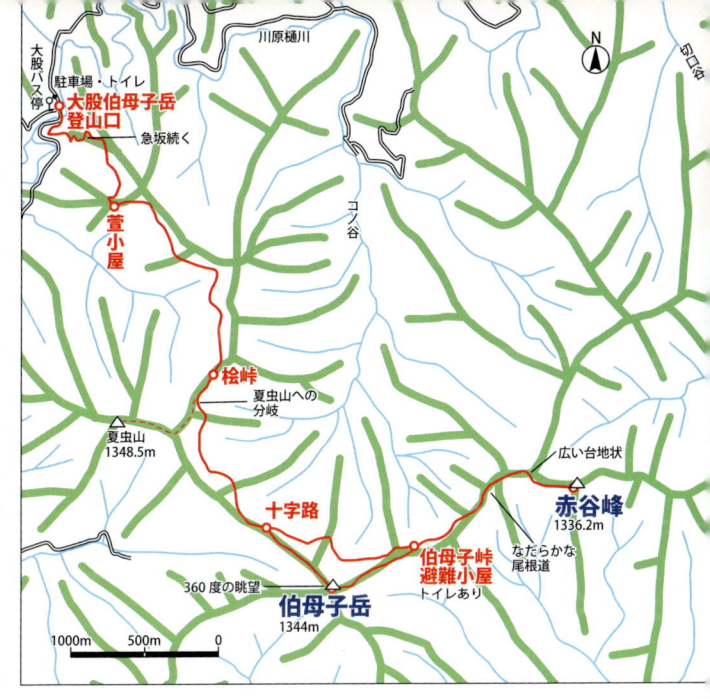

名残はつきないが頂きを後にし、伯母子岳分岐の**十字路**へ下る。左へ行けば護摩壇山へ行くこともできるが、ここは直進して往路をまっすぐ**大股**へ戻るとしよう。

（写真・文／北浦泰介）

歩行時間：5時間
コースタイム
大股伯母子岳登山口（50分）萱小屋（45分）桧峠（30分）十字路（15分）伯母子峠避難小屋（30分）赤谷峰（30分）伯母子峠避難小屋（20分）伯母子岳（10分）十字路（15分）桧峠（30分）萱小屋（25分）大股伯母子岳登山口
アクセス
南海高野線高野山駅前から立里行き（南海りんかんバス約40分）野迫川村役場前下車乗り換え。野迫川村村営バスで大股（1日1便）。公共交通機関を使っての日帰りは難しく、野迫川村内での宿泊が必要。
マイカー情報
京阪神方面からはR310、R370、または南阪奈、京奈和自動車道経由、高野口からR380、R480で高野山へ。高野山から高野龍神竜神スカイラインを通り、途中、立里方面へ左折し、野迫川村役場前を右折、県道733号を大股駐車場へ。大股駐車場は5台程度の駐車が可能、水洗トイレが併設されている。近くに臨時の駐車場もある。
アドバイス
伯母子岳・赤谷峰間を除くと、コースは山道というより遊歩道といった感じで歩きやすい。伯母子峠から赤谷峰へは踏跡が明瞭ではない。広くなだらかな尾根は屈曲し、視界の悪い場合の下山時は注意したい。
地形図：1/25000 「上垣内」「伯母子岳」
登山適期：通年（但し、冬季は高野龍神スカイラインの通行制限がある）
連絡先：南海りんかんバス高野山営業所☎0736・56・2250、野迫川村役場地域振興課☎0747・37・2101、ホテルのせ川☎0120・112・679

豊かな自然林が魅力の静かな山

⑧⑦ 法主尾山 ぼうずおやま △ 1024.4m

　伯母子岳から東方を眺めると三田谷を隔て法主尾山という、ちょっと風変わりな名前の穏やかな山容の山が目をひく。訪れる人も少ない不遇の山だが、山頂直下のブナ平と呼ばれる平坦地にはイタヤカエデやクヌギの原生林が広がり、静かな山行を楽しみたい向きには、持ってこいの山である。

　奈良交通風屋バス停からは前方のダム公園を通って建物の前まで行く。ここにある**鉄梯子**が登山口になる。鉄梯子を登り、左へ行って切通しの右側から尾根に出る。10分ほどで**サイレン鉄塔**の下を通り、**カヤトの茂る尾根**に出る。良く踏まれたジグザグに登る道は露岩を交え、左よりに進んで植林尾根へ出るが、再びカヤトが現れる。このあたりは平坦でブッシュも切り払われ、法主尾山から派生する尾根が望まれる。そのまま尾根上を直進すれば、いつしか植林境界を行くようになる。

　小道は次第に傾斜を増して露岩とブッシュ混じりになる。振り返ればエメラルド色の水を湛える風屋ダムを眼下に、大峰の山々を背にする**天竺山**、**石仏山**が樹木の間に垣間見られる。樹間の景観もつかの間、植林境界線を行く道の視界は再び閉ざされる。

　800m付近で緩やかに下り、**868m無名峰**へ登り返すと付近の景観が一変する。クヌギの大木を中心にオオイタヤメイゲツ、ヒメシャラ、リョウブなど落葉広葉樹

カヤトが途切れると北に展望が開ける

カヤトの急坂を抜けると法主尾山が見える

ブナ平はコナラやイタヤカエデの林が広がっている

林の台地がひろがる。いつ、誰が付けたのか「ブナ平」の名札がある。春には山桜と新緑、秋には紅葉が美しいところだがブナの木は無い。

右の風屋(かざや)貯水池側が大きく崩壊している。崩壊縁は避けて、落ち葉が降り積もる林の中を行けば、自然に尾根道になり、右側が大きく山抜けしたところを通る。ここからは釈迦ヶ岳から八経ヶ岳まで大峰南部の山々を一望のもとにできる。やがて道は小さな鞍部へ出て、急坂に転じるが、それもしばし、平坦な**法主尾山**の山頂に着く。灌木の二次林に囲まれた広い山頂は残念ながら展望には無縁である。

静寂だけが広がる山頂を辞したら、来た道を忠実にもどるとしよう。

（写真・文／小島誠孝）

歩行時間：4時間50分
コースタイム
風屋バス停（15分）サイレン鉄塔（45分）カヤトの終了点（1時間20分）868m無名峰（30分）法主尾山（20分）868m無名峰（1時間10分）カヤトの終了点（20分）サイレン鉄塔（10分）風屋バス停
アクセス
JR和歌山線五条駅（奈良交通2時間20分）で風屋バス停
マイカー情報
西名阪自動車道柏原ICから葛城山麓線・国道42号線で北宇智交差点を右折、京奈和道路を五條へ、五條からR168を風屋貯水池（登山口に7〜8台のスペース）。
アドバイス
ブナ平の風屋貯水池側が大きく崩壊している。崩壊縁に近寄るのは危険。帰路、視界の悪い場合、800m付近での尾根の迷い込みと、踏み跡が交錯するカヤトの原で方向を間違えないようにしたい。
地形図：1/25000 「風屋」
登山適期：10月下旬〜12月上旬、及び3月下旬〜5月初旬
連絡先：十津川村観光協会☎0746・63・0200、奈良交通本社☎0742・20・3750

小鳥の囀りを聴く林間の散歩道

⑧⑧ 護摩壇山
ごまだんざん ・1372 m

龍神岳
りゅうじんだけ ・1382 m

　護摩壇山、龍神岳ともに奈良・和歌山県境の山である。護摩壇山は、源平の合戦に敗れこの地に落ち延びた平維盛（たいらのこれもり）が、護摩木を焚いてその命運を占ったといわれる伝説の山として、また最近まで和歌山県の最高峰とされ、古くからその名を知られた山である。2000年に護摩壇山東方700mのピークの方が高いのではないかという指摘があり、国土地理院が調べた結果、指摘どおりであることが明らかになる。当時このピークには正確な名前が無かったことから、田辺市が名称を公募し、2009年3月龍神岳と命名された。現在は国土地理院の地図上にも龍神岳と表示されている。耳取山（みみとりやま）と呼ばれたこともあったようだが、耳取山は龍神岳の更に東方に位置する1363mの名称のようである。

　護摩壇山へは**南海高野線高野山駅**から高野・龍神スカイラインを通り、護摩壇山まで行く**期間限定(冬期運休)**のバスがある。これを利用するとしよう。**護摩壇山バス停**の前にはごまさんスカイタワーが立ち、その横には広い駐車場とトイレも備えている。視界の良い日なら護摩供養の護摩木を積み上げたような形のごまさんスカイタワーに登ろう。紀伊山地の山々をはじめ、大峰、果無（はてなし）山脈など360度の大展望を思いのままにできる。

　登山道はごまさんスカイタワー横の道標から雑木林の中に続く緩やかな広い散策路を行く。やがてスカイラインを走る自動車の音が聞こえなくなると、小鳥の囀（さえず）りが聴こえてくる。途中に、鳥の鳴き声の案内板も立っている。明るい疎林をゆっくり登って行くと傾斜が少し急になり、上空が開け、ほどなく**護摩壇山**の頂きに着く。山頂には小さな東屋（あずまや）が建ち、護摩木を積み上げたような形の山名板がある。ま

護摩壇山駐車場とごまさんスカイタワー

た、ここは西方の視界が開け、美しい夕陽が見られることから、和歌山県「朝日・夕陽百選」の案内碑が立てられている。

　護摩壇山からは東へ延びる尾根に石畳の道が作られ、龍神岳へと続いている。1km足らずの距離だが、季節が春ならミツバツツジが咲く気持ちのいい雑木林である。やがて、大きなNHK中継局のアンテナが視界に入ると龍神岳の頂上に着く。真新しい和歌山県最高峰の石碑と、立派な石造りの山名碑が立っている。大きなアンテナが展望の邪魔になるが、東の尾根に鉾尖岳、崖又山から三浦峠へと展望が広がっている。帰りのバスに間に合うよう頂きを辞し、**往路を忠実に辿って護摩壇山**へもどろう。

（写真・文／北浦泰介）

龍神岳山頂の標石

龍神スカイラインから龍神岳を望む

歩行時間：55分
コースタイム
南海りんかんバス護摩壇山バス停（15分）護摩壇山頂上（15分）龍神岳頂上（15分）護摩壇山（10分）護摩壇山バス停
アクセス
南海高野線高野山駅前から護摩壇山行き（南海りんかんバス約1時間10分）が1日2便運行されている（但し、冬季は運休）。
マイカー情報
京阪神方面からはR310、R371、あるいは南阪奈、京奈和自動車道経由で和歌山県橋本へ。橋本市内からR370、R480で高野山へ。高野山から高野龍神竜神スカイライン経由、龍神ごまさんスカイタワー駐車場。
アドバイス
歩行時間1時間たらずの散策路といった感じ、ファミリーハイクに丁度よい。護摩壇山から龍神岳の間は石畳の道、雨・雪などで濡れると滑りやすいので注意。高野龍神スカイラインを南へ車で約30分、中山介山の小説『大菩薩峠』で有名になった日本三大美人の湯の一つ龍神温泉がある。
地形図：1/25000　「護摩壇山」
登山適期：通年（但し、冬季は高野龍神スカイラインの通行制限がある）
連絡先：南海りんかんバス高野山営業所☎0736・56・2250、高野龍神スカイライン日本道路交通情報センター和歌山センター☎050・3369・6630、㈱龍神観光協会☎0739・78・2222、龍神温泉元湯☎0739・79・0726、ホテルのせ川☎0747・38・0011（年中無休）

奥高野最深部の不遇の雄峰

89 崖又山 がけまたやま △1205.1m

　崖又山は紀伊山地の最奥、奥高野の山々のほぼ中央に位置し、その重鎮的存在と目されている。しかし、公共交通機関に恵まれず、ほとんど紹介される事も無い不遇の山でもある。そんな崖又山の魅力は四方を深い渓に囲まれ、低山ながら手ごたえのある峻険な尾根と展望に恵まれたコースを持つところにある。

　ここでは、代表的なコースとして崖又山南稜からのラウンドコースを紹介しよう。**京阪神からは上谷・崖又谷出合付近に前夜泊**(幕営)がいいだろう。

　上谷・崖又谷出合の橋の袂から右下、崖又谷の丸木橋を渡り、植林帯から尾根に取り付く。胸突く急登から**架線場跡**まで続く。更に急坂を登ると植林帯の**平坦な尾根**に出てひと息つく。つかの間の緩い道はすぐに終わり、露岩交じりのやせた尾根に転じると**シャクナゲ帯**に入る。枯れ木を持たないよう注意し、脆い岩とやせ尾根に神経を使うが、スズタケを分け、更に傾斜の増した露岩尾根を登れば、枯れたスズタケが覆う**崖又山山頂部**に出る。

　三角点と山名板が残る山頂を辞したら、微かな踏み跡を拾い、枯れたスズタケのブッシュを分けて西の自然林尾根を伝い、崖又山崩壊跡の縁を右にして**猪笹林道**に下りる。林道はブルトーザーで整備されているが、振り返ると崖又山の北面は大きく崩落して、早くも新たな落石で車両は通れそうにない。

　1179m峰を左に見送り、林道が1200m峰の鞍部に接するところから、尾根を伝う。薄いスズタケの中、左に壊れた獣除けネットが続くが、やがて右側が大きく開ける。西から東へ180度の大展望を欲しいままにし、県境稜線上の**1200m峰**に至る。

　奥高野の山並み護摩檀山、伯母子岳、鉾尖岳方面、法主尾山や石仏山、大峰山脈の眺望に満足したら、更に西へと続く展望尾根を右に、1200m峰から進路を南の県境稜線に取る。獣用罠を左に、果無山脈や牛廻山の山並みを前方に望み、**十文垰**へ下る。

　古くは迫西川口のバス停から、この十文垰を経て、高野山への道が通じていたが、今はその縁を偲ぶ術もない。十文垰から明るい尾根を登り返せば**1114m無名峰**に着く。何の目印もないが、左の灌木に崖又山の頂きと同じ「山想遊行」のタグが残されている。ここからは寺谷への尾根を取れば、1時間ほどで寺谷最奥の民家がある**林道終点**に行く事もできるが、ここは真っ直ぐ植林境界に沿って上谷林道への尾根を下るとしよう。

歩きやすい植林境界を下って行くと尾根幅が大きく広がる。この930m付近で植林境界を離れるが、南東方向の顕著な尾根に入らぬよう、ほぼ真東の自然林の尾根を選ぶ。この急な尾根も770m付近で右に誘い込まれないように注意し、露岩交じりの狭い尾根を下る。アセビが足元にみられるようになれば、明瞭な杣道に出合う。左へこれを辿り、北西方向に山腹を進む。やがて道は崩壊した所で途切れるが、高巻きして、さらに杣道を行けば、古い崩壊跡の上に出る。ここから右斜め前方の途絶えがちな踏み跡を拾えば、上谷林道の**杣道入口**へ降りられる。

杣道入口からは崩壊で車の通行が出来なくなった林道上谷線を下り、**崖又谷出合の橋**から駐車場所へもどればよい。

(写真・文／小島誠孝)

崖又山の山容

歩行時間：5時間
コースタイム
上谷・崖又谷出合（25分）架線場跡（35分）平坦地（40分）シャクナゲ帯・黒グエ（20分）崖又山（10分）猪笹林道出合（40分）県境尾根1200m峰（15分）十文垰（20分）1114m峰（25分）植林境界920m地点（20分）770m地点（40分）上谷林道（20分）上谷・崖又谷出合

アクセス
公共交通機関利用は現実的ではない。

マイカー情報
京阪神方面からは南阪奈道路を当麻で降り、山麓道から京奈和道路を五條で降り、R168を十津川温泉へ。R425を迫西川から林道則本線へ入り、上谷・崖又谷出合へ。橋本・九度山経由高野山・高野龍神竜神スカイラインを通り、龍神温泉経由はR425が小川で崩落、2013年6月現在、通行止め。因みに十津川側もR425は迫西川集落の外れで崩落、通行止め。

アドバイス
崖又山は奥高野最奥の山だがマイカー利用なら京阪神から前夜泊・日帰り登山も可能である。ここで紹介した崖又山南稜からのラウンドコースは、少しヤブ山に慣れた人むきである。地形図・磁石、またはGPS必携。1114m無名峰から林道上谷線の杣道入口への下山尾根に目印は無く、複雑に分岐するので要注意。1114m無名峰から距離で50mほど下から右へテープが断続する寺谷への支尾根の方が分かりやすい。

地形図：1/25000 「重里」
登山適期：通年（花期：5月中旬、紅葉：10月下旬）
連絡先：十津川村観光振興課☎0746・62・0004、十津川村観光協会☎0746・63・0200

奥高野山群最南端の静謐の藪山

90 牛廻山 うしまわしやま △1,206.9m

　牛廻山は奈良県十津川村と和歌山県龍神村との県境の山である。十津川村と龍神村には牛廻越という名の峠を越えて、古くから人の往来や物資の交流があり、牛廻という名は両村の間で牛の交易が行われていた名残ともいわれている。

　ここでは**マイカー登山**とし、**牛廻越**から入山しよう。蟻ノ越と呼ばれている鞍部、道の横に牛廻越と大きく表示され、昔話が書かれたマンガの看板がかかっている。かつて地形図では奈良県側へ少し降りたあたりが牛廻越になっていて、学校の裏山908m付近から十文垰を経て、鉾尖岳・崖又山への登山道があったと記憶していたのだが……。何れにせよ、この牛廻越は休日でも人影薄く、車もほとんど通らない。昔はこのような山深い地にも今より沢山の人たちが住み、人や牛馬が行き来していたのであろうが、今は偲ぶ縁も無い。

　牛廻越からは南に分岐する林道へ入り、左に迫西原方面を見下ろし、幾重にも重なる山並みを眺め、静寂そのものの道を30分ほど行くと右の道にゲートがある**林道分岐**に出る。その中央の尾根の取付に**牛廻山登山口の道標**がある。まず牛廻山の隣の**1177mのピーク**を目指して、山道に入る。

　いきなり急登になるが、道はあまり踏まれておらず入山者が少ないことを表している。テープなどもない。しばらく登ると傾斜は緩むが踏み跡は不明瞭である。地図を確認し、忠実に尾根を詰めて行けば、やがて赤テープが現れ、尾根を横切って右方向に登るトラバース道に出合う。この道は**ヒヨキノタワ**から牛廻山へと続ているが、ここは1177mピーク目指して尾根を直登しよう。やがて上空が開けると1177mピークに到着する。木立の中、広くなだらかなピークだが展望は効かない。

　西南西の方向に牛廻山、東南の方へ尾根を辿れば、冷水山から五つ辻（トトロ峠）へ薄い踏み跡が通じてい

遥か山並みの向うに金剛山を望む

牛廻越のユーモラスな標識

るが、それを示す道標などはない。わずかな踏み跡を拾い牛廻山へと木立の中を5分ほど下れば、なだらかな鞍部ヒヨキノタワに着く。先ほどのトラバース道は、ここ**ヒヨキノタワ**で合し、10分ほど登ると**牛廻山**の頂きに着く。木立に囲まれた二等三角点の頂きからの展望は望むべくも無い。

人影薄い静謐の頂きを辞したら、帰路はヒヨキノタワへ戻り、**トラバース道**を通って**林道分岐**から**牛廻越**へ帰るとしよう。

（写真・文／北浦泰介）

林道から目指す牛廻山が見える

歩行時間：2時間
コースタイム
牛廻越（30分）林道分岐・登山口（25分）1177mピーク（15分）牛廻山（10分）ヒヨキノタワ（10分）トラバース道分岐（15分）林道分岐・登山口（15分）牛廻越

アクセス
南海高野線高野山駅（南海りんかんバス約1時間10分）護摩壇山・乗り換え（龍神バス約40分）龍神温泉へ（冬季は運休）。

マイカー情報
京阪神方面から南阪和道当麻ICから山麓道、京奈和自動車道経由で高野口へ。R380、R480で高野山へ。高野山から高野龍神スカイラインを通り、龍神村小又川口を左折R425で牛廻越へ。

アドバイス
公共交通機関利用の日帰り登山は困難。登山道が不明瞭。地図・コンパスかGPSで現在地を把握しながら登るように心がけたい。初心者は経験者の同行が望ましい。龍神村小又川口から牛廻越までのR425は国道だが道幅が狭くカーブも多い。

地形図：1/25000　「重里」
登山適期：通年（但し、冬季は高野龍神スカイラインの通行制限がある）
連絡先：南海りんかんバス高野山営業所☎0736・56・2250、高野龍神スカイライン日本道路交通情報センター和歌山センター☎050・3369・6630、龍神自動車☎0739・22・2100、㈱龍神観光協会☎0739・78・2222、龍神温泉元湯☎0739・79・0726、十津川村観光協会☎0746・63・0200、西牟婁振興局建設部龍神駐在☎0739・78・0049

熊野古道・小辺路の果無から登る

91 石地力山 いしじりきやま △1139.8 m

果無集落への途中から十津川を見下ろす

石地力山は、奈良県と和歌山県の県境に連なる果無（はてなし）山脈の東端近くに位置する。熊野古道の一つ小辺路（こへち）は高野山から熊野本宮へ至るが、道中に三つある峠の最後の峠が果無山脈の果無峠である。石地力山は、この果無峠の西側に位置する。

十津川（とつかわ）温泉をあとに、蕨尾口（わらびおぐち）バス停から柳本橋を渡って直ぐに右折し、国道168号線に別れを告げ林道に入る。小辺路の案内板と向井去来（むかいきょらい）の句碑を左に見て、その先の二差路を左に取り、直ぐの**果無峠登山口**から山道に入る。

山道は、いきなり急な石畳の上り坂で始まる。大小の石が敷かれ、コケのついた石畳に熊野古道の歴史を感じる。登

山口から20分ほど登ると左に視界が開け、眺めのいい場所にベンチが置かれている。ベンチを過ぎ、しばらくすると「日本の里100選」の一つである**果無の集落**に入る。すっかり山中に入ったつもりで登ってくると、人家が現れ庭先を通り抜け、林道を横切るので少し驚かされる。集落の中に西国三十三観音（第30番観音）の立て札があり、足下に小さな古びた観音像が置かれている。ここから果無峠の第17番観音まで、観音様の数を数えながら登ることになる。

果無集落を抜け、再び石畳まじりのウバメガシの落ち葉が散り敷く山道を行けば昔、雨水だけで稲作をしていたという**天水田**に着く。田圃跡らしき場所にベンチが置かれてあり、果無の山並が望める。天水田から更に登ると、**果無観音堂**に着く。観音堂の前は広場で、このコース唯一のトイレと給水施設がある。

観音堂から15分ほど登れば右手に眺

果無集落を振り返る

望が開け、真下に果無集落、十津川温泉が見え、北東方向に遠く釈迦ヶ岳や大峰の山々が望める。更に急な山道を登り詰めて、ようやく第17番観音像と、仏塔の一種である宝篋印塔が置かれた**果無峠**に着く。

石地力山へはここで小辺路を離れ、尾根を西へ向かう。いきなり踏み跡がハッキリしなくなるが、特に歩き難さは感じない。ブナ、ヒメシャラ、アカマツの原生林の中を、展望のきかない果無山頂上を通り過ぎ、果無峠から40分ほどで**石地力山**に着く。静かな頂上には山名板が立ち、二等三角点の標柱が置かれている。頂上から西方に延々と続く果無山脈の稜線を眺め、遥か遠くに果無山脈最高峰の冷水山を望むことも出来る。

頂上での眺望に満足したら、来た道を**十津川温泉へ戻る**とするしよう。

（写真・文／北浦泰介）

歩行時間：6時間40分
コースタイム
蕨尾口バス停（30分）果無峠登山口（30分）果無集落（50分）天水田（40分）果無観音堂（40分）果無峠（35分）石地力山（30分）果無峠（20分）果無観音堂（30分）天水田（40分）果無集落（25分）果無峠登山口（30分）蕨尾口バス停

アクセス
近鉄大阪線大和八木駅またはJR和歌山線五条駅から新宮行または十津川温泉行（奈良交通バス八木駅から4時間20分、五條駅から約3時間）十津川温泉下車。

マイカー情報
京阪神方面からはR310または南阪奈、京奈和自動車道経由で奈良県五條市。五條市内からR168で十津川温泉へ。

アドバイス
このコースは高低差があり行動時間も長く、京阪神からの日帰りは困難。十津川温泉での前泊になる。本宮町八木尾側から果無峠、石地力山のコースもある。小辺路は石畳の道、雨等で濡れると滑りやすい。

地形図：1/25000 「十津川温泉」「伏拝」「発心門」

登山適期：通年

連絡先：奈良交通お客様サービスセンター☎0742・20・3100、十津川村観光振興課☎0746・62・0004、十津川村観光協会☎0746・63・0200

眺望開ける果無山脈の最高峰

(92) **安堵山**
あんどさん △1184.1 m

冷水山
ひやみずやま △1262.3 m

黒尾山方面から冷水山を眺める

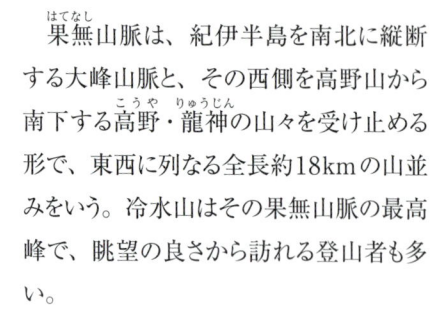

　果無山脈は、紀伊半島を南北に縦断する大峰山脈と、その西側を高野山から南下する高野・龍神の山々を受け止める形で、東西に列なる全長約18kmの山並みをいう。冷水山はその果無山脈の最高峰で、眺望の良さから訪れる登山者も多い。

　スーパー林道・龍神本宮線と、和田の森方面からの林道が合する**最低鞍部**（標高1135m）に駐車する。**登山口の標識**に従って東へ少し登ると、展望台のような小さな広場があり、そこから山道が始まる。

　道はよく踏まれハッキリしている。クマザサの中の緩やかな登りを進めば1222m付近からブナやシロヤシオ、ヒメシャラ、ツツジなどが混生する林間の快適な道になる。特に花期（5月中旬）や紅葉の時期（10月下旬）の雰囲気は得がたいものがある。小さな起伏を過ぎれば程なく**黒尾山**に着く。木立に囲まれ展望はきかない。

　黒尾山を越えるとガレを右にするあたりで木の間越し、前方に冷水山が見えてくる。小さなコブを一つ越え、南側斜面が林道に向け、大きく崩落している場所を通過する。右に果無橋へ下るエスケープルートを分け、**冷水山の頂上**に着く。明るく開放的な頂きは一等三角点に相応しい眺望が得られ、真北に鉾尖岳・崖又山、少し左方向に牛廻山が見え、快晴時には南東方向に遠く熊野灘を望むこともできる。冷水山は麓の村人から親しみを込めて「いっとうてん」と呼ばれ、小学生の全校登山の山でもあったそうで、

小広い冷水山の頂上

頂上には、そのいわれを記した山名板が掲げられている。

冷水山頂上からエスケープルートを果無橋へ下り、林道を登山口まで戻って安堵山に向かう。安堵山は昔、護良親王が追手から逃れ、この地で十津川をはるか彼方に見た時、ようやく安堵されたという古事に由来して名付けられたものだという。冷水山への登山口からスーパー林道龍神本宮線を西へ少し行くと、右側に車止めのチェーンが掛かった林道が現れる（私有地である旨の表示板がある）。

その林道に入り、目の前の1160m峰を北側から巻いたところから林道を離れ、木立の中の踏み跡を鞍部へ登る。踏み跡は、はっきりせず判りにくいが、鞍部に出て尾根道を南西方向に登れば、安堵山の頂きはすぐである。山頂には山名板と三等三角点の標石があるが、木立の中のピークで眺望はきかない。帰りは往路を冷水山登山口まで戻ればよい。

冷水山から北の展望

（写真・文／北浦泰介）

歩行時間：2時間50分
コースタイム
最低鞍部・冷水山登山口（30分）黒尾山（30分）冷水山（10分）果無橋（40分）最低鞍部・冷水山登山口（30分）安堵山（30分）最低鞍部・冷水山登山口

アクセス
JR西日本紀勢線紀伊田辺駅から龍神バス（西で乗換え1時間30分）東平

マイカー情報
京阪神方面からはR310、R371で南阪奈、京奈和道路で高野口で降り、九度山経由R370を高野山。高野龍神竜神スカイラインを通り、龍神温泉経由R371を南下、龍神村西の龍神行政局を過ぎて直ぐ左折、県道35龍神十津川線を東進。加財の集落で右折し、田辺市方面に向かう林道に入る。途中、坂泰トンネルを抜け、直ぐ左折、スーパー林道龍神本宮線で冷水山登山口へ。平成26年5月3日現在、スーパー林道・龍神本宮線は崩落のため通行止め、当分、事前確認が必要。

アドバイス
紹介したコース以外に果無山脈西端の龍神村丹生ノ川にある森林公園ヤマセミの郷を起点に和田森、安堵山、冷水山を往復するルートもある。
地形図：1/25000　「発心門」
登山適期：通年（花期：5月中旬、紅葉：10月下旬）
連絡先：㈱龍神観光協会☎0739・78・2222、龍神自動車☎0739・22・2100、森林公園丹生ヤマセミの郷☎0739・78・2616

奥高野・果無山系を歩く楽しみ

平家物語の舞台に残る平維盛伝説

護摩壇山から大峰山脈を望む

　伯母子岳登山口のある野迫川村大股の北東に平という集落がある。ここは「平維盛終焉の地」と伝えられる。美貌の貴公子として知られる平維盛は平清盛の嫡孫であり、笛を愛し優雅に舞う様は宮中の女房達から、光源氏の再来と称されたそうである。しかし武将としての力量は無く、富士川の戦い・倶利伽羅峠の戦いで破れ、父重盛の死後、一門の中でも孤立し、平家一門が都を追われた後、27歳で那智の沖に入水自殺したと歴史上は伝えられている。しかしこの地に伝わる話では、源氏が平家狩りを行う中、維盛は里人に匿われながら熊野山中を転々と逃れた後、平にたどり着き、子供も儲け61歳で人生を終えたという。

　また護摩壇山の西方、龍神村小森谷にも、維盛が護摩を焚いて平家の行く末を占ったとの伝説が残り、護摩壇山という山名はそれが由来となったとも伝えられている。野迫川村平には土地の人々が維盛をしのんで建てたという維盛塚と歴史資料館がある。また龍神村小森谷には平維盛が隠れ住んだという屋敷跡が遺されている。平家伝説に興味のある方は立ち寄ってみるのもよいだろう。　　　（北浦泰介）

あとがき

　"国のまほろば"大和・奈良には素晴らしい山々と登山道がある。山々は里山から近畿の最高峰まで多種多彩で、気軽に楽しめる里山ハイキングコースから世界遺産である霊場の古道を歩くコース、更には本格的な登山ルートまである。

　これらの山々に、私たち「エスカルゴ山の会」のメンバーは青春の頃から親しんできた、山に育まれてきたといってもよい。そんな体験を活かして、奈良の山々の素晴らしさを全国の山好きの人達に紹介するガイドブックを造ろうと考えた。今から5年ほど前のことになる。

　企画の決定後、山の選定から始まり、コースの踏査、現状の確認と写真撮影、そして執筆と進めてきたが、特に近年の自然災害による登路の崩落や、公共交通機関であるバス路線の廃止、町村合併による連絡先の変化もあって、現地の再調査に追われ、予定より時間と労力を要した。

　幸い、各地の山仲間の方々の協力も得られて、「エスカルゴ山の会」が創設されて十五周年の節目を迎える今年、出版できることになった。

　出版にあたっては、岳友、吉岡章氏の紹介で、ナカニシヤ出版の中西健夫社長にお力添えをいただくことができた。厚く御礼申し上げる次第です。

2014年5月吉日

　　　　　　　　　　　　　　　　　　　　　編著者代表　小島誠孝

《エスカルゴ山の会（Alpen Club Escargot）》

昭和35年代から登山に傾倒してきたシャープ山岳部OBを中心に1999年（平成11）1月23日、「会員相互の親睦と健康維持、および人生を豊かにすること」を目的として、松本雅年によって創設された。その活動は国の内外、高山・低山を問わないが、いまなお消しがたい山への憧れを胸に、関西支部約40名のメンバーは各々の嗜好と体力に応じて揺るぎなく「安全・安心登山」に徹している。

「エスカルゴ山の会」関西支部長　倉原　宰
（連絡先：大阪市城東区関目1－8－6大阪イーストガーデンタワー2004
　倉原　宰 方「エスカルゴ山の会」関西支部）

《踏査・撮影・執筆》

西口守男	諌田昌子	松本雅年・松本美根子	小島誠孝	金子雅昭
浅岡弘子	小嶋美喜代	岩田邦彦	倉原　宰	柏原通昌	松居秀行
吉田弘志	逢坂幸子	宮本明夫	藤原節子	北浦泰介

（掲載初出順）

奈良名山案内 ── 世界遺産の峰めぐり

2014年8月12日　初版第1刷発行　　　　　定価はカバーに表示してあります

編著者　エスカルゴ山の会関西支部
　　　　　（編著者代表　小島誠孝）

発行者　中　西　健　夫

発行所　株式会社ナカニシヤ出版

〒606-8161　京都市左京区一乗寺木ノ本町15番地
　　　　　電　話　075－723－0111
　　　　　FAX　075－723－0095
　　　　　振替口座　01030－0－13128
　　　　　URL http://www.nakanishiya.co.jp/
　　　　　E-mail iihon-ippai@nakanishiya.co.jp

落丁・乱丁本はお取り替えします。
ISBN 978-4-7795-0861-5 C0025
©Kojima Masataka 2014 Printed in Japan
組版・地図・装丁　草川啓三
印刷・製本　宮川印刷株式会社